کرنتھیوں 2

کرنتھیوں کے نام پولس کے
دوسرے خط پر ایک عقیدتی نظر

F. Wayne Mac Leod

Light To My Path Book Distribution
Sydney Mines, Nova Scotia
CANADA

جُملہ حقوق بحق مصنف ومترجم محفوظ ہیں

پبلشر سے پہلے تحریری منظوری کے بغیر کسی سسٹم میں محفوظ یا کسی بھی مقصد کی خاطر کہیں منتقل کرنا یا کسی برقیاتی یا مشینی طریقہ سے اِس کی عکاسی کرنا سخت منع ہے۔
مگر قارئین کرام اور خادم الدین چھوٹا اقتباس کہیں تبصرہ یا جائزہ کے طور پر استعمال کرسکتے ہیں۔

رابطہ کے لئے

برادر عمانوایل داؤد

Phone # & whatsapp+923164656552

Phone # 03351470565

mathewforjesus7@gmail.com

نام کتاب۔	تفسیر 2۔ کرنتھیوں
مترجم	برادر عمانوایل داؤد
کمپوزنگ	پرنس میتھیو
پروف ریڈنگ	رضیہ عمانوایل
تعداد	ایک ہزار
ہدیہ کتاب	300 روپے

ملنے کا پتہ۔ ایف۔جی اے بک سٹال۔ بہار کالونی۔ لاہور

4

فہرست مضامین

پیش صفحہ نمبر

2۔ کرنتھیوں کا تعارف

1۔ دُکھوں میں ہماری تسلی 13

2۔ منصوبوں میں تبدیلی 22

3۔ ایک تکلیف دِہ خط 32

4۔ خوانچہ فروش اور سفیر 42

5۔ رسول کا اعتماد 50

6۔ بے پردہ چہروں سے خدا کا جلال 59

7۔ اَنجیل کی خدمت 64

8۔ دبائے تو جاتے ہیں لیکن کچلے نہیں جاتے 72

9۔ یہ زمینی خیمہ 82

10۔ مسیح کے ایلچی 89

11۔ ہم خدمت 100

12۔ اُن سے نکل کر الگ رہو 113

13۔ ایک سخت خط 120

14۔ دینے کا فضل 131

15۔ نعمتوں کا انتظام 138

16۔ دینے کی برکات 147

157	17۔ کیا پولس رسول ڈر پوک تھا؟
168	18۔ خداوند پر فخر
176	19۔ افضل رسولوں کا حملہ
186	20۔ تھوڑا سا دنیوی فخر
196	21۔ جسم میں کانٹا
205	22۔ تم پر کوئی بوجھ نہ ہو
213	23۔ کاملیت تک پہنچنے کا ہدف

پیش لفظ

پولس رسول نے کرنتھس کی کلیسیا کو پہلا خط لکھنے کے بعد دُوسرا خط بھی لکھا۔ پہلے خط میں پولس رسول نے کرنتھس کے ایمانداروں کی کلیسیا میں پیدا ہونے والے مختلف اور بہت سے مسائل پر سرزنش کی۔ اُس نے اُنہیں نصیحت کی کہ وہ اپنے آپ کو درُست کریں تاکہ اَنجیل کی خدمت میں رکاوٹ پیدا نہ ہو۔ کچھ لوگوں نے پہلے خط میں سخت الفاظ کو غلط سمجھا تھا۔ اس دوسرے خط میں پولس رسول اُن لوگوں سے افہام و تفہیم اور صلح جوئی کا طالب ہوتا ہے جنہوں نے اُس کی باتوں کو غلط سمجھا تھا۔

اس دوسرے خط کا مقصد اُن لوگوں سے ہمکلام ہونا بھی تھا جو جھوٹے اُستادوں کی تعلیم کا شکار ہو رہے تھے۔ یہ جھوٹے اُستاد پولس رسول کی رسالت اور خدمت کے تعلق سے شک و شبہات پیدا کر رہے تھے۔ وہ پولس رسول کے اختیار اور خدمت پر لوگوں میں شک و شبہات پیدا کر رہے تھے۔ ایسا کرنے سے وہ کرنتھس کی کلیسیا کے لوگوں کو دھوکہ دے رہے تھے۔

پولس رسول نے اِس خط میں اَنجیل کی خدمت کے تعلق سے کافی حد تک بات کی ہے۔ جھوٹے رسول کرنتھس میں غلط اور بُرا نمونہ پیش کر رہے تھے۔ پولس رسول نے کرنتھس کی کلیسیا کو اُبھارا کہ وہ مسیح کے سچے اور حقیقی ایلچی بنیں۔ وہ اُنہیں یاد دلاتا ہے کہ اُن کی زندگیوں سے اِس دُنیا میں خدا کا جلال نظر آنا چاہئے۔ پولس رسول نے اُنہیں یاد دلایا کہ اِس زمین پر اُن کے بدن عارضی ہیں۔ وہ اُنہیں یاد کراتا ہے کہ اگر وہ ان عارضی بدنوں کو مسیح کی خدمت کے لئے وقف کر دیں گے تو آسمان پر جلالی بدن اُن کے منتظر ہوں گے۔

پولس رسول اُنہیں جھوٹی تسلی نہیں دے رہا کہ اُن کے لئے سب کچھ آسان ہو گا اور اُنہیں کسی مشکل اور مسئلہ سے دوچار نہیں ہونا پڑے گا۔ سچ تو یہ ہے کہ کچھ تو پہلے ہی مسیح کی خدمت اور اُس کے نام پر ایمان کی وجہ سے دُکھوں اور مشکلات میں سے گزر رہے تھے۔ پولس رسول دُکھ اٹھانے والے مسیحیوں کی حوصلہ افزائی کرتے ہوئے اُنہیں یاد دلاتا ہے کہ وہ مسیح پر اپنی نظریں لگائیں کیونکہ وہی اُن کی آخری اُمید ہے۔

کرنتھس کی کلیسیا کے نام یہ دوسرا خط اُن کے لئے مشعلِ راہ اور سنگِ میل ہے جو اپنی زندگی خدا کی خدمت کے لئے وقف کرنا چاہتے ہیں۔ کرنتھس کی کلیسیا کے نام لکھے گئے دُوسرے خط میں شخصی تعلقات میں کشمکش، اپنے ہم خدمت لوگوں کے ساتھ غلط فہمیاں ،غلط محرکات اور جسمانی دُکھ درد، بے یقینی اور دُنیوری آزمائشوں جیسے موضوعات پر بات کی گئی ہے۔ ایسے تمام خادمین جو کل وقتی یا جزوقتی خدمت میں ہیں یا آنا چاہتے ہیں، لازم ہے کہ اس خط میں بیان کردہ اصولوں کو اپنی زندگی اور خدمت کا لازمی حصہ بنائیں۔ **ہر باب کے شروع میں دیئے گئے حوالہ جات پڑھنے کے لئے وقت نکالیں۔** میرا مقصد صرف اور صرف خدا کے کلام کو واضح طور پر بیان کرنا ہے۔ کرنتھس کی کلیسیا کے نام لکھا گیا یہ خط بہت سی باتوں کو اپنے اندر سموئے ہوئے ہے۔ میں نے سب پر تو روشنی نہیں ڈالی۔ کوئی شخص بھی اس خط میں بیان کی گئی تمام سچائیوں اور اُن کے اطلاق کا احاطہ نہیں کر سکتا۔ مجھے اُمید ہے کہ میں نے چند ایک بنیادی باتوں پر روشنی ڈالنے کی قلمی کاوش کی ہے۔ اِس لئے قارئین کرام اپنے طور پر روح القدس کی رہنمائی اور روشنی کے طالب ہوں تاکہ وہ اِس خط میں موجود سچائیوں کے اطلاق کو سمجھ اور اپنا سکیں۔

میری دُعا ہے کہ وہ چند ایک باتیں اور اصول جن پر میں نے قلم اُٹھایا ہے، روح القدس اُن کے وسیلہ سے آپ کی زندگی میں گہرا کام کرے۔ یہ کتاب خدا کے ہاتھوں میں ایک وسیلہ

ہے جس کی وساطت سے خدا آپ کی صورتحال میں تبدیلی، زندگی میں خوشحالی، فتح اور برکت کو لا سکتا ہے۔ خداوند آپ کو برکت دے اور اِس کتاب کے وسیلہ سے آپ کی زندگی کو چھوئے۔

مصنف۔ ایف۔ وین میکلائیڈ

کرنتھس کی کلیسیا کے نام لکھے گئے خط کا تعارف

مصنف

کرنتھس کی کلیسیا کے نام یہ خط پولس رسول ہی نے لکھا ہے۔ اس کے ساتھ تیمتھیس بھی شامل ہے۔(2کرنتھیوں 1:1)

تیمتھیس خط کے متن سے بخوبی واقف تھا اور جو کچھ پولس رسول نے اس خط میں لکھا وہ اُس کے ساتھ متفق تھا۔

پس منظر

کرنتھس کی کلیسیا کے نام لکھے گئے پہلے خط سے ہمیں معلوم ہوتا ہے کہ کلیسیا میں تفرقے بازی، حرامکاری اور جھگڑے پیدا ہو رہے تھے جن پر پولس رسول نے کھل کر بات کی۔2کرنتھیوں 7 باب 8 آیت میں پولس اُس خط کا ذکر کرتا ہے جو اُن کے لئے غم کا باعث ہوا تھا۔ بہت سے لوگ اس بات پر ایمان رکھتے ہیں کہ پولس رسول جس خط کا ذکر یہاں پر کر رہا ہے وہ کرنتھس کی کلیسیا کے نام لکھا گیا پہلا خط ہے۔

اس سے ہم اندازہ لگا سکتے ہیں کہ کرنتھس کے ایمانداروں نے اس خط کو مثبت طور پر نہیں لیا تھا۔2 کرنتھیوں 12 باب 21 اور 13 باب 2آیت سے ہم یہ سمجھتے ہیں کہ بعض لوگوں نے اُن گناہوں سے توبہ کرنے سے بھی انکار کیا تھا جن کا پولس رسول نے پہلے خط میں ذکر کیا تھا۔

یوں لگتا ہے کہ پولس رسول کرنتھس گیا تو تھا لیکن اُس کا یہ جانا کارآمد اور مفید ثابت نہیں

ہوا تھا۔ 2 کرنتھیوں 2 باب 1 میں پولس رسول اُنہیں بتاتا ہے کہ وہ اِس لئے اُن کے پاس نہیں آیا تھا تاکہ اُنہیں اُس کے آنے سے مزید دُکھ نہ پہنچے اور کسی طور پر اُن کی دل آزاری نہ ہو۔ جزوی طور پر اُس وزٹ سے پیدا ہونے والے دُکھ اور دل آزاری پر اس خط میں بات کی گئی ہے۔ ہم پہلے ہی یہ دیکھ چکے ہیں کہ بعض لوگوں نے اُن گناہوں سے توبہ کرنے سے بھی انکار کر دیا تھا جن کی پولس رسول نے پہلے خط میں نشاندہی کی تھی۔

بعض لوگوں کا کہنا تھا کہ اُس کے خط تو زبردست اور کمال ہیں لیکن جب وہ کلام کرتا ہے تو وہ کچھ زیادہ متاثر کن نہیں ہوتا۔ (2کرنتھیوں 10 باب 10آیت) کچھ لوگ اُسے رسولوں سے کم تر سمجھتے تھے۔(11باب 7-9آیت) بعض لوگوں کا طرزِ فکر یہ بھی تھا کہ پولس رسول کرنتھس کی کلیسیا کو دوسری کلیسیاؤں سے کم تر سمجھ رہا ہے۔(12 باب 13آیت)

اس خط میں پولس رسول نے اپنی رسالت اور بلاہٹ کے دفاع پر کافی حد تک بات کی ہے۔ پولس رسول اُنہیں بتاتا ہے کہ خدا نے اُسے رسول ہونے کے لئے چنا اور بلایا ہے۔ اور وہ اُس کی خدمت اور رسالت کا ثبوت ہیں۔ کیوں کہ بہت سے اُس کی خدمت کے وسیلہ سے مسیح کے پاس آئے اور خدمت کے لئے بھی تیار ہوئے تھے۔ پولس رسول نے کلیسیا کو دینداری کے ساتھ آگے بڑھنے اور اپنا مال و دولت ضرورت مندوں کو دینے کی تلقین اور ہدایت کی۔

دورِ حاضرہ میں کتاب کی اہمیت

شاید ہی کوئی ایسا ایماندار ہو جسے کلیسیا میں کسی دُوسرے ایماندار کے ساتھ کوئی مسئلہ درپیش نہ ہو۔ ہمارے لئے یہ حوصلہ افزائی کی بات ہے کہ ہم اکیلے ہی نہیں، حتیٰ کہ پولس رسول کی خدمت پر بھی سوال اور اعتراضات اُٹھائے گئے تھے۔ کرنتھس کی کلیسیا میں

کچھ ایسے لوگ تھے جنہیں نہ تو پولس رسول کا طرزِ خدمت اور نہ ہی اُس کی شخصیت بارعب لگتی تھی۔ پولس رسول اپنے طرزِ زندگی اور تحریروں سے ہمارے لئے ایک نمونہ چھوڑ گیا کہ ہم مسیح کے بدن میں دُوسرے ایمانداروں کے ساتھ پیدا ہونے والے مسائل کس طرح حل کر سکتے ہیں۔

کچھ ایسے وقت بھی ہوتے ہیں جب ہمیں دلیری سے بولنا پڑتا ہے لیکن کچھ ایسے لمحات بھی ہوتے ہیں جب ہمیں خاموشی اختیار کرتے ہوئے، عارضی طور پر کنارہ کشی کرنا ہوتی ہے۔ یاد رہے کہ ایسا طرزِ عمل بعض اوقات کلیسیا کے لئے بہت حد تک مفید ہوتا ہے۔ اِس ساری صورتحال میں پولس رسول کو کلیسیا اور اُن لوگوں کی فکر رہی جو اُس کی مخالفت کر رہے تھے۔ وہ اُن کے لئے دل شکستہ ہوا جن کے ساتھ اُس کے تعلقات کشیدہ ہو گئے تھے۔ تاہم وہ صلح جوئی کا طالب رہا۔ وہ اُن کا بھلا چاہتا رہا جو اُس کی خدمت کی مخالفت کرتے اور اُس پر الزام تراشی کرتے تھے۔ یہ کتاب اُن لوگوں کے لئے حوصلہ افزائی اور رہنمائی کا باعث ہے جو مسیح کے بدن میں کشیدہ تعلقات اور الزام تراشی کا شکار ہیں۔

2۔ کرنتھیوں ہمارے لئے اس بات کی یاددہانی بھی ہے کہ ہم کس قدر آسانی سے گناہ کو نظر انداز کر دیتے ہیں۔ اس خط میں پولس رسول بار بار کرنتھس کی کلیسیا کو گناہ ترک کرنے پر زور دیتا ہے تاکہ خدا کے کام میں کسی طرح کی رکاوٹ پیدا نہ ہو۔

اس خط میں پولس رسول ایمانداروں کے لئے حقیقی قوت اور تقویت کے منبع پر بھی روشنی ڈالتا ہے۔ پولس رسول کو اپنی ذات اور اپنی قوت پر نہیں بلکہ خدا کے اُس کام پر بھروسہ اور فخر تھا جو خدا نے پولس رسول کی زندگی میں کیا تھا۔ پولس رسول بتاتا ہے کہ خدا اُن سادہ ایمانداروں کو بھی استعمال کرنے کے لئے تیار ہے جو اُس پر بھروسہ اور توکل کرتے ہیں۔

اس خط میں پولس رسول روحانی خدمت کی اصل نوعیت کو بھی اُجاگر کرتا ہے۔ روحانی خدمت دُنیوی طاقت اور دُنیا کے مال و دولت سے نہیں چلتی بلکہ حقیقی حلم مزاجی اور بے لوث خدمت کا روّیہ اپنانے سے آگے بڑھتی ہے۔ کس قدر ضروری ہے کہ ہم گاہے بگاہے اپنے آپ کو یہ سچائی یاد دلاتے رہیں۔

باب 1

دُکھوں میں ہماری تسلی

اس باب کے مطالعہ سے قبل درج ذیل حوالہ ضرور پڑھیں

(2۔کرنتھیوں 1باب 1-11آیت)

کرنتھیوں کے خط کے مصنف کے تعلق سے کوئی شک وشبہ یاسوال باقی نہیں ہے۔
پہلے باب کی 1 آیت میں اُس نے اپنا تعارف خود کروایا ہے۔یعنی پولس رسول۔ قابلِ غور بات یہ ہے کہ اُس نے کہا ہے کہ وہ خدا کی مرضی کے سبب سے مسیح یسوع کا رسول ہے۔اُسے مسیح کے بدن میں اپنی بلاہٹ اور خدمت کی واضح سمجھ بوجھ اور فہم وادراک حاصل تھا۔پولس رسول اپنی خدمت کے تعلق سے پُر اعتماد تھا اور اُس نے خدا کے جلال کے لئے خود کو پورے طور پر وقف کر دیا تھا۔وہ بطور رسول ایک اختیار رکھتا تھا۔اس لئے جو کچھ بھی اُس نے کہا ہے اُسے خدا کی طرف سے ہی سمجھا اور قبول کیا جائے۔
غور طلب بات یہ بھی ہے کہ یہ خط تیمتھیس کی طرف سے بھی تھا جو کہ خداوند میں پیارا بھائی تھا۔پولس رسول اور تیمتھیس ، دونوں نے یہ خط کرنتھس کی کلیسیا اور اَخیہ کے علاقہ میں مقدسین کو لکھا۔(اَخیہ ۔ موجودہ ملک یونان)غور کریں کہ پولس رسول اُمید کرتا ہے کہ یہ خط اخیہ کے علاقہ میں موجود مقدسین اور کلیسیاؤں تک پہنچے۔
مقدس پولس رسول نے خدا باپ اور خداوند یسوع مسیح کے فضل اور اطمینان کی دُعا کے ساتھ مقدسین کے ساتھ سلام دُعالی ہے۔فضل خدا کی وہ بخشش ہے جو بغیر کسی شرط اور معیار کے وہ ہم پر کرتا ہے۔پولس رسول یہ چاہتا تھا کہ مقدسین خدا کی اُس مہربانی اور

فضل کا تجربہ کریں جو غیر مشرُوط ہے۔ جن حالات و واقعات، مشکلات اور مسائل سے وہ گزر رہے تھے یہ محض لفظی یا عارضی دُعا نہیں تھی۔ اُنہیں واقعی خدا کے فضل کی ضرورت تھی۔ پولس کی یہ آرزُو بھی تھی کہ وہ خدا کے اطمینان کا بھی تجربہ کریں۔ جب خدا کے ساتھ تعلق اور رشتہ دُرست اور حقیقی ہوتا ہے تو پھر اطمینان حاصل ہوتا ہے۔ خدا کا اطمینان تب ہی حاصل ہوتا ہے جب اُس کے ساتھ رفاقت اور شراکت ہوتی ہے۔ اور جب ہم یہ ایمان رکھتے ہیں کہ خدا ہر ایک شے پر قادر ہے اور ہر ایک چیز اور زندگی کے حالات و واقعات پر اُس کا اختیار اور قدرت موجود ہے۔ پولس رسول کی اپنے قارئین کے لئے یہ تمنا اور آرزُو تھی کہ وہ خدا کے ساتھ دُرست رشتہ رکھتے ہوئے، اُس پر مضبوط ایمان کے ساتھ چلتے ہوئے خدا کے فضل اور اطمینان جیسی برکت پائیں۔

پولس رسول 3 آیت سے خدا باپ اور خداوند یسوع کی تعریف کے ساتھ خط کے متن کا آغاز کرتا ہے۔ غور طلب بات یہ ہے کہ پولس رسول نے خدا کی تعریف اِس لئے کی کہ وہ تسلی اور ترس سے بھرا ہوا خدا ہے۔ لیکن اِس کا ہرگز یہ مطلب نہیں کہ ہم کبھی بھی کسی دُکھ اور درد سے نہیں گزریں گے۔ 4 آیت میں پولس رسول کرنتھس کی کلیسیا کو یاد کراتا ہے کہ ترس سے بھرا ہوا خدا اپنے لوگوں کے دُکھ درد اور مشکل حالات کے دوران اُنہیں اپنی تسلی اور تشفی سے نوازتا ہے۔ دُکھ اور تکلیفیں تو مسیحی زندگی کا معمول ہیں۔ جب خداوند یسوع زمین پر تھا تو وہ بھی دُکھوں میں سے گزرا۔

اگرچہ دُکھ درد اس لعنت شدہ زمین کا حصہ ہیں، تو بھی ہمارا خدا تسلی اور اطمینان دینے والا خدا ہے۔ وہ رحم سے بھرا ہوا خدا ہے اور اپنے لوگوں پر رحم کرتا ہے۔ چونکہ وہ رحم سے بھرا ہوا خدا ہے اس لئے وہ ہمارے دُکھ درد اور ہمارے جذبات و احساسات سے بخوبی واقف ہے۔ وہ محبت اور مہربانی کے ساتھ ہماری دُعاؤں کا جواب دیتا ہے۔ اگرچہ ہم گنہگار

ہیں اور ہم سے غلطیاں سرزد ہوتی ہیں تو بھی ہماری خوشی کے وقت وہ ہمارے ساتھ خوش اور دُکھ کے وقت پریشان ہوتا ہے۔(مطالعہ کے لئے یوحنا 11 باب 33-36 آیت)

پولس رسول کے مطابق خدا تسلی دینے والا خدا بھی ہے۔ جو ہمارے انتہائی دُکھ بھرے حالات اور زندگی میں تسلی بن کے آتا ہے۔ اُس کی حضوری ہمیں یقین دہانی اور اعتماد سے معمور کرتی ہے۔ پولس رسول ہمیں بتاتا ہے کہ جو کچھ ہم محسوس کرتے ہیں خدا بھی محسوس کرتا ہے۔

ہمارے دُکھ درد کے وقت وہ ہم تک پہنچتا ہے۔ وہی مشکل حالات میں ہمیں اپنی تسلی اور اطمینان سے بھرتا ہے۔ ہو سکتا ہے کہ وہ ہمیں دُکھ درد سے نہ نکالے تو بھی ہم مشکل وقت میں اُس کی حضوری سے تسلی پاتے ہیں۔ خدا ہماری مصیبت میں ہمیں قوت اور تقویت سے معمور کرے گا۔

4 آیت میں پولس رسول ہمیں بتاتا ہے کہ خدا اِس لئے ہمیں اپنی تسلی اور تشفی سے معمور کرتا ہے تاکہ ہم دُوسروں کو بھی تسلی دے سکیں جو ہماری طرح دُکھ اور مشکل وقت سے گزر رہے ہیں۔ حالیہ سالوں میں خدا نے مجھے کئی ایک دُکھوں، مسائل اور مشکلات سے گزرنے کا شرف بخشا۔ اُس وقت کے دوران مجھے یہ فہم حاصل ہوا کہ جن حالات سے دُوسرے لوگ گزر رہے ہیں مجھے اُن کی تعریف اور حوصلہ افزائی کرنی چاہئے۔ وہ لوگ جو میری طرح مشکل حالات، درد اور مسائل سے گزر رہے ہیں اب میں اُن کے ساتھ بڑی حلیمی اور تسلی بخش روّیے کے ساتھ پیش آتا ہوں۔ حتیٰ کہ اگر میں اُن کے لئے کچھ لکھتا بھی ہوں تو اس میں اُن کے جذبات کی عکاسی اور اُن کے دُکھوں میں تسلی بھرے الفاظ اور اُن کی حوصلہ افزائی کے لئے اُن کی تعریف بھی کرتا ہوں کہ وہ ثابت قدم اور قائم رہتے ہوئے ایسے حالات سے گُزر رہے ہیں۔ میں ذاتی تجربہ کی بنا پر اُن کے ساتھ بات کرتا ہوں

نہ کہ محض اُس علم کی بنا پر جو مجھے حاصل ہے۔ اب میں بڑی آسانی سے اس دُکھ درد کو سمجھ سکتا ہوں جس میں سے لوگ گزر رہے ہیں کیونکہ مجھے اُن حالات و واقعات سے گزرنے کا شرف حاصل ہوا ہے۔ اس لئے میرے کلام، کام اور پیغام میں تسلی بھرے لفظوں کی گہرائی، ہمدردی اور دوسروں کی حوصلہ افزائی اُتم درجہ موجود ہوتی ہے۔ جب آپ دُکھوں، مسائل اور مشکلات سے گزرے ہیں تو آپ پر ایک ذمہ داری بھی عائد ہوتی ہے۔ خدا ہمیں اس لئے بھی دُکھوں سے گزرنے دیتا ہے کیونکہ وہ ہمیں رَحم اور ترس سے بھری ہوئی ایک بڑی خدمت کے لئے تیار کرنا چاہتا ہے۔ جب ہمیں خدا کی طرف سے تسلی اور تشفی ملی ہے تو اس کا مقصد یہ ہے کہ ہم اُن لوگوں کے لئے تسلی اور تشفی کا سبب ہوں جو ہماری طرح دُکھوں میں سے گزر رہے ہیں۔ خدا آپ کو سکھا رہا ہے کہ دُکھوں میں سے گزرنا کیسا تجربہ ہے اور ایسے حالات و واقعات میں اُس کی تسلی اور اطمینان کو حاصل کرنا اور بھی بڑا تجربہ ہے۔ یہ سب کچھ سیکھنے اور سکھانے کا مقصد یہ ہے کہ آپ دوُسروں کے لئے تسلی اور تشفی کا باعث ہو سکیں۔

5 آیت میں پولس رسول ہمیں یقین دہانی کراتا ہے کہ کس طرح خداوند یسوع کو اِس گناہ آلودہ سرزمین پر دُکھ اُٹھانے پڑے اسی طرح ہمیں بھی راستبازی کی خاطر دُکھ اُٹھانے ہوں گے۔ تاہم خدا کا یہ وعدہ ہے کہ جس قدر بڑی مشکل اور درد بھری صورتحال سے ہم گزریں گے اتنی بڑی تسلی ہمیں خدا کی طرف سے ملے گی۔ یاد رہے کہ تسلی اور تشفی کا یہ مطلب نہیں کہ دُکھ تکلیف ہمارے گھر کا راستہ بھول جائیں گے۔ اِس کا مطلب یہ ہے کہ ہمیں دُکھ سہنے کی تقویت ملے گی اور ہم ثابت قدم اور قائم رہیں گے۔ زندگی کے مشکل حالات و واقعات میں ہم شکست خوردہ نہیں ہوں گے۔ خدا کی تسلی ہمیں وہ سب کچھ دے گی جو ہمیں پُرجوش اور دلشاد اور فاتح مسیحی بننے کے لئے درکار ہو گا۔

پولس رسول کرنتھس کی کلیسیا کو یاد کراتا ہے کہ رسول بھی ستائے گئے، دُکھوں میں سے گزرے اور مسائل اور مشکلات کا سامنا کیا۔(6 آیت) اُنہوں نے دُکھوں اور مصائب کو قبول کیا اور یہی سمجھا کہ یہ سب کچھ خدا کے برگزیدہ لوگوں اور اَنجیل کی خاطر ہے۔ دُکھ میں سے گُزر کر رسول اور بھی زیادہ مضبوط ہو گئے اور خدا کے لوگوں کے درمیان اور بھی زیادہ مؤثر طریقہ سے خدمت کرنے لگے۔ کرنتھس میں دُکھ اُٹھانے کی صورت میں خدا نے پولس اور تیمتھیس کو تسلی دی تا کہ وہ دُکھ اُٹھانے اور غم سے گُزرنے والوں کو تسلی دے سکیں۔

دُکھ اور آزمائش کی گھڑی میں وہ خدا کی قوت اور بھلائی کی گواہی دے سکتے تھے۔

6 آیت پر غور کریں کہ دُکھ سہنے سے تسلی ملتی ہے اور تسلی سے صبر پیدا ہوتا ہے۔ صبر وہ خوبی اور قوت ہے جس سے دُکھوں اور دباؤ کی حالت میں ثابت قدم اور قائم رہنے کی قوت ملتی ہے۔ جب ہم دوُسروں کو تسلی دیتے ہیں تو اِس کا مطلب ہے کہ ہم اُن کی حوصلہ افزائی کرتے ہیں کہ وہ دُکھوں اور دباؤ کی صورت میں ثابت قدم اور قائم رہیں اور اُس وقت تک صبر سے سب کچھ برداشت کریں جب تک خدا اُنہیں اُس صورتحال سے نہیں نکالتا۔ ایسی صورتحال اُنہیں مضبوط کرے گی۔

ہمیں اپنے دُکھوں اور مسائل سے جان چھڑانے میں جلد بازی سے کام نہیں لینا چاہئے۔ بلکہ ہمیں خداوند سے قوتِ برداشت کے لئے دُعا کرنی چاہئے۔ تا کہ اُس تجربہ سے ہم وہ کچھ سیکھ سکیں جو خدا چاہتا ہے کہ ہم سیکھیں۔ خدا کی یہ آرزُو ہے کہ وہ دُکھوں میں سے گُزار کر ہمیں اپنے بیٹے خداوند یسوع کی صورت پر بناتا اور ڈھالتا چلا جائے۔ ایک ماہر کمہار کی طرح وہ مٹی پر دباؤ ڈالتا ہے تا کہ ہم وہ برتن بن جائیں جو وہ ہمیں بنانا چاہتا ہے۔ دباؤ میں رہنا ہمیشہ آسان تو نہیں ہوتا لیکن اُس میں ہماری ہی بھلائی اور بہتری ہوتی ہے تا کہ ہم زیادہ سے

زیادہ مسیح کی صورت اور شبیہ پر بنتے اور ڈھلتے چلے جائیں۔ پولس رسول کو اس بات کا اعتماد تھا کہ کرنتھس کے ایماندار اگر اُس کی طرح دُکھوں سے گزریں گے تو وہ اُس جیسی تسلی اور اطمینان کا بھی تجربہ کریں گے۔ (7 آیت)

پولس رسول کرنتھس کے ایمانداروں کو یاد کراتا ہے کہ کس طرح رسولوں کو آسیہ کے صوبہ میں مسیح کی خاطر دُکھوں میں سے گزرنا پڑا۔ خدمت کے دوران جس دباؤ اور مصائب سے وہ گُزرے، انسانی لحاظ سے تو وہ ناقابلِ برداشت تھا۔ وہ حیرت زدہ تھے کہ کیسے وہ اُس دباؤ اور مشکل صورتحال کو برداشت کر پائیں گے۔ اُن کو اپنی جان کے لالے پڑے ہوئے تھے۔ وہ اِس حد تک یقین کر چکے تھے کہ اب زندہ رہنا ناممکن ہے۔ وہ انتہائی دل شکستہ ہو چکے تھے اور اُنہیں اپنا اختتام نظر آرہا تھا۔ اُن کی جسمانی طاقت اور توانائی جواب دے چکی تھی۔ شائد آپ بھی زندگی میں کسی ایسے ہی مقام سے گُزر رہے ہیں جہاں آپ کی زندگی اجیرن بن چکی ہے اور اَب ایک پل بھی زندہ رہنا مشکل لگتا ہے۔

غور کریں کہ پولس رسول نے 9 آیت میں کرنتھس کی کلیسیا کو کیا کہا۔ وہ جانتا تھا کہ کسی خاص وجہ اور مقصد کے تحت ہی خدا اُس مایوس کن صورتحال میں سے اُنہیں گزار رہا ہے۔ خدا اُن سب حالات اور واقعات کو ہونے دے رہا تھا تاکہ وہ اپنے آپ پر نہیں بلکہ خدا کی ذات پر بھروسہ اور توکل کر سکیں۔

میرے دُکھوں اور مصائب کے وقت میں خدا نے میری صحت پر حملے کی اجازت دی۔ جذباتی طور پر میں بڑے دباؤ میں سے گُزرا۔ میری خدمت کا بہت بڑا حصہ ختم ہو گیا۔ بڑے قریبی رشتے ناطے اور تعلقات کشیدگی کا شکار ہو گئے۔ اُس دوران خدا جسم پر میرے بھروسے کو ختم کر رہا تھا۔ اگر میں اُس آزمائش میں سے گزر رہا تھا تو اُس کا مقصد یہ تھا کہ میں صرف اور صرف اُسی پر توکل اور بھروسہ کروں کیونکہ میری جسمانی، روحانی اور

جذباتی طاقت ختم ہو کر رہ گئی تھی۔ پولس رسول کرنتھس کی کلیسیا کو یہی کچھ تو بتا رہا تھا۔ اُس نے اُنہیں بتایا کہ اَخیہ میں اس حد تک مشکل وقت آیا کہ اُسے اپنی عقل اور توانائی پر نہیں بلکہ خدا پر بھروسہ اور توکل کرنا سیکھنا پڑا جو مُردوں کو زندہ کرنے کی قدرت رکھتا ہے۔ (9 آیت)

اَب پولس رسول ماضی کے جھروکوں میں جھانک کر دیکھ سکتا تھا کہ کس طرح خدا کے فضل سے اُسے اُس کے دُکھوں اور آزمائشوں سے رہائی ملی تھی۔ پولس رسول نے کرنتھس کی کلیسیا کو یہ بتانے کے لئے لکھا کہ خدا نے آزمائش کی مشکل گھڑی میں کس طرح اُسے اور اُس کے ہم خدمت ساتھیوں کو تسلی دی اور بالآخر دباؤ اور مصیبت سے نکال لیا تھا۔ اس تجربہ سے پولس رسول کا خدا کی چھڑا لینے والی قوت اور قُدرت پر بھروسہ اور یقین اور بھی زیادہ بڑھ گیا تھا۔ انتہائی بُرے حالات میں بھی اُس نے خدا کی وفاداری کا تجربہ کیا تھا۔ اس سے پولس رسول کو آنے والے وقت میں خدا کی بچا لینے والی قدرت پر بھروسہ کرنے کی اور بھی زیادہ توفیق ملی۔ کرنتھس کے ایمانداروں کے لئے یہ ایک جیتی جاگتی گواہی تھی کہ خدا اُنہیں بھی اُن کے دُکھوں اور آزمائشوں کو برداشت کرنے کے قابل بنا سکتا ہے تاکہ اُن کا توکل اور بھروسہ اور بھی زیادہ اُسی پر قائم اور مضبوط ہو۔

پولس رسول نے کرنتھس کے ایمانداروں کو دُعا کے لئے کہا کیونکہ وہ اور اُس کے ہم خدمت ساتھی خوشخبری کی خاطر دُکھ اُٹھا رہے تھے۔ وہ توقع کر رہا تھا کہ مزید آزمائشیں اور دُکھ اُس کے منتظر ہیں۔ اُس نے کبھی یہ خیال بھی نہ کیا کہ اُس کی زندگی اور خدمت میں کبھی سب کچھ آسان اور خوشگوار ہو گا۔ اُس نے 11 آیت میں کرنتھس کے لوگوں کو بتایا کہ جب وہ دُعا کر رہے ہیں تو بہت سے لوگ شکر گزاری بھی کر رہے ہیں کہ آپ کی دُعاؤں کا جواب مل رہا ہے۔ پولس رسول نے کبھی بھی یہ نہ کہا کہ اُس کی زندگی سے دُکھ اور

آزمائشیں ختم ہو جائیں اور اُس کی زندگی میں یہ سب کچھ نہ ہو۔ وہ تو صرف یہ کہہ رہا تھا کہ خدا کی طرف سے اُس کی زندگی پر فضل ہو اور اُسے دُکھ سہنے کی توفیق اور زیادہ ملے تاکہ وہ لوگ جن سے اُس کی ملاقات ہو وہ اُس کی زندگی میں خدا کے ترس اور اُس کی تسلی کو دیکھ کر برکت پائیں

پولس رسول ان آیات میں ہمیں یہ بتا رہا ہے کہ خدا ایمانداروں کی زندگیوں میں دُکھوں اور آزمائشوں کو استعمال کرتا ہے تاکہ وہ اُمید اور صبر و تحمل میں اور بھی زیادہ مضبوط ہوں اور اُن لوگوں کو تسلی دے سکیں جو دُکھوں، آزمائشوں اور مسائل و مشکلات کے دَور میں سے گزر رہے ہیں۔ خدا کرے کہ ہم بھی دُکھوں اور آزمائشوں میں خدا کی تسلی اور اطمینان کا تجربہ کر پائیں تاکہ اُن لوگوں کو تسلی دے سکیں جنہیں دُکھ اور آزمائش کی گھڑی میں تسلی اور تشفی کی ازحد ضرورت ہے۔

چند غور طلب باتیں

☆۔ کیا اِس بات کا امکان ہے کہ ہم اِس زندگی میں جسمانی دُکھوں سے رہائی پائیں گے ؟

☆۔ اس دُنیا میں دُکھوں اور آزمائشوں کے وسیلہ سے خدا کیا مقصد حاصل کرنا چاہتا ہے ؟

☆۔ آرام اور تسلی کا کیا مطلب ہے ؟ کیا اس کا مطلب ہے کہ ہماری زندگی میں کوئی دُکھ اور غم نہیں آئے گا؟

☆۔ کیا آپ کو اپنی زندگی میں سنجیدہ قسم کے مسائل اور دُکھوں کا سامنا ہوا ہے ؟

☆۔ جس طور سے آپ نے خدا کی تسلی اور آرام کا تجربہ کیا ہے۔ آپ اُسے دوُسروں کی برکت کے لئے کس طرح استعمال کر سکتے ہیں؟

چند اہم دُعائیہ نکات

☆۔ ہمارے دُکھوں اور مصیبتوں میں جس طور سے خدا نے ہمیں تسلی اور آرام دینے کے لئے وعدے کئے ہیں اُن وعدوں کے لئے خُدا کی شکر گزاری کریں۔

☆۔ درپیش دُکھوں اور مصیبتوں سے خدا آپ کو جو کچھ سکھانا چاہتا ہے اُس کو سمجھنے اور جاننے کے لئے خدا سے دُعا کریں۔

☆۔ کیا آپ کا دوست یا کوئی عزیز گہری آزمائش کے وقت سے گُزر رہا ہے؟ دُعا کریں تا کہ خدا اُس شخص کے لئے اپنی تسلی کو فراہم کرے جس کی اُسے مشکل گھڑی میں ضرورت ہے۔

☆۔ کیا ایسے لوگ آپ کے اِرد گرد ہیں جنہیں خدا آپ کے وسیلہ سے تسلی اور آرام دینا چاہتا ہے۔ اس سلسلہ میں خدا کی رہنمائی اور مرضی کو جاننے کے لئے خدا سے دُعا کریں۔

باب 2

منصُوبوں میں تبدیلی

اس باب کے مطالعہ سے قبل درج ذیل حوالہ ضرور پڑھیں

(2 کرنتھیوں 1 باب 12-24 آیت)

ہم میں سے وہ لوگ جو خدمت میں ہیں اُنہیں اس بات کا تجربہ ہے کہ خدا ہمیں خدمت کی ایک نعمت سے دُوسری نعمت میں منتقل کر دیتا ہے۔ خدا ہمیشہ ہی ایک جگہ پر نہیں رکھتا۔ بعض اوقات وہ ہمارے اندر سے کسی ایک منسٹری کی خواہش کو ختم کرنا چاہتا ہے۔ بعض اوقات خرابیِ صحت یا پھر بعض حالات و واقعات کی بنا پر ہم اپنی منسٹری کو جاری نہیں رکھ پاتے۔ ہو سکتا ہے کہ خدا ہمیں کسی دُوسری کلیسیا یا پھر کسی دُوسرے شہر جانے کے لئے ہماری رہنمائی کرے۔ حالات و واقعات اور کسی بھی صورتحال پر ہمارا کوئی اختیار نہیں ہوتا ، اس لئے ہم اپنی منزل کا تعین خود نہیں کر سکتے۔ ہم تو صرف یہ کر سکتے ہیں کہ ہر نیا دن جیسے بھی خدا ہمیں عطا کرے اُس کو قبول کریں۔ صرف وہی جانتا ہے کہ اُس نے ہمارے لئے کیا منصوبہ سازی کر رکھی ہے۔ اس باب میں ہم دیکھیں گے کہ پولس رسول کو بھی خداوند کی فرمانبرداری میں چلنے کے لئے اپنے سفری پروگرام کو تبدیل کرنا پڑا۔

پولس رسول کرنتھس کی کلیسیا کو یاد کراتا ہے کہ بطور خدا کا خادم ہوتے ہوئے اُس نے دُنیا میں اور اُن کے ساتھ اپنا چال چلن اور ہر طرح کا روّیہ پاکیزگی اور سچائی کی بنیاد پر رکھا۔ پولس رسول نے اِس بات کا اِس خط میں کیونکر ذکر کیا ہے؟ ظاہری بات ہے کہ اُس کی خدمت اور شخصیت کے تعلق سے لوگوں کے درمیان شک و شبہات اور اعتراضات

پائے جاتے تھے۔ پولس اُن جھوٹے الزامات کے خلاف اپنا دفاع کرتا ہے۔ بعد ازاں ہم دیکھیں کہ پولس رسول نے کلیسیا میں جانے کا پروگرام بنایا لیکن وہ پروگرام قائم نہ رہ سکا اور کچھ تبدیلیاں واقع ہوئیں۔ یہ بھی ممکن ہے کہ اس تبدیلی کی بنا پر بھی کچھ لوگ اُسے تنقید کا نشانہ بنا رہے ہوں۔

12 آیت میں پولس رسول کو اُنہیں بتانا پڑا کہ وہ انسانی حکمت سے نہیں بلکہ خدا کے فضل سے منصوبہ سازی کرتا ہے۔ یہاں پر فوری طور پر یہ سوال پیدا ہوتا ہے کہ جب پولس رسول نے کرنتھس کی کلیسیا کو اپنے وزٹ کے تعلق سے بتایا تھا تو کیا وہ خدا کی مرضی کے مطابق ایسا کہہ رہا تھا یا پھر جب اُس نے اپنے پروگرام میں تبدیلی کی تو وہ اپنی حکمت سے یہ تبدیلی کر رہا تھا؟ کیا اب یا پہلے وہ خدا کی مرضی یا انسانی حکمت کے مطابق چل رہا ہے؟

کیا آپ نے کبھی ایسا محسوس کیا کہ خدا کسی خدمت میں آگے بڑھنے کے لئے آپ کی رہنمائی کر رہا ہے اور پھر آپ آگے تو بڑھے لیکن ناکامی کے سوا کچھ حاصل نہ ہوا؟ میں نے اس طرح سے خدا کی رہنمائی کو گزشتہ آٹھ سالوں کے درمیان محسوس کیا ہے؟ میں نے دیکھا کہ خدا نے ایک کے بعد دوسرا اور پھر تیسرا دروازہ کھولا اور پھر اچانک سے وہ دروازے یکے بعد دیگرے بند ہوتے چلے گئے۔ حالیہ وقت میں میرے ایک دوست نے مجھ سے پوچھا کہ آیا واقعی آپ کو ایسی آزمائش اور مشکل وقت سے گزرنے کی ضرورت ہے؟ میں نے اس پر غور وخوص کیا تو یہی سمجھا کہ زندگی کے اُس دَور میں میرے لئے خدا کی یہی مرضی تھی۔ دُکھ اور مشکل گھڑی میں سیکھے گئے سبق بڑے زبردست اور مفید تھے۔ دراصل میں بہت سی ایسی زنجیروں سے آزاد ہو گیا جو مجھے کئی طرح سے آگے بڑھنے سے روک رہی تھیں۔ دراصل خدا میری توجہ اور رہنمائی اُس منسٹری کی طرف کر رہا تھا جس میں اُس وقت میں آگے بڑھ رہا ہوں۔ کئی دفعہ خدا ہمیں کچھ سکھانے کے لئے بھی

ناکامی کے تجربہ سے گُزرنے دیتا ہے۔ کبھی آپ خدمت میں مقررہ ہدف تک نہ پہنچ پائیں تو اس کا ہرگز یہ مطلب نہیں کہ آپ خدمت میں بلائے ہی نہیں گئے۔ ہمارا کام وفادار رہنا جبکہ خدا کا کام ہماری وفاداری کو مدِ نظر رکھتے ہوئے ہمیں برکت دینا ہے۔

بعض اوقات خدا نے پولس رسول کی کسی شہر یا قصبے میں جانے کے لئے رہنمائی تو کی لیکن وہاں پر پولس رسول کو رد کیا گیا، اُس پر پتھراؤ کیا گیا اور وہ ناکامی سے دوچار واپس لوٹ آیا۔(اعمال 7باب 58 آیت اور 14 باب 19 آیت) خداوند یسوع نے اپنے شاگردوں کو واضح طور پر بتایا تھا کہ اگر وہ کسی شہر یا قصبے میں جائیں اور وہاں پر اُنہیں قبول نہ کیا جائے تو وہ اُس جگہ پر اپنے پاؤں کی گرد جھاڑ کر دُوسرے شہر چلے جائیں۔(متی 14 باب 19 آیت) ابرہام سے یہ کہا گیا کہ وہ اپنے اکلوتے بیٹے کو لے کر خدا کے حضور قربانی کے طور پر پیش کرے(پیدائش 22 باب) جب اُس نے اُسے قربان گاہ پر رسیوں سے باندھ لیا تو خدا نے اُسے کہا کہ لڑکے پر چُھری نہ چلا اور اُس لڑکے کی جگہ پر ایک برّہ مہیا کر دیا۔ درج بالا واقعات اور بیان کردہ صورتحال سے ہمیں کیا سمجھنا چاہئے۔ ہمیں یہاں پر یہ دیکھنے کی ضرورت ہے کہ خدا کی راہیں ہماری راہوں سے مختلف ہیں۔ بعض اوقات خدا مکمل ناکامی کی راہ پر ہماری رہنمائی کرتا ہے تاکہ ہم وہ باتیں سیکھ سکیں جن کے سیکھنے کی ہمیں ضرورت ہوتی ہے۔ بعض اوقات خدا ہمیں وہ خدمت ہی قربان کرنے کے لئے کہتا ہے جس کے لئے اُس نے ہمیں بلایا ہوتا ہے اور کئی دفعہ خدا وہ برکات ہم سے واپس مانگ لیتا ہے جو اُس نے ہمیں دی ہوتی ہیں۔ خدا ہماری وفاداری اور فرمانبرداری کا امتحان لینے کے لئے ایسا کرتا ہے۔ بعض اوقات خدا ہمیں منصوبہ سازی تو کرنے دیتا ہے لیکن پھر اُن منصوبوں اور پروگراموں کو ہمیں قربان کرنے کے لئے بھی کہتا ہے۔

اگر آپ کبھی واقعی خدا کے ساتھ چلے ہیں تو پھر آپ سمجھ جائیں گے کہ میں کیا کہہ

رہا ہوں۔ خدا اپنی بادشاہی کے لئے آپ کو بہت سی قربانیاں دینے کے لئے کہے گا۔ ہو سکتا ہے کہ دُعا میں وقت گزارتے ہوئے آپ یہ منصوبے بنائیں۔ ہو سکتا ہے کہ آپ پُر یقین ہوں کہ وہ منصوبے انسانی حکمت سے تشکیل نہیں پائے۔ وہ سب کچھ تو خدا کی بادشاہی کے لئے ہی ترتیب دیا گیا تھا۔ اگرچہ وہ سب کچھ خدا کے جلال اور بُزرگی کے لئے تھا تو بھی خدا نے آپ کو وہ سب پروگرام اور منصوبے ترک کرنے کے لئے کہہ دیا۔

موسیٰ چالیس برس بنی اسرائیل کی رہنمائی بیابان سے وعدہ کی سرزمین کی طرف کرتا رہا۔ خدا نے اُسے چنا تھا کہ وہ بنی اسرائیل کو وعدہ کی سرزمین پر لے جائے پھر اچانک ایک دن اُس پر ظاہر ہوا اور اُسے بتایا کہ اُس کے لوگوں کو وعدہ کی سرزمین پر لے جانے والا شخص وہ نہیں ہے۔

(استثنا 3 باب 26 تا 28 آیت) عہدِ عتیق میں داؤد کی خدا کے لئے محبت لاثانی ہے۔ اُس کی بڑی خواہش تھی کہ وہ خدا کے جلال اور اُس کے نام لئے ایک بہت بڑی اور خوبصورت ہیکل کو تعمیر کرے۔ اِس مقصد کے پیشِ نظر اُس نے بہت سی عمدہ قسم کی لکڑی، سونا چاندی اور دیگر ضروری چیزیں جمع کیں۔ اِس سلسلہ میں اُس کا دل واقعی خدا کی محبت اور عشق سے معمور تھا لیکن خدا نے اُسے بتایا کہ وہ اُس ہیکل کو تعمیر نہ کر پائے گا بلکہ اُس کا بیٹا سلیمان اُس کام کو سرانجام دے گا۔ (1 تواریخ 22 باب 7 تا 10 آیت) کیا ہیکل کی تعمیر کے لئے داؤد انسانی حکمت سے سب کچھ جمع کر رہا تھا؟ کیا ہیکل کی تعمیر کے لئے داؤد خود غرضی سے کام لے رہا تھا؟ میرا اِس بات پر ایمان ہے کہ داؤد اور مردِ خدا موسیٰ کے دل خدا کے حضور بالکل راست تھے۔ اُنہوں نے خدا کی مرضی اور بزرگی کے طالب ہوتے ہوئے راستی سے خدا کے جلال کے لئے سب کچھ ترتیب دیا تھا۔ سب فیصلے خدا کے نام اور اُس کی حشمت اور بُزرگی کے لئے ہی تھے۔

کرنتھس میں کلیسیا کو وزٹ کرنے کی پولس کی تمنا خدا کے جلال اور اُس کے دل کے عین مطابق تھی۔ مذکورہ ہستیوں اور ہم سب کو یہ سمجھنے کی ضرورت ہے کہ خدا کُلی طور پر یہ حق رکھتا ہے کہ ہمارے منصوبوں اور پروگراموں کو تبدیل کر دے۔ جو کچھ ہمیں دل پسند ہوتا ہے وہ خدا کے لئے قربان کرنا آسان تو نہیں ہوتا۔ خدا نے پولس رسول کو کرنتھس جانے کا ارادہ ترک کرنے کے لئے کہا۔ اُس نے انسانی حکمت کے ساتھ یہ وزٹ ترتیب نہیں دیا تھا۔ اُس نے دُعا میں اور خدا کی مرضی کا طالب ہوتے یہ سب کچھ کیا تھا۔ لیکن جب اُس نے خدا کی رہنمائی کو محسوس کیا تو اُس وزٹ پروگرام کو ترک کرنے کے لئے تیار اور آمادہ ہو گیا۔

پولس رسول کو یقین تھا کہ کرنتھس کے ایماندار اُس کی بات اور اُس تبدیلی کو سمجھ جائیں گے۔(13 آیت) کچھ ایسے لوگ بھی تھے جو پولس رسول کی خدمت کو چیلنج کر رہے تھے۔ وہ لوگ پولس رسول کے وزٹ کی اِس تبدیلی کو اُس کی ساکھ تباہ کرنے کے لئے استعمال کرنا چاہتے تھے۔ وہ علاقہ بھر میں لوگوں کو بتانا چاہتے تھے کہ دیکھو یہ مردِ خدا نہیں ہے، کبھی کچھ کہتا ہے اور کبھی کچھ اور کہتا ہے۔ اُس کے کام اور کلام میں تضاد ہے۔ پولس رسول کو اعتماد تھا کہ کرنتھس کے لوگ یہ سمجھ جائیں گے کہ یہ تبدیلی بھی خدا کی مرضی اور رہنمائی کے عین مطابق ہے۔ اُسے اعتماد تھا کہ کرنتھس کے لوگ اُس پر اور اُس کے ہم خدمت ساتھیوں پر ناز کرتے رہیں گے، جس طرح پولس رسول کو اُن پر ناز تھا۔

(14 آیت)

یہاں پر یہ ناز اور فخر گناہ آلودہ نہیں تھا۔ پولس اور کرنتھس کی کلیسیا ایک دوسرے سے خوش اور مسرور تھے۔ جس طرح ایک باپ اپنے بچوں میں مسرور ہوتا ہے اور اُسے اپنی اولاد پر فخر اور ناز ہوتا ہے اُسی طرح پولس رسول کو بھی اپنی کلیسیا پر ناز اور فخر تھا۔ پولس

رسول کو یہ اعتماد تھا کہ اگرچہ وقتی طور پر وہ اُن کے ہاں نہیں جا سکا تو بھی وہ اُس پر فخر اور ناز ہی کرتے رہیں گے۔

15 آیت سے ہمیں معلوم ہوتا ہے کہ پولس رسول نے دو مرتبہ اُن کے ہاں وزٹ کرنے کا پروگرام بنایا تھا تاکہ اُن کو دوہری برکت ملے۔ اس کا پروگرام یہ تھا کہ وہ مکدونیہ جاتے ہوئے اُن کو وزٹ کرے اور پھر یہودیہ جاتے ہوئے دوبارہ اُن سے ملنے کے لئے آئے۔(16 آیت)

اعمال 19 اور 20 باب میں ہم پولس رسول کے مکدونیہ کے دَورے کے بارے میں پڑھتے ہیں کہ کس طرح پولس رسول کی منادی کے سبب سے وہاں پر فساد اور ہلڑ برپا ہوا تھا۔ اگر پولس وہاں پر ٹھہرا رہتا تو اپنی جان سے بھی ہاتھ دھو سکتا تھا۔ اُس نے اپنا پروگرام اور وزٹ تبدیل کر لیا تاکہ اُس کی جان محفوظ رہے۔ خدا نے کسی دُوسری راہ سے جانے کے لئے اُس کی رہنمائی کی۔

پولس رسول کرنتھس کے ایمانداروں کو بتاتا ہے کہ جب اُس نے وزٹ ترتیب دیا تھا تو بس یونہی یہ پروگرام نہیں بنالیا تھا۔ اُس نے دُنیوی اور جسمانی حکمت سے اور خدا کی مرضی کے بغیر یہ پروگرام ترتیب نہیں دیا تھا۔ ہم کئی دفعہ ایسے لوگوں سے ملے ہیں جو ایک وقت میں کچھ کرنے کا وعدہ اور ارادہ تو ظاہر کرتے ہیں لیکن پھر اُسے پورا نہیں کر پاتے۔ ایسے لوگ احمقانہ طور پر بڑا بول بولتے ہیں لیکن پھر اُس پر پورا بھی نہیں اُترتے۔ کیونکہ اُنہیں پہلے ہی معلوم ہوتا ہے کہ بس وہ شیخی ہی مار رہے ہیں۔ ایسے لوگوں پر کبھی بھروسہ نہیں کیا جا سکتا۔ پولس رسول چاہتا تھا کہ کرنتھس کے لوگ اُسے ایسا ہی شخص نہ سمجھ لیں۔ پولس رسول ایسا شخص نہیں تھا جو ایک ہی وقت میں "ہاں" اور "نہیں" بھی کہتا۔ اُس نے اپنے وعدہ پر پورا اُترنے کے لئے جو کچھ اُس کی بساط میں تھا کیا۔ یہاں پر اس

معاملہ کو زیرِ بحث لانے سے پولس رسول یہ بھی ظاہر کرتا ہے کہ وہ اُس وزٹ کے لئے کس قدر سنجیدہ تھا۔

چونکہ پولس رسول نے اپنا منصوبہ تبدیل کر لیا تھا، اس بنا پر کچھ لوگ اُس کی خدمت اور شخصیت کو ناقابلِ اعتبار سمجھ رہے تھے۔ پولس رسول اُنہیں بتاتا ہے کہ جو پیغام اُس نے اُنہیں دیا تھا وہ سچائی اور دیانتداری پر مبنی تھا۔ خوشخبری کا پیغام بالکل واضح اور سچائی پر مبنی ہے۔ ہمارا خدا ترتیب اور وضاحت کا خدا ہے۔ اُس میں کسی طرح کا کوئی چھل اور بددیانتی نہیں پائی جاتی۔ وہ اُنہیں بتاتا ہے کہ اُس نے اُن کے درمیان یسوع مسیح کی منادی وضاحت کے ساتھ کی۔ مسیح یسوع میں خدا کے سارے وعدے "ہاں" کے ساتھ ہیں۔ یعنی وہ وعدے سچے اور پکے ہیں۔ خدا کے وعدے قابلِ بھروسہ ہیں جن پر لوگ ہر وقت اعتبار اور بھروسہ کر سکتے ہیں۔

یہاں پر پولس رسول کی خوشخبری کے پیغام پر مثبت رائے اور اُس کے وزٹ نہ کر سکنے کی مجبوری اور ناقابلیت کے درمیان تعلق کو دیکھیں۔ وہ چاہتا تھا کہ اُس کی زندگی سے خوشخبری کا پیغام منعکس ہو۔ اِس لئے ضروری تھا کہ وہ اپنے وعدہ پر پورا اُترتا ہے۔ جب وہ کرنتھس آنے کے وعدہ پر پورا نہ اُتر سکا تو اُسے بڑی فکر لاحق ہوئی کہ جس خوشخبری کی اُس نے کرنتھس میں منادی کی ہے اُس پر اُس کے وزٹ کی ناکامی کا اچھا اثر نہیں پڑے گا۔ جس پیغام کی ہم منادی کرتے ہیں اُس کا عکس ہماری زندگیوں سے نظر آتا ہے۔ اگر ہم ناقابلِ اعتبار اور بے وفا نکلیں تو غور کریں کہ ہماری منادی کا لوگوں پر کیا اثر ہو گا؟

21 اور 22 آیت میں پولس رسول اُنہیں یاد کرتا ہے کہ خدا اُنہیں مسیح میں قائم اور ثابت قدم رکھے گا۔ اُس نے اُن پر مہر کی ہے اور اپنا پاک روح اُنہیں دیا ہے جو کہ ابدی زندگی کے لئے خدا کی طرف سے ایک ضمانت اور بعیانہ ہے۔ خدا سچا اور وفادار ہے اور اُس کے

سارے وعدے پورے ہوں گے۔ کوئی چیز بھی خدا اور اُس کے وعدوں کی تکمیل کے درمیان کھڑی نہیں ہو سکتی۔ جس طرح پولس رسول کے کرنتھس کے وزٹ اور خدا کے درمیان کوئی چیز بھی حائل نہ ہونے پائی۔ (اگرچہ وقتی طور تو پر سب کچھ تبدیل ہو گیا)

پولس رسول اِس باب کا اختتام اس بات پر کرتا ہے کہ وعدہ کے مطابق نہ آنے پر وہ اُس کی معذرت قبول کریں۔ یہاں پر وہ بڑی تفصیل سے اس بات کی وضاحت تو نہیں کرتا۔ غیر ایمانداروں نے پولس رسول کے وزٹ کی تبدیلی کو ایک بڑا مسئلہ بنا لیا تھا۔ کچھ ایسے لوگ بھی تھے جو پولس رسول کی زندگی کے پیچھے پڑے ہوئے تھے اور جہاں کہیں وہ گیا اُس کے لئے مسائل کھڑے کرتے رہے۔ ہو سکتا ہے کہ پولس رسول کرنتھس کی کلیسیا کو یہی کچھ بتانے کی کوشش کر رہا تھا؟ کیا ممکن ہے کہ پولس رسول نہیں چاہتا تھا کہ جو کچھ مکدونیہ میں اُس کے ساتھ پیش آیا ہے وہی کچھ کرنتھس میں اُس کے ساتھ اُس کے وزٹ کے دوران پیش آئے اور کلیسیا کے لئے کوئی پریشانی کھڑی ہو جائے؟

24 آیت میں پولس رسول اُنہیں یاد دہانی کراتا ہے کہ اُس کا قطعاً یہ ارادہ اور مقصد نہیں تھا کہ وہ اپنے ایمان کے سبب سے اُن پر حکومت جتائے۔ یعنی وہ کسی طور پر نہیں چاہتا تھا کہ وہ کرنتھس کی کلیسیا پر تسلط جمائے۔ پولس رسول اپنی منسٹری پر بھی اپنا تسلط اور کنٹرول نہیں چاہتا تھا۔ وہ تو یہ چاہتا تھا کہ دوسرے مسیح کی پہچان، اُس کے عرفان اور پختگی میں آگے بڑھیں۔ وہ چاہتا تھا کہ کرنتھس کی کلیسیا خداوند کی شادمانی اور ایمان میں مضبوط ہو کر آگے بڑھتی چلی جائے۔ شائد یہ سب کچھ پولس رسول اس لئے بھی بیان کرنے پر مجبور ہو گیا کیونکہ اُسے اپنی خدمت میں مزید مخالفت کی بو محسوس ہو رہی تھی۔ کیا کچھ لوگ یہ سمجھ رہے تھے کہ پولس رسول اُن پر تسلط جما رہا ہے؟

پولس رسول نے کرنتھس کی کلیسیا کو یہ خط اِس بات کی یاد دہانی کرانے کے لئے بھی لکھا کہ

وہ اُن کے لئے واقعی فکر اور محبت رکھتا ہے۔ اگرچہ وہ اپنے وعدہ اور منصوبہ کے مطابق اُن کے ہاں پہنچ تو نہ پایا لیکن اُس کی یہ تمنا تھی کہ وہ خداوند کی شادمانی اور ایمان میں ترقی کریں۔ تاکہ وہ آخری دم تک ثابت قدم اور قائم رہ سکیں۔

چند غور طلب باتیں

☆۔ کیا آپ نے اپنے منصوبوں کو تبدیل ہوتے ہوئے دیکھا ہے؟ کیا خدا نے کبھی آپ سے کہا ہے کہ آپ اُس کے جلال کے لئے اپنے منصوبوں کو قربان کر دیں؟ کوئی ایک مثال پیش کریں۔

☆۔ کیا آپ خدا کے جلال اور بُزرگی کے لئے اپنے منصوبوں کو قربان کرنے کے لئے تیار اور رضامند ہوں گے؟

☆۔ کیا آپ اپنے وعدوں کو پورا نہ کرنے کے لئے کبھی ذمہ دار قرار پائے؟ اُن وعدوں کے تعلق سے خدا اِس وقت آپ سے کیا کلام کر رہا ہے؟

انسانی حکمت اور خدا کی مرضی سے تشکیل پانے والے منصوبوں اور پروگراموں میں کیا فرق ہوتا ہے؟

☆۔ اگر لوگ آپ کی زندگی میں سے خدا کو دیکھیں تو اُنہیں کیا نظر آئے گا؟ آپ خدا کے کردار کے کس طرح اچھے گواہ بن سکتے ہیں؟ واضح طور پر بیان کریں؟

چند اہم دُعائیہ نکات

☆۔ خدا کی شکر گزاری کریں کہ وہ اپنے وعدوں میں سچا اور پکا ہے۔ کوئی چیز بھی اُسے اپنے وعدوں کی تکمیل سے باز نہیں رکھ سکتی۔

☆۔ خداوند سے فضل مانگیں تاکہ آپ اپنا سبھی کچھ اُس کو دے سکیں۔ اور خود بھی اُس کے تابع ہو جائیں۔

☆۔ خدا سے فضل اور توفیق مانگیں تاکہ آپ اس دُنیا میں اُس کے کردار کے اچھے گواہ ہونے کے قابل ہو سکیں۔ خداوند سے رہنمائی مانگیں اور پوچھیں کہ آپ کو کردار کے کس حصہ میں مضبوط ہونے کی ضرورت ہے۔

باب 3

ایک تکلیف دہ خط

اس باب کے مطالعہ سے قبل درج ذیل حوالہ ضرور پڑھیں

2 کرنتھیوں 2 باب 1-11 آیت

پچھلے باب میں ہم نے دیکھا کہ کس طرح پولس رسول کرنتھس کے لوگوں کو یہ بتانے بلکہ وضاحت کرنے پر مجبور ہو گیا کہ وہ طے شدہ پروگرام کے مطابق کیوں اُنہیں وزٹ نہ کر سکا۔ ایذاہ رسانی اور مصائب و مشکلات کی بناپر وہ مکدونیہ سے جلد روانہ ہونے پر مجبور ہو گیا تھا۔ اُس کے منصوبے کی تبدیلی کی یہ ایک بڑی وجہ تھی۔ اس کی ایک وجہ اور بھی ہے۔ یوں معلوم ہوتا ہے کہ پولس رسول کرنتھس کے لوگوں کو وزٹ کرنے سے قبل اُنہیں اُن گناہوں سے توبہ کا موقع دینا چاہتا تھا جن کا اُس نے اپنے خط میں ذکر کیا تھا۔ اس باب سے ہمیں یہ معلوم ہوتا ہے کہ پولس رسول نے اُنہیں ایک تکلیف دہ خط لکھا تھا۔ ممکن ہے کہ یہ خط 1 کرنتھیوں ہی ہو۔ اگر یہ تکلیف دہ خط 1 کرنتھیوں ہی ہے تو ہم سمجھ سکتے ہیں کہ پولس رسول یہاں پر کیا بات کر رہا ہے۔ 1 کرنتھیوں میں پولس رسول نے بڑی دلیری سے کرنتھس کے لوگوں کے گناہ کی نشاندہی کی تھی کہ اُن کے دلوں میں ایک دوُسرے کے لئے محبت نہیں ہے۔ اپنے پسند کے لیڈر کی تابعداری میں چلتے ہوئے کلیسیا میں فرقہ بازی پر اُن کی سرزنش کی اور اُنہیں ایسا کرنے سے منع کیا تھا۔ اُس نے اُنہیں ایسے شخص کو اپنے درمیان رکھنے پر ڈانٹا جو کہ اپنے ہی باپ کی بیوی کے ساتھ حرامکاری میں مبتلا تھا۔ روحانی نعمتوں کی تقسیم پر اُن کے درمیان تفرقے بازی پر بھی اُس نے اُن کی مذمت کی

۔1 کرنتھیوں واقعی ایک سخت خط ہے۔ اس باب میں اُسی خط کا یا پھر کسی اور خط کا پولس رسول ذکر کر رہا ہے۔

پولس رسول نے اُنہیں بتایا کہ اس لئے وہ اُن کے پاس نہیں آیا تا کہ اُنہیں اُس کے وزٹ سے اور زیادہ تکلیف نہ پہنچے۔(1 آیت) اس سے ہم یہ بھی سمجھتے ہیں کہ آخری بار جب پولس رسول کرنتھس کے لوگوں کے درمیان تھا تو بہت سے مشکل اور اُلجھے ہوئے معاملات پر اُسے کام کرنا پڑا تھا۔ پولس رسول ایک ایسا شخص تھا جو معاملات کو اُدھورا نہیں چھوڑ تا تھا بلکہ اُن کا قطعی حل نکالتی تھا۔ جن معاملات پر بات کرنی مقصود ہوتی تھی اور جن باتوں کو اصلاح درکار ہوتی تھی پولس رسول اُن پر بات کرنے سے کبھی نہیں جھجکتا تھا۔ جو کچھ پولس کہتا یا کرتا تھا اگرچہ سب کچھ کلیسیا کی بہتری کے لئے ہوتا تھا تو بھی بعض اوقات یہ سب کچھ کلیسیا کے لئے بڑا تکلیف دہ بھی ہوتا تھا۔ پولس رسول نے جو تکلیف اُنہیں پہنچائی تھی اُس پر اُس کے دل میں اُن کے لئے اظہارِ ہمدردی بھی تھا۔ وہ کرنتھس کے ایمانداروں کو مزید ذہنی دباؤ میں نہیں لانا چاہتا تھا۔ اُس کا مقصد تو تمام معاملات کی اصلاح اور بہتری تھا۔ اسی لئے تو پولس رسول نے کرنتھس نہ جانے کا فیصلہ کیا تھا۔ وہ وہاں جا کر مزید اُن کی سرزنش کر کے اُنہیں تکلیف نہیں دینا چاہتا تھا۔ اُس نے یہی بہتر سمجھا کہ اُنہیں اپنے طور پر اُلجھے ہوئے معاملات دُرست کرنے اور اپنے گناہوں کا اقرار و اعتراف کر کے اُنہیں ترک کرنے کا وقت دیا جائے۔

کچھ ایسے وقت بھی ہوتے ہیں جب مسیحی قائدین کو خاموشی اختیار کرنی چاہئے۔ کاش میری شخصیت بھی پولس رسول جیسی ہو! جب میں مسائل دیکھتا ہوں تو اُنہیں حل کرنے کی کوشش کرتا ہوں۔ میں نے ایک بات سیکھی ہے کہ دُوسروں کی کمزوریوں اور غلطیوں کو زیادہ سے زیادہ برداشت کروں۔ بعض اوقات میں نے اپنے بھائیوں اور بہنوں کی اصلاح

کرتے ہوئے اُن کی حوصلہ شکنی کی اور کچھ بہتر نتائج سامنے نہ آئے۔ بعض اوقات ضرورت اس بات کی ہوتی ہے کہ ہم معاملات خداوند کے ہاتھوں میں دے کر اُس پر توکل اور بھروسہ کریں کہ وہ موجودہ صورتحال میں کام کرے۔ اکثر اوقات ہم وہ کام کرنا چاہتے ہیں جو اصل میں پاک روح کا کام ہوتا ہے۔ کرنتھس کی کلیسیا میں جو کچھ ہو رہا تھا اُس پر پولس رسول نے آنکھیں اور کان بند نہیں کئے تھے۔ تاہم اُسے معلوم تھا کہ روح القدس اُس سے کہیں بہتر کام کر سکتا ہے۔ اُسے یہ بھی معلوم تھا کہ اُس کے جانے سے کرنتھس کی کلیسیا کے لوگ مزید ذہنی دباؤ اور تناؤ میں آجائیں گے۔ اِس لئے تو اُس نے اُنہیں کچھ وقت یا وقفہ دینے کا فیصلہ کیا تھا۔ اُن کے ہاں جانے کا یہ درُست وقت نہیں تھا۔ ضرورت اس بات کی تھی کہ کوئی بڑی شائستگی سے اُن کی تربیت کرتا۔ پولس رسول نے محسوس کیا کہ اس وقت اور اس صورتحال میں وہاں خدمت کے لئے جانے والا درُست شخص نہیں ہے۔ اسی لئے اُس نے وہاں نہ جانے کا چناؤ کیا تھا۔

پولس رسول کے پاس کرنتھس کے ایمانداروں کو مزید غمزدہ نہ کرنے کی ایک اور وجہ بھی تھی۔ اپنی حوصلہ شکنی کی صورت میں اُسے اُن کی طرف سے بھی حوصلہ افزائی کی ضرورت تھی۔ (2 آیت) یہ بات درُست ہے کہ یہ ایماندار کامل نہیں تھے۔ اُنہیں خداوند کے ساتھ مزید چلنے اور آگے بڑھنے کی ضرورت تھی۔ پولس رسول نے بڑی عاجزی سے اس بات کو سمجھ لیا اور قبول کر لیا کہ اُسے اُن کی طرف سے اپنی خدمت میں معاونت کی ضرورت ہے۔ اُن کی مدد اور معاونت کے بغیر پولس رسول کی زندگی اور خدمت میں بہت سے مسائل اور مشکلات پیدا ہو جاتی تھی۔ اس سے ہم یہ بھی سیکھتے ہیں کہ اگرچہ ہم روحانی طور پر بڑے مضبوط نہ بھی ہوں تو بھی ہم مسیح کے بدن اور کام کے لئے کچھ نہ کچھ کر سکتے ہیں۔ ہمیں یہ بھی تسلیم کرنا چاہئے کہ کبھی ہمیں کسی کمزور ایماندار کی مدد کی بھی ضرورت

پڑ سکتی ہے۔ مسیح کے بدن میں ہر کسی کا کوئی نہ کوئی کردار تو ضرور ہوتا ہے۔ خواہ آپ پاسبان ہیں، اُستاد ہیں، یا پھر مبشر۔ آپ کلیسیا کے کسی کمزور ایماندار سے بھی کچھ نہ کچھ ضرور سیکھ سکتے ہیں۔ پولس رسول میں اس بات کو تسلیم کرنے کی حلیمی اور عاجزی پائی جاتی تھی۔

خدا نے ہمیں اس طور سے نہیں بنایا کہ ہم اکیلے ہی رہیں اور اکیلے ہی خدمت سرانجام دیں۔ پولس رسول نے دوسرے ایمانداروں کی دُعا اور اُن کی طرف سے حوصلہ افزائی کی ضرورت کو گہرے طور پر محسوس کیا۔ پولس رسول کی زندگی اور خدمت میں بھی حوصلہ شکنی اور بے دلی کا وقت آیا۔ اُس وقت خدا نے دُوسرے ایمانداروں کو پولس رسول کی حوصلہ افزائی اور اُسے ایمان میں پھر سے تازہ دم کرنے کے لئے استعمال کیا۔ اگر آپ اس وقت بے دلی اور حوصلہ شکنی کا شکار ہو کر ہمت ہار بیٹھے ہیں تو ایسے ایمانداروں کی تلاش کریں جو آپ کی صورتحال کو سمجھتے ہوئے آپ کے لئے شفاعت کے ساتھ ساتھ آپ کی اصلاح کرتے ہوئے پھر سے آپ کی ہمت بندھا سکیں۔ ہم اپنے طور پر خدمت نہیں کر سکتے۔ ہمیں ایک دُوسرے کی ضرورت پیش آتی ہے۔

3 آیت میں پولس رسول خاص طور پر اُس خط کا ذکر کرتا ہے جو اُس نے کرنتھس کی کلیسیا کو لکھا تھا۔ اُس نے اُنہیں بتایا کہ وہ خط لکھنے کا مقصد یہ تھا کہ جب وہ اُن کے پاس آئے تو اُنہیں مایوسی نہ ہو۔ اُس نے اُنہیں وہ خط اس لئے لکھا تھا تاکہ کلیسیا میں موجود گناہ کا خاتمہ ہو۔ وہ چاہتا تھا کہ جب وہ اُن کے درمیان آئے تو اُنہیں دیکھ کر اُس کا دل شاد اور روح تازہ ہو۔ گزشتہ خط جو پولس نے لکھا وہ ایک سخت خط تھا۔ اُس نے اُنہیں بتایا کہ وہ خط لکھنا اُس کے لئے مشکل تھا۔ (4 آیت) جو کچھ اُن کے درمیان ہو رہا تھا، وہ سب کچھ جان کر پولس رسول کا دل اُن کے لئے بڑا بے تاب و بے قرار تھا۔ اُس نے اپنی آنکھوں میں آنسو لئے

ہوئے یہ خط لکھا تھا۔ اُس نے اپنے دل میں اُن کی محبت سے مجبور ہو کر یہ خط لکھنا ضروری سمجھا تھا۔ چونکہ اُس کے دل میں اُن کے لئے محبت تھی، اس لئے وہ کیسے اُنہیں اُن کے حال پر چھوڑ سکتا تھا۔ وہ اُن سے بہت محبت رکھتا تھا، اس لئے وہ اُن کی اصلاح کرنے پر مجبور تھا۔ اگرچہ یہ خط لکھنا اُس کے لئے مشکل تھا، تاہم اِس میں اُن ہی کہ بہتری اور بھلائی تھی۔

5 آیت میں پولس رسول نے ایک ایسے شخص کا ذکر کیا ہے جس نے اُسے بہت غمزدہ کیا اور صرف اُسے ہی نہیں بلکہ اجتماعی طور پر کلیسیا کے لئے بھی غم کا باعث ہوا۔ ہمیں اُس شخص کی جان پہچان کے بارے میں تفصیل سے نہیں بتایا گیا۔(1 کرنتھیوں 5 باب 1-3) تاہم ہمیں مذکورہ حوالہ پڑھنے سے معلوم ہوتا ہے کہ پولس رسول نے کرنتھس کی کلیسیا کے ایک خاص رُکن کے تعلق سے لکھا تھا۔

غور کریں کہ پولس رسول نے کرنتھس کی کلیسیا کو بتایا کہ وہ اُس شخص اور اُس کے گناہ کے باعث غمزدہ اور پریشان ہے۔ کیا ممکن ہے کہ پولس رسول 5 آیت میں اُسی شخص کا ذکر کر رہا ہے؟ پولس رسول نے کلیسیا کو بتایا کہ اُس شخص کے گناہ کی وجہ سے ہی نہیں بلکہ اجتماعی طور پر پوری کلیسیا کے لئے اُس کے دل میں ایک فکرمندی پائی جاتی ہے۔

پولس رسول نے کلیسیا کو بتایا کہ ایسے شخص کے لئے جو سزا عائد کی گئی ہے وہ کافی ہے۔

1 کرنتھیوں میں پولس رسول نے کلیسیا کو بتایا کہ حرامکاری کے مُرتکب شخص کو سزا دی جائے۔ اُنہوں نے پولس رسول کی بات کو سنا تھا۔ شائد وہ یہ سمجھتے تھے کہ وہ اس قدر سخت ہونے کے لئے بہت زیادہ بڑی شخصیت کے مالک نہیں ہیں۔ پولس رسول نے اُنہیں بتایا کہ اب وہ اُس شخص کو معاف کر دیں اور اُس کے لئے تسلی چاہیں تاکہ وہ مزید دباؤ کے باعث زیادہ رنجیدہ اور غمزدہ نہ ہو۔ (7 آیت) پولس رسول نے کرنتھس کی کلیسیا کو بتایا کہ وہ بطور کلیسیا اُس شخص کو اپنی محبت کی یقین دہانی کرائیں۔ یہ بات قابلِ غور ہے کہ کس طرح

پولس رسول کرنتھس کی کلیسیا سے پیش آرہا تھا اور کس طرح وہ چاہتا تھا کہ کرنتھس کی کلیسیا اُس شخص کے ساتھ پیش آئے۔ پولس رسول نے اس لئے بھی کرنتھس نہ جانے کا چناؤ کیا تھا تاکہ وہ اُن کے لئے مزید بوجھ کا باعث نہ ہو۔ پولس رسول اُنہیں مزید نصیحتوں کے باعث ذہنی دباؤ میں نہیں لانا چاہتا تھا کہ وہ جلد اپنے آپ کو درُست کریں یا اپنے گناہ سے توبہ کریں۔ وہ اُنہیں خود سے غور و فکر کرنے اور اپنے گناہ کو محسوس کرنے اور اُسے ترک کرنے کا موقع دینا چاہتا تھا۔ مزید دباؤ کے باعث اُنہوں نے دل برداشتہ ہو کر ہمت ہار جانی تھی۔ پولس رسول چاہتا تھا کہ وہ شخص جو کلیسیا کے لئے غم کا باعث ہوا ہے، کرنتھس کی کلیسیا بھی اُس کے ساتھ ایک توازن برقرار رکھتے ہوئے پیش آئے اور اُس شخص کو مزید ذہنی دباؤ اور تناؤ میں نہ لایا جائے۔

جو کچھ پولس رسول یہاں پر بیان کر رہا ہے، میں اُسے مزید وضاحت کے ساتھ پیش کرنا چاہتا ہوں۔ اپنی کلیسیاؤں میں پاکیزگی کے معیار کو برقرار رکھنے کے لئے ہم جو کچھ بھی کر سکتے ہیں، ہمیں کرنا چاہئے۔ ہمیں ایسا کرنا چاہئے، لیکن اس کے ساتھ ہمیں اس بات کا بھی احساس ہونا چاہئے کہ جن لوگوں کی ہم مدد کرنا چاہتے ہیں، بہت زیادہ دباؤ کی وجہ سے ہم اُنہیں دل شکستہ بھی کر سکتے ہیں۔ کسی کو تنبیہ یا کسی کی اصلاح کرتے ہوئے محبت کا عنصر لازمی طور پر اپنی کاوشوں کا حصہ بنائیں۔ بہت سے لوگ آج اس لئے بھی کلیسیا کو خیر باد کہہ چکے ہیں کیونکہ اُن کو کلیسیا کی طرف سے مخالفت، سختی، نفرت اور دباؤ کا سامنا کرنا پڑا۔ عین ممکن ہے کہ کلیسیا یہی چاہتی تھی کہ وہ لوگ اپنے گناہ کو ترک کریں اور خداوند کے ساتھ اپنا تعلق اور رشتہ پھر سے بحال کر لیں۔ کلیسیا میں پاکیزگی کی خواہش بہت اچھی ہے لیکن سوال یہ ہے کہ آپ کس طرح اس پاکیزگی کو کلیسیا میں قائم کرنے کی خواہش اور کوشش کرتے ہیں۔ ہمیں اپنے بچوں کی تربیت کرنی چاہئے۔ ہماری یہ خواہش بہت

اچھی ہے کہ وہ مسیح جانیں اور اپنی زندگی اُس کے کلام کے مطابق بسر کریں۔ لیکن خیال رہے کہ ہم اپنے بچوں پر اس قدر سختی اور دباؤ نہ ڈالیں کہ وہ سخت دل، رنجیدہ اور دل برداشتہ ہو جائیں کہ بغاوت پر ہی اُتر آئیں۔ بعض اوقات سزا اور حوصلہ افزائی میں توازن قائم رکھنا آسان نہیں ہوتا۔

کچھ ایسے لوگ بھی ہوتے ہیں جو یہ سمجھتے ہیں کہ اگر اُنہوں نے اپنے بچے یا کلیسیا کے کسی شخص کو تنبیہ کر دی ہے تو اُنہوں نے اپنا فرض پورا کر لیا ہے۔ صرف تنبیہ اور اصلاح ہی کافی نہیں ہے بلکہ مقصد اور نصب والعین یہی ہونا چاہئے کہ وہ شخص مسیح میں مضبوط ہو، پختگی کے درجہ تک آئے اور اُس کی روحانی ترقی اور افزائش کا عمل جاری رہے۔ اور وہ پھل لانے والا مسیحی ایماندار بن سکے۔ کرنتھس کے ایمانداروں کو پولس رسول یہی کچھ تو بتا رہا تھا۔ کلیسیا کے لئے غم کا باعث ہونے والے شخص کو کلیسیا نے تنبیہ تو کی تھی لیکن اُن کا کام ختم نہیں ہوا تھا۔ اُنہیں اُس شخص کو کلیسیا میں واپس قبول کر کے مسیح میں مضبوط اور قائم کرنا تھا۔ اگرچہ وہ شخص پولس رسول کے لئے بہت دُکھ کا باعث ہوا تھا تو بھی اگر کلیسیا اُس شخص کو معاف کرتی تو پولس رسول بھی اُس شخص کو معاف کرنے لئے تیار تھا۔ (10 آیت) پولس رسول نے کرنتھس کی کلیسیا کو بتایا کہ اُنہیں اپنے درمیان سے ایسی ناپاکی اور معاملات کو ختم کرنے کی ضرورت ہے جو کلیسیا کی تعمیر و ترقی اور اَنجیل کے پھیلاؤ میں رکاوٹ کا باعث ہوتے ہیں۔ تاہم اس شخص کو معاف کرنا بھی ضروری ہے تاکہ ابلیس کا اُن پر کوئی داؤ نہ چلے۔ (11 آیت) شیطان بڑی آسانی سے کلیسیا کو معاف کرنے سے روک سکتا تھا۔ معاف نہ کرنے کے روّیہ سے شیطان کلیسیا کو خدا کی برکات سے محروم کر سکتا تھا۔ اگرچہ اُس شخص نے اپنے اعمال و افعال سے کلیسیا کو غمزدہ اور رنجیدہ کیا تھا تاہم اب کلیسیا نہ معاف کرنے والا روّیہ اپنا کر خداوند کو رنجیدہ کر سکتی تھی۔

خداوند یسوع نے اس روّیہ کے تعلق سے تعلیم دی۔ غور سے سنیں کہ خداوند یسوع نے متی 18 باب 6 آیت میں کیا فرمایا۔

" لیکن جو کوئی اِن چھوٹوں میں سے جو مُجھ پر ایمان لائے ہیں کسی کو ٹھوکر کھلاتا ہے اُس کے لئے یہ بہتر ہے کہ بڑی چکی کا پاٹ اُس کے گلے میں لٹکایا جائے اور وہ گہرے سمندر میں ڈبو دِیا جائے۔"

شیطان بہت مکار دشمن ہے۔ وہ خداوند سے سچی محبت رکھنے والوں اور سچائی کے طالب لوگوں کو بھی روحانی طور پر اندھا کر سکتا ہے تاکہ وہ اُس توازن کو قائم نہ رکھیں جس کا پولس رسول یہاں پر ذکر کر رہا ہے۔ روحانی پختگی عمر بھر جاری رہنے والا ایک عمل ہے۔ اس زندگی میں تو ہم کامل نہ ہو پائیں گے۔ خداوند کی تعریف ہو کہ ہم جیسے بھی ہیں وہ ہمیں استعمال کر سکتا ہے۔ ایسے لوگوں کے لئے بھی خدا کا شکر ہو جو روحانی پختگی میں آگے بڑھنے میں ہماری حوصلہ افزائی کرتے ہیں۔

کچھ عرصہ پہلے مجھے ایک شخص کو اُس بائبل سٹڈی میں لانے کا موقع ملا جہاں میں خدمت سرانجام دے رہا تھا۔ وہ نوجوان ایک بڑی مشکل صورتحال سے نکل کر وہاں آیا تھا۔ وہ شراب نوشی، منشیات اور حرامکاری جیسے گناہوں میں مبتلا بلکہ جکڑا اور پکڑا ہوا تھا۔ خدا نے اُس کے دل میں بڑا عجیب کام کیا اور اُسے ایسی تمام لعنتوں سے رہائی مل گئی۔ ایک دن اُس نے مجھے کہا، " وین، وہ مسیحی جو مجھے جانتے تھے، وہ ہمیشہ میری سگریٹ نوشی کے پیچھے پڑے ہوئے تھے۔ وہ اس فتح سے ناواقف تھے جو مسیح یسوع میں مجھے مل چکی ہے۔ وہ تو صرف یہی جانتے ہیں کہ میں اب بھی سگریٹ نوشی کرتا ہوں۔" جب بعد ازاں میں نے اُس نوجوان کی باتوں پر غور کیا تو مجھے سمجھ آگئی کہ بعض اوقات لوگ فوری طور پر یہ دیکھنا چاہتا ہے کہ لوگ کاملیت کے درجہ تک پہنچ جائیں۔ بہت سے ایماندار در حقیقت خدا کے

ساتھ چلنے میں اُس شخص کی حوصلہ افزائی کی بجائے اُس کی حوصلہ شکنی ہی کر رہے تھے۔ وہ چاہتے تھے کہ وہ نوجوان فوری طور پر اُن ساری بدعادات سے کنارہ کشی کر لے، لیکن اس کاوش اور سوچ میں وہ یہ بھول بیٹھے تھے کہ خداوند نے مسیح یسوع میں پہلے ہی اُسے فتح سے ہمکنار کر دیا ہے۔ اُس نوجوان کو سب سے پہلے اُن بدعادات سے رہائی کی نہیں بلکہ مسیح یسوع میں اپنے مقام اور صلیب پر یسوع کے کام کو سمجھنے کی ضرورت تھی۔

ہم سب عمر بھر کاملیت کی طرف اپنا سفر جاری رکھیں گے۔ اپنے بھائیوں اور بہنوں کو پختگی کے مقام پر دیکھنے کی خواہش اور کاوش میں اُن کی حوصلہ شکنی نہ کریں۔ ہم سب اپنی کمزوریوں اور ناکامیوں سے بخوبی واقف ہیں۔ ہماری طرح کشمکش اور روحانی طور پر زور آزمائی کرنے والوں کی حوصلہ افزائی ہونی چاہیے نہ کہ حوصلہ شکنی۔

چند غور طلب باتیں

☆۔ کیا آپ کسی ایسے شخص کی وجہ سے اپنے ایمان میں دل برداشتہ ہوئے ہیں جو آپ کو تبدیل کرنے کے لئے بہت زیادہ سرگرم تھا؟ ہم تربیت اور حوصلہ افزائی میں کس طرح توازن قائم رکھ سکتے ہیں؟

☆۔ مسیح کے بدن میں ہر فردِ واحد کی اہمیت کے تعلق سے ہم یہاں پر کیا سیکھتے ہیں؟

☆۔ ضرورت کی گھڑی میں آپ کی حوصلہ افزائی کے لئے کون آگے بڑھتا ہے؟

☆۔ کیا ہم اس دُنیا میں کاملیت کے درجہ تک پہنچ پائیں گے؟ دُوسروں کی خامیوں کو دیکھنا اور اپنی کمزوریوں اور خامیوں کو نظر انداز کر دینا کس قدر آسان ہوتا ہے؟

چند اہم دُعائیہ نکات

☆۔ خداوند سے ہمت اور امتیاز مانگیں تا کہ آپ دوسروں کی حوصلہ شکنی کئے بغیر اُن میں پختگی کو فروغ دے سکیں۔

☆۔ اپنے ارد گرد خداوند سے ایسے ایماندار مانگیں جو آپ کی حوصلہ افزائی اور برکت کا باعث ہو سکیں۔ خداوند سے ایسا شخص بننے کے لئے فضل اور توفیق مانگیں جو مسیح کے بدن کے لئے حوصلہ افزائی اور برکت کا وسیلہ بن سکے۔

☆۔ کیا آپ کسی ایسے شخص سے واقف ہیں جسے کلیسیا کی وجہ سے ٹھوکر لگی ہے؟ ایسے لوگوں کے درمیان خدمت کرنے کے لئے خداوند سے فضل اور توفیق اور مواقع حاصل کرنے کے لئے دُعا مانگیں۔ دُعا کریں تا کہ ایسے لوگ پھر سے مسیح کے بدن میں رفاقت اور شراکت کے لئے بحال ہو جائیں۔

باب4

ایک خوانچہ فروش اور سفیر

اس باب کے مطالعہ سے قبل درج ذیل حوالہ ضرور پڑھیں

(2-کرنتھیوں 2باب 12-17آیت)

خداوند کی راہیں ہماری راہوں سے بہت مختلف ہیں۔ خداوند کی راہوں میں امتیاز کرنا ہمیشہ آسان تو نہیں ہوتا لیکن ایک بات یقینی ہے کہ خداوند کی راہیں ہمیشہ ہمیں فتح اور شادمانی کی طرف لے جاتی ہیں۔ اس باب میں پولس رسول اپنی خدمت کے تین اہم پہلو بیان کرتا ہے۔

بلاہٹ نہ کہ ضرورت

12 آیت میں پولس رسول کرنتھس کی کلیسیا کو بتاتا ہے کہ وہ تروآس میں منادی کے لئے گیا تھا۔ جب وہ وہاں پہنچا تو اُسے معلوم ہوا کہ اَنجیل کی بشارت کے لئے وہاں پر دروازہ کھلا ہوا ہے۔ اِس کا یہی مطلب ہے کہ اُس علاقہ کے لوگ پولس رسول کا پیغام سننے اور ردِ عمل کے طور پر مسیح پر ایمان لانے اور نجات پانے کے لئے تیار تھے۔ پولس رسول کے لئے یہ کس قدر خوشی، شادمانی اور شکر گزاری کا لمحہ ہو گا! اکثر اوقات لوگ پولس رسول کے پیغام پر تنقید ہی کرتے تھے۔ کئی دفعہ اُس کے کلام کی وجہ سے اُسے شہر بدر کر دیا جاتا تھا، اُس پر پتھراؤ کیا جاتا اور کئی دفعہ اُسے پکڑ کر مارا پیٹا بھی جاتا تھا۔ لیکن تروآس میں اُس نے انجیل کی منادی کے لئے ایک کھلا ہوا دروازہ دیکھا۔

13ویں آیت میں مقدس پولس رسول کرنتھس کے ایمانداروں کو بتاتا ہے کہ اگرچہ

ترواس میں انجیل کے لئے دروازہ کھلا ہوا تھا تو بھی اُسے وہاں رہنے میں دلی اطمینان محسوس نہ ہوا کیونکہ ططس وہاں پر موجود نہیں تھا۔ پولس رسول نے اُسے ملنے کا پروگرام بنایا تھا لیکن وہ اُسے ترواس میں نہ ملا۔ اُس کی غیر موجودگی سے پولس رسول ایک مشکل صورتحال سے دوچار ہوا۔ ایک طرف تو اُس کے لئے دروازہ کھلا ہوا تھا تو دوسری طرف اُسے اپنی رُوح میں وہاں ٹھہرنے کے لئے اطمینان محسوس نہیں ہو رہا تھا۔ اُس کے دل کی یہی پکار تھی کہ وہ ططس سے ملے۔ پولس رسول خداوند کی رہنمائی کو محسوس کرتے ہوئے، کھلے دروازے کو وہیں چھوڑ کر ططس کی تلاش میں نکل کھڑا ہوا۔

مجھے یاد ہے کہ جب میں نے موریشیس کے جزیرہ پر خدمت کے لئے جانے کا چناؤ کیا تو بہت سے دوست احباب میرے پاس آ کر یہ کہتے تھے، " وین کینڈا میں خدمت کے بہت سے مواقع ہیں، کیوں آپ، آدھی دُنیا کا سفر کر کے ایک اجنبی جگہ پر جا کر خدمت کرنا چاہتے ہو؟" خداوند نے میری رہنمائی کہ مجھے کسی بھی جگہ پر اس لئے نہیں جانا کیونکہ وہاں پر خدمت کے کام کی ضرورت ہے بلکہ اس لئے جانا ہے کہ میں تجھے وہاں پر جانے کے لئے بلا رہا ہوں۔ ہمارے اِرد گرد بہت سی ضروریات ہیں۔ تاہم خدا ہم میں سے ہر ایک کے لئے ایک خاص جگہ کا چناؤ کرتا ہے تاکہ ہم وہاں پر رہ کر خدمت کریں۔ میرا موریشیس کے جزیرہ پر جا کر خدمت کرنا، وہاں پر ضرورت کے پیشِ نظر نہیں تھا بلکہ میں اس لئے وہاں پر گیا کیونکہ خدا مجھے وہاں پر خدمت کے لئے بلا رہا تھا۔

اعمال کی کتاب میں ہماری ملاقات فلپس سے ہوتی ہے جو کہ سامریہ کے علاقہ میں خدمت سرانجام دے رہا تھا (اعمال 8 باب) خدا اُس علاقہ میں بڑا زبردست کام کر رہا تھا اور وہاں پر بیداری کی فضا قائم ہو رہی تھی۔ پھر خدا نے فلپس سے کلام کیا اور اُسے بتایا کہ وہ سب کچھ چھوڑ کر صحرا میں ایک حبشی سے ملنے کے لئے جائے۔ فلپس سامریہ کے علاقہ کو چھوڑ

صحرا میں خداوند یسوع مسیح کی خوشخبری سنانے کے لئے اُس حبشی کے پاس گیا جو کہ اُس صحرا کی راہ سے اپنی منزل کی طرف رواں دواں تھا۔ خدا فلپس کے لئے ایک خاص مقصد رکھتا تھا۔ خدا نہیں چاہتا تھا کہ وہ سامریہ ہی میں رہے جہاں پر پہلے ہی بیداری کا سماں بن چکا تھا۔ اب ضرورت تھی کہ وہ صحرا میں جائے۔

2 کرنتھیوں 2 باب 12-17 آیت میں بھی کچھ ایسا ہی ہوا تھا۔ پولس رسول نے ترواس میں اَنجیل کے لئے کھلا دروازہ تو پایا لیکن اُس کی روح میں خدا کی طرف سے اطمینان اور ٹھہرنے کے لئے شادمانی موجود نہیں تھی۔ خدا اُسے علاقہ سے نکلنے کے لئے مجبور کر رہا تھا۔ جہاں انجیل کے پیغام کو قبول کیا جاتا تھا۔ پولس رسول وہاں پر منادی کرنے میں بڑی شادمانی محسوس کرتا تھا۔ لیکن وہ یہ جانتا تھا کہ خدا کی مرضی کو جاننا اور اُس کی بلاہٹ کے مطابق چلنا اور بھی زیادہ ضروری ہے۔ وہ سارے دستیاب مواقع چھوڑ کر ططس کی تلاش میں نکل کھڑا ہوا۔

کچھ ایسے لوگ بھی ہیں جو ایسے جگہوں اور علاقوں میں کام کر رہے ہیں جہاں پر ضرورت بہت زیادہ ہے۔ اُن کی ثابت قدمی اور وفاداری قابلِ تحسین ہے لیکن اُنہیں اپنی بلاہٹ کو جانچنا اور پرکھنا چاہیے۔ جہاں پر خدا اُن کی رہنمائی کرے، اُنہیں وہاں پر جانا چاہیے۔ بعض لوگوں کو اپنی خدمت کو تبدیل کرنے کی ضرورت ہے، کیونکہ بعض لوگ وہ خدمت سر انجام نہیں دے رہے جس کے لئے خدا نے اُنہیں بلایا ہے۔ کچھ ایسے پاسبان حضرات بھی ہوسکتے ہیں جنہیں خدا کلیسیا کو چھوڑ کر مشن فیلڈ میں جانے کے لئے اُبھار رہا ہو۔ کچھ ایسے مشنریز بھی ہوسکتے ہیں جنہیں خدا واپس گھر جانے کے لئے کہہ رہا ہو۔ ممکن ہے کہ بعض بزرگوں اور ڈیکنز کو خدا پاسبانی خدمت کے لئے بلا رہا ہے۔ ہوسکتا ہے کہ کسی دوُسرے شہر یا علاقہ میں خدا آپ کے لئے ایک مخصوص کام رکھتا ہو۔ جس علاقہ میں آپ خدمت کر

رہے ہیں، ہو سکتا ہے کہ وہاں پر خدمت کے بہت سے مواقع اور ضرورت حد سے زیادہ ہو۔ لیکن سوال یہ ہے اور بہت اہم ہے کہ خدا آپ کو خدمت کے لئے کہاں پر بلا رہا ہے۔ ہو سکتا ہے کہ اب وقت آ پہنچا ہے کہ خدا کی بلاہٹ کو سن کر پولس رسول کی طرح اُس کی تابعداری کی جائے۔ وہ تر واس چھوڑ کر مکدنیہ چلا گیا جہاں پر جانے کے لئے اُس کو خدا کی بلاہٹ محسوس ہو رہی تھی۔

خدمت کا پہلا اصول جسے پولس رسول نے اپنی زندگی میں قائم رکھا وہ یہ ہے۔ پولس رسول نے اپنی خدمت کی بنیاد موقعوں اور ضرورت پر نہ رکھی۔ پولس رسول کی خدمت کی بنیاد خداوند کی رہنمائی پر تھی۔ جو کچھ خدا کرنے کے لئے اُسے بلا رہا تھا اُس کو سرانجام دینے کے لئے اُس نے خدمت کی بڑی ضرورت اور کھلے دروازوں کو پسِ پشت ڈال دیا۔

مسیح کی خوشبو

پولس رسول جانتا تھا کہ جب وہ خدا کی رہنمائی میں آگے بڑھے گا تو خدا اُس کو فتح کی راہ پر ہی لے جائے گا۔ (14 آیت) خداوند کی راہیں پولس کی راہوں سے مختلف تھیں۔ پولس جانتا تھا کہ اگر اُس نے خداوند کی فرمانبرداری میں زندگی بسر کی اور اُس کے کاموں کو سرانجام دیا تو وہ برکت ہی پائے گا۔ خدا نے فتح کی شادمانی سے پولس رسول کو معمور کیا اور وہ کامیابی کے جھنڈے گاڑتا ہوا آگے بڑھتا چلا گیا۔ وہ جہاں کہیں گیا، مسیح کی خوشبو پھیلاتا چلا گیا۔ پولس رسول نے اپنی خدمت کو اس طور سے دیکھا کہ وہ جہاں کہیں گیا، اُس کی خدمت کے وسیلہ سے مسیح کی خوشبو پھیلتی چلی گئی۔

پولس رسول نے کرنتھس کی کلیسیا کو بتایا کہ وہ جو کچھ کرتے یا کہتے ہیں مسیح کی نمائندگی کرتے ہیں۔ وہ اس دُنیا میں مسیح کی خوشبو تھے۔ ہلاک ہونے والوں کے لئے تو وہ موت کی

بد بُو تھے۔ اُن میں مسیح کی موجودگی، ہلاک ہونے والوں کو اُن کی ہلاکت کا پیغام دیتی تھی۔ کرنتھس کے لوگوں کی زندگیاں غیر ایمانداروں کو یہ یاد دلاتے ہوئے کہ وہ خدا کی مرضی اور مقصد کے خلاف مزاحم ہوتے رہے ہیں، قائل کر سکتی تھیں کہ وہ خدا کی طرف رجوع لائیں۔ ایمانداروں کی زندگیوں میں مسیح کی خوشبو غیر ایمانداروں کو قائل کرتی اور اُنہیں مجرم ٹھہراتی ہے، کیونکہ وہ اُن کے لئے ہلاکت کی بُو ہے۔

لیکن جو مسیح یسوع کے تھے، اُن کے لئے وہ مسیح کی خوشبو تھے۔ اُن کی زندگیوں میں مسیح کی حضوری خدا کی معافی اور قبولیت کی علامت تھی۔

اُن کی زندگیوں میں مسیح کی خوشبو اُمید اور نجات کی علامت تھی۔ پولس جگہ بہ جگہ جاکر مسیح کی خوشبو پھیلاتا رہا۔ آئیں اس بات کو تھوڑا تفصیل سے دیکھیں۔

مسیح کی خوشبو ہوتے ہوئے پولس رسول جانتا تھا کہ اُس کی زندگی اور منسٹری میں مسیح ہی سب کچھ ہونا چاہئے۔ یعنی اُس کی زندگی اور خدمت کا مرکز و محور مسیح ہی ہو۔ کچھ ایسے لوگ تھے جو شریعت، جسم اور مذہبی روایات کی خوشبو محسوس کر سکتے تھے۔ کچھ ایسے بھی تھے جنہیں علم الٰہیات اور لاحاصل بحث مباحثوں کی خوشبو اچھی لگتی تھی۔ کچھ لوگ تنظیمی فرقوں کی بُو باس سے آشنا ہوتے ہیں۔ جب ہم منسٹری میں قدم رکھتے ہیں تو ہم مختلف طرح کی چیزوں کی خوشبو اور بُو کو محسوس کر سکتے ہیں۔ پولس رسول مسیح کی خوشبو بننا چاہتا تھا۔ کوئی چیز خواہ کتنی بھی اہم کیوں نہ ہو مسیح کا مقام حاصل نہیں کر سکتی۔ آپ کی زندگی میں سے لوگ کس طرح کی خوشبو محسوس کرتے ہیں؟ کیا وہ مسیح اور اُس کے کاموں کی خوشبو آپ کی زندگی میں محسوس کرتے ہیں یا پھر گھٹیا اور بُری چیزوں نے اُس خوشبو کو آلودہ کرنا شروع کر دیا ہے؟

خوانچہ فروش اور سفیر

ایک اور اصول بھی ہے جس کے مطابق پولس رسول نے زندگی بسر کرتے ہوئے خدمت سرانجام دی۔ پولس رسول کرنتھس کی کلیسیا کو یاد کراتا رہا کہ وہ خدا کے کلام کا ڈیلر نہیں ہے۔ پولس رسول نے اپنی خدمت کو اِس طور سے نہیں دیکھا کہ وہ اپنی کسی پراڈکٹ (چیز) کو فروخت کرنے کے لئے لوگوں کو قائل کرتا ہے۔ وہ ایک سیل مین نہیں تھا بلکہ وہ مسیح کا ایلچی تھا۔ اُس نے اپنے پیغام کو ایک پراڈکٹ کی طرح بنا کر اُس کی قدر و قیمت کم نہ کی جسے بیچا یا خریدا جا سکے۔ جس پیغام کی پولس رسول منادی کرتا تھا وہ بحث مباحثہ سے بالاتر تھا۔ یہ کوئی عام قسم کا کلام نہیں تھا جسے کسی چیز کے بدلے حاصل کیا جا سکے یا کسی چیز کے بدلے خریدا جا سکے۔ بلکہ یہ تو خدا کا بااختیار کلام تھا جسے سنا اور اُس کے مطابق زندگی بسر کی جاتی ہے۔ کیونکہ یہ بادشاہوں کے بادشاہ اور خداوندوں کے خدا کا کلام ہے۔ ایسے بیش قیمت کلام کی بے قدری کا نتیجہ تباہی اور بربادی ہے۔

اسی لئے تو پولس رسول تروآس چھوڑ کر وہاں جانے پر راضی ہو گیا جہاں پر خداوند کی مرضی تھی کہ وہ جائے۔ کیونکہ اُس نے اپنے آپ کو مسیح کا ایلچی سمجھا۔ جن لوگوں کے درمیان خدا نے اُسے خدمت کے لئے بلایا تھا، وہاں اُس نے خدا کے دیئے ہوئے اختیار سے کلام کیا۔ تروآس میں دروازہ تو کھلا تھا لیکن خدا اُسے مکدونیہ جانے کے لئے بلا رہا تھا۔ اگر پولس رسول کو بطور سیلزمین دیکھا جائے تو پھر تروآس چھوڑ کر مکدونیہ جانا پولس رسول کی حماقت اور بہت بڑی بیوقوفی تھی۔ کیونکہ وہاں پر تو لوگ اُس کی پراڈکٹ خریدنے کے لئے تیار بیٹھے تھے۔ پولس رسول جانتا تھا کہ اُسے اپنے خالق اور مالک کی رہنمائی اور آواز کو سن کر اُس کے مطابق آگے بڑھنا ہے جس کی وہ نمائندگی کر رہا ہے۔ خدا اُسے تروآس میں خدمت کے لئے نہیں بلا رہا تھا۔

جس طرح سے ہم اپنی منسٹری کو سمجھتے ہیں ، اُس کا اثر ہمارے طرزِ خدمت پر پڑتا ہے۔ پولس رسول نے اپنی خدمت کی بنیاد موقعوں پر نہیں بلکہ خدا کی بلاہٹ پر رکھی۔ اُس نے یہی دیکھا اور سمجھا کہ جہاں کہیں وہ جائے مسیح کی خوشبو پھیلاتا چلا جائے۔ اُس نے کرنتھس کی کلیسیا کو بھی یاد کرایا کہ وہ مسیح کے ایلچی ہیں نہ کہ خدا کے کلام کے ایجنٹ یا سیل مین۔ اُس نے اُنہیں تعلیم دی کہ وہ جہاں کہیں جائیں، خدا کی مرضی سے جائیں اور خدا کے کلام کو بااختیار طریقہ سے پیش کریں۔

چند غور طلب باتیں

☆۔ایک خوانچہ فروش اور سفیر میں کیا فرق ہوتا ہے؟

☆۔خدا نے آپ کو کس خدمت کے لئے بلایا ہے؟ کیا آپ واقعی اُس جگہ پر ہیں جہاں آپ کو ہونا چاہئے؟

☆۔خدا نے ہمیں اس لئے بلایا ہے تاکہ جہاں کہیں ہم جائیں مسیح کی خوشبو پھیلاتے چلے جائیں۔ اس کے علاوہ ہم اور کون سی خوشبو پھیلا سکتے ہیں؟

☆۔ ہمیں کون سی چیز اپنی زندگی میں خدا کی خاص مرضی کی فرمانبرداری سے روکتی ہے؟ کیا یہ ممکن ہے کہ بہت سے مسیحی بڑی زبردست منسٹریز میں خدمت سرانجام دے رہے ہیں، حالانکہ یہ خدا کی مرضی نہیں کہ وہ وہاں پر خدمت سرانجام دیں؟

☆۔بطور مسیح کے نمائندہ آپ کون سی خوشبو پھیلا رہے ہیں؟

چند اہم دُعائیہ نکات

☆۔ خدا سے دُعا کریں تا کہ وہ آپ کی خدمت کے تعلق سے واضح مقصد اور اپنی مرضی کو آپ پر عیاں کرے۔

☆۔ مسیح کے نمائندگان ہونے کا جو شرف ہمیں حاصل ہے۔ اُس کے لئے خداوند کی شکر گزاری کریں۔ دُعا کریں اور مسیح کے اچھے اور مفید نمائندگان ہونے کی توفیق چاہیں۔

باب 5

رسُول کا اعتماد

اس باب کے مطالعہ سے قبل درج ذیل حوالہ ضرور پڑھیں
(2 کرنتھیوں 3 باب 1-12 آیت)

پچھلے باب میں ہم نے دیکھا کہ کس طرح پولس رسول نے کرنتھس کی کلیسیا کو بتایا کہ وہ خدا کی طرف سے اختیار کے ساتھ اس دُنیا میں کلام کرنے کے لئے بھیجا گیا رسول ہے۔ پولس رسول اپنی خدمت اور بلاہٹ کو بڑے اعلیٰ مقام پر دیکھتا تھا۔ 2 کرنتھیوں کے متن سے یہ بات بھی بالکل واضح ہے کہ ہر کسی نے پولس رسول کی خدمت کو قبول نہیں کیا تھا۔ متن سے ظاہر ہوتا ہے کہ بعض لوگ یہی خیال کرتے تھے کہ پولس رسول روح کی تحریک سے نہیں بلکہ انسانی حکمت سے کلام کرتا ہے۔

پولس رسول کرنتھس کی کلیسیا میں اس کھچاؤ اور تناؤ سے واقف تھا۔ 1 آیت میں سوال پوچھتا ہے۔ "کیا ہم پھِر اپنی نیک نامی جتانا شروع کرتے ہیں؟

ہو سکتا ہے کہ بعض یہ محسوس کرتے ہوں کہ پولس رسول اس خراب صورتحال کو ٹھیک کرنے کے لئے کرنتھس کے لوگوں کے سامنے اپنی تعریف کر رہا ہے جو اُن لوگوں کے سبب سے ہوئی ہے جو اُس کے اختیار اور خدمت پر اعتراضات اور سوال اُٹھا رہے ہیں۔

اس بات کے پیشِ نظر پولس رسول نے ایک اور سوال پوچھا۔" یا ہم کو بعض کی طرح نیک نامی کے خط تُمہارے پاس لانے یا تُم سے لینے کی حاجت ہے؟" (1 آیت)

کیا اس بات کی ضرورت تھی کہ پولس رسول کی خدمت کو مقام یا عزت دینے کے لئے

کوئی اُس کی خدمت کے ساتھ مالی یا اخلاقی طور پر کھڑا ہوا؟ پولس رسول کرنتھس کے لوگوں کو یاد کراتا ہے کہ وہ خود اُس کے لئے نیک نامی کے خط ہیں جو اُن کے دلوں پر لکھا ہوا ہے جسے ہر کوئی پڑھ سکتا ہے۔ پولس رسول نے کرنتھس کے علاقہ میں کام کیا تھا اور کرنتھس کے لوگوں نے پولس رسول کی خدمت کے کام کا پھل بھی دیکھا تھا۔ پولس رسول کی خدمت کے وسیلہ سے بہت سے لوگ مسیح یسوع کے پاس آئے تھے۔ پولس رسول نے ایمان لانے میں اُن کی مدد اور رہنمائی کی تھی۔ کرنتھس کے لوگوں کی زندگیوں میں پولس رسول کے وسیلہ سے خدا کے پاک روح کا کام اُن کی طرف سے ایک زبردست گواہی تھی۔

نیک نامی کے خط سیاہی سے نہیں بلکہ کرنتھس کے لوگوں کے دلوں اور زندگیوں میں پاک رُوح کی حضوری کے سبب سے وہ خط لکھا گیا تھا جو پولس رسول کی خدمت کے وسیلہ سے مسیح یسوع پر ایمان لائے تھے۔ اُن ایمانداروں کی زندگیوں کو دیکھ کر اردگرد کے لوگ مسیح کی حقیقت کو پہچانتے تھے۔ اُنہوں نے زندگیوں کو تبدیل کر دینے والا معجزہ دیکھا تھا۔ اُنہوں نے خدا کی پاک روح کی قدرت کا ظہور اُن کی زندگیوں میں دیکھا تھا۔ یہ پولس رسول کی خدمت کے مستند ہونے کا ثبوت تھا۔ یہاں پر یاد رکھنے والی بات یہ ہے کہ ہماری زندگیاں خطوں کی مانند ہیں۔ اردگرد کے لوگ اُنہیں پڑھتے ہیں۔ وہ خدا کی قوت اور رُوح القدس کی حضوری کو ہماری زندگیوں میں دیکھتے ہیں۔ وہ مسیح کی ذات اور اُس کے کردار کو ہماری زندگیوں میں دیکھتے ہیں۔ کچھ ایماندار دوسرے ایمانداروں کی بہ نسبت اچھے خط ہیں کیونکہ اُن کی زندگیوں سے مسیح کا کردار بڑے اچھے طریقہ سے منعکس ہوتا ہے۔ ہم سب خطوں کی مانند ہیں جنہیں لوگ پڑھ رہے ہیں۔ اہم بات یہ ہے کہ ہماری زندگیوں میں مسیح اُنہیں کس طرح دیکھنے کو ملتا ہے۔ ہمارے لئے کس قدر ضروری ہے کہ ہم ایسے خط بنیں

جنہیں پڑھ کر لوگ مسیح کے پاس آجائیں۔

پولس رسول بڑا پُر اعتماد تھا کہ خدا کا کام کرنتھس کے لوگوں کی زندگیوں میں ہو رہا ہے جو کہ اس بات کا ثبوت ہے کہ خدا اُس کے وسیلہ سے کام کر رہا ہے۔ 5 آیت میں پولس رسول کرنتھس کے لوگوں کو بتاتا ہے کہ اُسے جو اعتماد اور بھروسہ ہے، اپنی ذات پر نہیں بلکہ خدا کی ذات پر ہے۔ پولس رسول جانتا تھا کہ اُس کی خدمت اپنی کاوّشوں سے کامیاب نہیں بلکہ اُس کے پیچھے خدا کا فضل ہے۔ پولس رسول کا بھروسہ اور اعتماد خدا کے فضل پر تھا، ہمارے لئے بہت ضروری ہے کہ ہم اِس نکتہ کو سمجھیں۔

کچھ عرصہ قبل میں مسیح میں ایک پیاری بہن سے بات چیت کر رہا تھا، اُس نے مجھے بتایا کہ جب وہ سنڈے سکول کلاس میں پڑھاتی تھی تو تیاری میں چند گھنٹے گزارتی تھی۔ میں نے اُسے بتایا کہ تیاری اچھی بات ہے لیکن یاد رکھنا تمہارا بھروسہ اور اعتماد تیاری پر نہیں ہونا چاہئے بلکہ خداوند یسوع مسیح پر ہونا چاہئے۔ ہمارا بھروسہ صرف اور صرف خدا اور اُس کے پاک روح پر ہونا چاہئے۔

مجھے تسلیم کرنا پڑے گا کہ ایسا وقت بھی تھا جب میں لوگوں سے دلیل بازی یا بحث مباحثہ کر کے اُنہیں خدا کی بادشاہی کی راہ دکھانے کی کوشش کرتا تھا۔ اُس وقت میں اپنے اچھے الفاظ اور لوگوں کو قائل کرنے والی صلاحیت پر بھروسہ کرتا تھا۔ پولس رسول بتاتا ہے کہ خدمت میں اُس کا بھروسہ ایسی چیزوں پر نہیں تھا بلکہ اُس کا اعتماد اور بھروسہ خدا پر تھا۔ کتنی ہی بار خدا غیر تعلیم یافتہ اور غیر تربیت یافتہ لوگوں کے ٹوٹے پھوٹے الفاظ کو بھی کسی کی نجات کے لئے استعمال کر لیتا ہے اور پڑھے لکھے اور تجربہ کار لوگوں کو شرمندہ کر دیتا ہے۔ خدا انسانی حکمت اور طاقت سے کام کرنے والے تجربہ کار خادموں کی بہ نسبت سادہ، کم تعلیم یافتہ اور غیر تربیت یافتہ لوگوں کے وسیلہ سے جن کا توکل اور بھروسہ خدا پر ہوتا

ہے زیادہ کام کرتا ہے۔ پولس رسول کا توکل اور بھروسہ جسم پر یعنی اپنی عقل و دانش، تعلیم و تجربہ پر نہیں تھا۔ جس خدمت کے لئے خدا نے پولس رسول کو بلایا تھا وہ لفظوں کی نہیں بلکہ رُوح کی خدمت تھی۔ (6 آیت) یوں لگتا ہے کہ "لفظوں" سے پولس رسول کا اشارہ شریعت کی طرف ہے۔ جب ہم شریعت کی بات کرتے ہیں تو اس کا مطلب یہ ہے کہ ہم خدا کو اُس کے کلام اور معیار کے مطابق زندگی گزارتے ہوئے خوش کرنے کی کوشش کرتے ہیں۔ خدا کا کلام اس بات کو بالکل واضح کرتا ہے کہ ہم میں سے کوئی شخص بھی اپنی کاوِش سے ایسی زندگی بسر نہیں کر سکتا جو خدا کو پسند یا اُس کے تقاضوں اور معیار کے مطابق ہو۔ کچھ ایسے مسیحی قائدین ہیں جو ابھی بھی شریعت پرستی اور اپنے اعمال و افعال سے خدا کو خوش کرنے کے پیغام کی منادی کر رہے ہیں۔ وہ یہ تعلیم دیتے ہیں کہ اگر ہم نے اپنے گناہوں سے نجات پانی ہے تو پھر ہمیں خدا کے اُس معیار پر آنا ہو گا جو خدا نے ہمارے لئے رکھا ہے۔ وہ یہ تعلیم دیتے ہیں کہ اگر ہم نے خدا کی بادشاہی میں داخل ہونا ہے تو پھر ہمیں خدا کی شریعت پر عمل پیرا ہونا ہو گا۔ وہ یہ بھول چکے ہیں کہ نجات کا اِس بات سے کوئی تعلق نہیں کہ ہم کس قدر اچھے ہیں۔

پرانے عہد نامہ میں ہم دیکھتے ہیں کہ انسانی کاوِشوں سے خدا کے معیار پر پورا اُترنا اور اُس کو خوش کرنا لوگوں کے لئے کس قدر مشکل تھا۔ کوئی شخص بھی تو شریعت پر عمل پیرا ہونے سے نجات نہیں پا سکتا۔ ہم کبھی بھی اُس معیار پر پورا نہیں اُتر سکتے جو خدا نے ہمارے لئے مقرر کیا ہے۔ اسی لئے تو خداوند یسوع مسیح اس دُنیا میں آیا تا کہ ہم اُس پر ایمان لا کر خدا کے فضل سے نجات پائیں۔

پولس رسول کرنتھس کے ایمانداروں کو یاد کراتا ہے کہ وہ لفظوں کا نہیں بلکہ روح کا خادم ہے۔ کیونکہ لفظ مار ڈالتے ہیں جبکہ رُوح زندہ کرتا ہے۔ جو کچھ ہم جسم میں رہتے ہوئے نہیں

کر سکتے تھے ، خداوند یسوع نے ہمارے لئے سر انجام دیا۔ روح القدس ہماری توجہ مسیح یسوع کے اُس کام کی طرف مرکوز کرتا ہے جو خداوند یسوع نے ہمارے لئے صلیب پر سر انجام دیا ہے۔ جو کچھ خداوند یسوع نے ہمارے لئے سر انجام دیا ہے، اُسی میں ہماری نجات اور ابدی زندگی محفوظ ہے۔ اگر ہم وہ زندگی گزارنا چاہتے ہیں جو خدا چاہتا ہے تو پھر ہمیں رُوح القدس کی قوت سے ہی ایسی زندگی گزارنی ہوگی۔ اس کا مطلب یہ ہے کہ ہم خدا کو وہ کام کرنے کا موقع دیں جو ہم اپنی قوت اور طاقت اور کاوّش سے نہیں کر سکتے۔ ہمیں ہمیشہ ہی اُس کی رہنمائی میں زندگی بسر کرنا ہوگی اور اُس کی توفیق پر بھروسہ کرنا ہوگا تاکہ ہم وہ کچھ بن سکیں جو خدا ہمیں بنانا چاہتا ہے۔

پولس رسول کا پیغام یہ ہے کہ انسان اپنے آپ کو بچانے یا نجات دینے سے قاصر ہیں۔ صرف مسیح نجات دینے کی قدرت رکھتا ہے، صرف اور صرف روح القدس کی قوت اور قدرت سے ہی ہم مسیحی زندگی بسر کر سکتے ہیں۔ کوئی بھی ایسا پیغام جو نجات کے لئے مسیح کی قدر و اہمیت اور مسیحی زندگی بسر کرنے کے لئے خدا کے پاک رُوح کی قوت کی اہمیت کو کم کرتا ہے، وہ پیغام خدا کی طرف سے نہیں ہوتا ہے۔ ایسا پیغام ناکامی اور موت کی طرف لے کر جاتا ہے۔

7 آیت میں مقدس پولس رسول کرنتھس کے لوگوں کو یاد کراتا ہے کہ جب موسیٰ کی معرفت شریعت دی گئی تو یہ بڑی قُدرت اور جلال کے ساتھ خدا کے لوگوں تک پہنچی۔ اُن دنوں پہاڑ آگ اور دھوئیں سے بھر گیا۔ خدا کے ہاتھ سے شریعت پتھر کی تختیوں پر لکھی گئی۔ خدا اپنے لوگوں کے پاس اپنی شریعت کو بڑی پاکیزگی، قُدرت اور قوت کے ظہور کے ساتھ لے کر آیا۔ اُن دنوں لوگ موسیٰ کی چہرے پر نظر نہ کر سکے، کیونکہ اُس کے چہرے سے خدا کا جلال منعکس ہوتا تھا۔ اگر شریعت جس نے لوگوں کو مجرم ٹھہرایا اِس قدر جلال

اور قُدرت کے ظہور کے ساتھ آئی تو زندگی بخش راہ کس قدر جلالی ہوگی؟شریعت نے لوگوں کو مجرم ٹھہرایا تو بھی بڑی جلالی اور قدرت کے ساتھ اُس کا ظہور ہوا۔ تو رُوح کا طریقہ جس سے لوگوں کا خدا کے ساتھ رشتہ اور تعلق مسیح کے وسیلہ سے دُرست اور زندہ ہوگیا، وہ تو اور بھی جلالی اور قُدرت والی ہو گا!

جب موسیٰ پہاڑ سے اُترا تو اُس کا چہرہ جلال سے منور تھا۔ لوگ اُس کے چہرے پر نظر نہ کر سکے۔ لیکن یاد رہے کہ وہ جلال مٹنے والا یعنی اپنے وقت پر ختم ہونے والا تھا۔ ہر آنے والے دن کے ساتھ وہ جلال ختم ہوتا چلا گیا، پولس رسول کرنتھس کے ایمانداروں کو یاد کراتا ہے کہ روح القدس کا جلال دائمی ہے۔ یعنی وہ کبھی ختم ہونے والا نہیں ہے۔ خداوند یسوع مسیح کے وسیلہ سے گناہوں کی معافی اور اپنی زندگیوں میں روح القدس کی قوت اور قدرت اور اُس کی حضوری کا تجربہ کرنے والے لوگوں نے اپنی زندگیوں میں ایسے جلال کا تجربہ کرنا ہے جو وقت کے ساتھ کم نہیں بلکہ بڑھتا چلا جائے گا۔ ایسے لوگ ہی خدا کی حضوری میں داخل ہو کر ہمیشہ اُس سے لطف اندوز ہوں گے۔ وہ ہمیشہ جلال میں مسیح کے ساتھ ابدیت گزاریں گے۔ اس لئے نہیں کہ وہ خدا کے معیار پر پورا اُتریں بلکہ اِس لئے کہ خدا کا پاک روح اُن میں اُس پاکیزگی اور گناہوں کی معافی کی بنیاد پر سکونت پذیر ہے جو اُنہیں مسیح یسوع پر ایمان لانے کے وسیلہ سے حاصل ہوئی۔

پولس رسول اُن سچائیوں کی بنا پر اپنی خدمت میں بڑا دلیر تھا۔ (12 آیت) اگر پولس رسول اپنی حکمت اور کاوّشوں پر بھروسہ کرتا تو اُسے ایسا اعتماد حاصل نہیں ہونا تھا۔ پولس رسول اپنی کاوّشوں پر نہیں بلکہ پاک روح کی قوت اور اُس کے کام پر بھروسہ کر رہا تھا جو خدا اُس کے وسیلہ سے کر رہا تھا۔ یہی وجہ ہے کہ پولس رسول نے بڑی دلیری کے ساتھ منادی کی۔ اُس نے پاک رُوح کے زور اور قوت کے ساتھ خدمت کا کام کیا۔ اُس نے خدا

کی رہنمائی اور ہدایت پر بھروسہ کرتے ہوئے زندگی بسر کی اور خدا کے کاموں کو سرانجام دیا۔ کیونکہ خدا کی رہنمائی اور ہدایت کبھی ناکامی کی طرف نہیں بلکہ ہمیشہ سچائی اور کامیابی کی طرف ہی لے جاتی ہے۔ پولس رسول کو ہمیشہ یہ اعتماد ہوتا تھا کہ اگر خدا نے کسی کام کے لئے اُس کی رہنمائی کی ہے تو وہ اُس کام کو سرانجام دینے کے لئے اُس کو قوت بھی عطا کرے گا۔

پولس رسول نے اعتماد اور دلیری کے ساتھ اُس پیغام کی منادی کی جسے وہ لوگوں کے ساتھ پیش کر رہا تھا۔ وہ شریعت کی راہوں کی منادی نہیں کر رہا تھا۔ کیونکہ اُس راہ پر چل کر کوئی شخص بھی زندگی بسر نہیں کر سکتا تھا۔ پولس رسول کا پیغام روح کا پیغام تھا۔ یہ رُوح القدس کے بارے میں پیغام تھا جو ایمانداروں کے وسیلہ سے خدمت کا کام سرانجام دینا چاہتا اور لوگوں میں نئی زندگی پیدا کرنا چاہتا تھا۔ یہی پیغام ایمانداروں میں اُمید پیدا کر سکتا تھا۔ پولس رسول کو خدا کے پاک روح کی اس خدمت پر اعتماد اور بھروسہ تھا جو وہ اُس کے وسیلہ سے کر رہا تھا۔ جس پیغام کی وہ منادی کر رہا تھا، اُسے اُس پر بھی اعتماد اور بھروسہ تھا۔ اُس نے روح کی قوت اور قدرت سے زندگی بسر کی اور رُوح کی قوت سے خدمت کے کاموں کو سرانجام دیا اور ایسی راہ کی منادی کی جو زندگی کی طرف لے جاتی ہے۔

کچھ لوگ ایسے بھی تھے جو پولس رسول کی زندگی اور خدمت پر سوال اوراعتراض اُٹھا رہے تھے۔ اگر انسانی نکتہ نظر سے بات کریں تو غور کریں کہ پولس رسول اگر اپنی قوت اور کاوش سے خدمت سرانجام دے رہا ہوتا، تو اُس کے پاس فکر مند ہونے کی ایک وجہ ہوتی۔ پولس رسول کا بھروسہ اور اعتماد اپنی ذات، تعلیم اور تجربے پر نہیں تھا۔ وہ رُوح کی قوت اور قدرت سے خدمت سرانجام دے رہا تھا۔ اُس کا پیغام انسانی حکمت پر نہیں بلکہ رُوح کی قوت اور قدرت پر مبنی تھا۔ یہی وجہ ہے کہ پولس رسول کو دشمنوں کی مخالفت

کا سامنا کرنے کی بھی دلیری تھی۔ جب ہم خدا کی تابعداری اور اُس کے پاک روح کی ہدایت اور رہنمائی میں چلتے ہیں تو خدا ہمیں پولس رسول جیسی یقین دہانی، اعتماد اور قابلیت عطا فرمائے۔ آمین۔

چند غور طلب باتیں

☆۔ شریعت کی راہ اور رُوح کی راہ میں کیا فرق ہے؟

☆۔ آپ کیسے معلوم کر سکتے ہیں کہ آیا آپ جسم میں خدمت کر رہے ہیں یا پھر روح کی قوت سے خدمت سرانجام دے رہے ہیں؟ ان دونوں خدمتوں میں کیا فرق ہے؟

☆۔ خداوند کے ساتھ چلنے اور اُس کی خدمت کرنے کے لئے روح کی قوت سے معمور ہونے اور اُس کی رہنمائی حاصل کرنا کس قدر ضروری ہے۔ اس حوالہ سے ہم اُس کی اہمیت کے تعلق سے کیا سیکھتے ہیں؟

☆۔ آپ اپنے طرزِ زندگی، کلام اور کام میں کس طرح کے "سفارشی خط" ہیں؟

☆۔ خدمت میں آپ کو کس چیز پر اعتماد اور بھروسہ ہے؟ پولس رسول کو خدمت میں کس چیز پر اعتماد اور بھروسہ تھا؟

چند اہم دُعائیہ نکات

☆۔ اپنی زندگی میں رُوح القدس کی موجودگی اور حضوری کے لئے شکر گزاری کریں جو آپ کو خدمت کرنے کے قابل بناتا ہے؟

☆۔ خداوند سے رہنمائی مانگیں اور پوچھیں کہ آپ کی زندگی میں کچھ ایسے پہلو اور حصے تو نہیں جہاں پر آپ اپنی جسمانی طاقت، قوت اور عقل کے ساتھ خدمت کر رہے ہیں؟

☆۔ خداوند سے فضل اور توفیق مانگیں تاکہ آپ کلی طور پر اُس پر بھروسہ اور اعتماد کر

سکیں اور اُس کی رہنمائی اور ہدایت کے مطابق آگے بڑھ سکیں۔ پولس رسول کی طرح پُر قدرت خدمت کرنے اور رُوح القدس کی رہنمائی میں چلنے کے لئے دُعا کریں اور خدا سے فضل چاہیں۔

☆۔ خدا کے جلال اور اُس کی قوت اور قدرت کے اچھے اور مؤثر گواہ ہونے کے لئے دُعا کریں اور خداوند سے توفیق چاہیں۔

باب 6

بے پردہ چہروں سے خُدا کا جلال

اس باب کے مطالعہ سے قبل درج ذیل حوالہ ضرور پڑھیں

(2 کرنتھیوں 3 باب 13-18 آیت)

عہدِ عتیق سے ایک ہی بات سیکھنے کو ملتی ہے کہ کوئی شخص بھی خدا کی شریعت پر مکمل طور پر عمل پیرا نہیں ہو سکتا۔ در اصل شریعت کا مقصد ہی یہ ہے کہ ہم پر عیاں کرے کہ ہم اپنی انسانی کاوشوں سے خدا کی خوشنودی حاصل نہیں کر سکتے۔ ہم سب ہی خدا کے مقررہ معیار سے نیچے گر چکے ہیں۔ انسانی طرزِ زندگی، خیالات اور دل کی روشیں سب کچھ ہی تو خدا کے کلام کے مطابق نہیں رہا۔

اس باب میں پولس رسول کرنتھس کی کلیسیا کو شریعت کے جلال اور مسیح کے جلال کے بارے میں فرق بتاتا ہے۔(خروج 34 باب 33-35 آیت) کا حوالہ دیتے ہوئے وہ بیان کرتا ہے کہ جب مردِ خدا موسیٰ پہاڑ پر خدا سے ملاقات کے بعد نیچے اُترا آرہا تھا تو اُس کا چہرہ خدا کے جلال سے منور تھا۔ بنی اسرائیل خدا کے اُس جلال سے اس قدر خوفزدہ تھے کہ خدا کے بندہ موسیٰ کو اپنے چہرے پر نقاب کرنا پڑا۔ موسیٰ کی شریعت کی بہ نسبت خداوند یسوع کی موت اور زندگی اور بھی زیادہ خدا کے جلال کو واضح کرتی ہے۔ پولس کرنتھس کے لوگوں کو بتاتا ہے کہ جہاں کہیں اور جب کبھی شریعت کی منادی ہوتی تھی تو وہ پردہ عیاں طور پر دیکھنے کو ملتا تھا۔ شرِیعت کا مقصد تو اُن پر بھی عیاں نہیں تھا جو اُس کی منادی کرتے تھے۔ بنی اسرائیل اپنی نجات کے لئے شریعت پر عمل کرنے پر یقین رکھتے

تھے۔ خدا نے شریعت اس لئے دی تا کہ ظاہر کر سکے کہ حقیقی پاکیزگی کیا ہے اور یہ کہ ہم سبھی خدا کے جلال اور کامل معیار سے نیچے گر چکے ہیں۔ کوئی شخص بھی شریعت پر عمل پیرا ہونے سے خدا کی خوشنودی اور پسندیدگی حاصل نہیں کر سکتا۔ شریعت کی چند ایک باتوں (جھوٹ نہ بولنا، قتل نہ کرنا وغیرہ) پر عمل پیرا ہو کر ظاہری طور پر ہم بڑے اچھے دکھائی دے سکتے ہیں اور لوگ ہم سے متاثر بھی ہو سکتے ہیں۔ لیکن اِس سے ہمارے طرزِ زندگی اور دل میں کوئی تبدیلی واقع نہیں ہوتی۔ اس سے ہمارے اعمال و افعال میں تبدیلی تو آجائے لیکن ہمارے روّیے شریعت کے سبب سے بدل نہیں سکتے۔ ہو سکتا ہے کہ ہم شریعت کے ظاہری تقاضوں کی تابعداری اور فرمانبرداری میں زندگی بسر کریں لیکن پھر بھی ایک احساسِ جرم اور احساسِ شرمندگی ہماری زندگی میں موجود رہے۔ ہو سکتا ہے کہ ہم آدم اور حوا کی طرح خود کو شریعت کی فرمانبرداری کے پتوں سے ڈھانپ لیں لیکن پاک اور قدوس خدا کے حضور اپنی برہنگی کے گہری شرمندگی کو محسوس کریں۔ ہم موسیٰ کی طرح چہرے کو ڈھانپ سکتے ہیں لیکن اپنے باطن میں ہم مٹنے والے جلال کی شرمندگی سے بخوبی واقف ہیں۔

15 آیت میں پولس بیان کرتا ہے کہ آج بھی جب موسیٰ کی شریعت پڑھی جاتی ہے تو اُن کے دلوں پر پردہ پڑا رہتا ہے۔ شریعت کی منادی میں کوئی اُمید نہیں پائی جاتی۔ شریعت ہمیں یہ تو بتا سکتی ہے کہ ہم نے کیا کرنا ہے لیکن اُس کی تابعداری کے لئے ہمیں کوئی طاقت یا شکتی نہیں دے سکتی۔ یہ ہمیں بتا سکتی ہے کہ ہم نے کہاں پر غلطی کی، لیکن یہ کسی غلطی کو سُدھار نہیں سکتی۔ ایک پردے کی طرح یہ ہماری اصل حالت کو چھپا لیتی ہے۔ ہم ہر اتوار چرچ جا سکتے ہیں، دُعا کر سکتے ہیں اور مسیح کو اپنا نمونہ بنا کر اُس جیسا طرزِ زندگی اپنانے کی کوشش کر سکتے ہیں۔ یہ سب اچھا ہے لیکن در حقیقت یہ ایک پردہ ہی ہے جو ہماری اصل

صورتحال کو چھپالیتا ہے۔

خداوند یسوع تو پردے کے پیچھے چھپے مسئلہ کو حل کرنے کے لئے آیا تھا۔ ہم گناہ کے باعث جو شرمندگی اور احساسِ جرم محسوس کرتے ہیں خداوند یسوع اُس کو ختم کرنے کے لئے آیا تھا۔ وہ ہمیں معافی دینے کے لئے آیا، جب ہم اُس معافی کو حاصل کر لیتے ہیں تو پھر ہم نقاب کو اتار دیتے ہیں۔ پھر چھپانے والی کوئی بات باقی ہی نہیں رہتی۔ خداوند یسوع پر ایمان لانے سے حاصل ہونے والی معافی ہماری ساری شرمندگی اور احساسِ جرم کو ڈھانپ لیتی ہے۔ اُس کا پاک ہمیں روح ایسی زندگی بسر کرنے کی توفیق دیتا ہے جس سے کھوئی ہوئی دُنیا پر اُس کا جلال روز بروز بڑی کثرت سے ظاہر ہوتا رہتا ہے۔

خداوند یسوع نے کیا تبدیلی اور فرق پیدا کر دیا؟ پولس رسول 17 آیت میں بتاتا ہے کہ جہاں خدا کا رُوح ہے وہاں آزادی ہے۔ پولس رسول جس آزادی کی بات کر رہا ہے وہ احساسِ جرم، گناہ، موت، رد کئے جانے اور گناہ کی غلامی اور حتیٰ کہ جہنم سے آزادی ہے۔ جب خدا کا پاک رُوح خداوند یسوع کے صلیب پر ہمارے لئے انجام دئے گئے کام کی بنیاد پر ہماری زندگیوں میں رہنے کے لئے آتا ہے تو ہم احساسِ جرم اور خدا کی عدالت سے رہائی پا جاتے ہیں۔ ہمارے ماضی، حال اور مستقبل کے گناہوں کے تعلق سے مسیح کا پاک خون خدا کے قہر و غضب کو ٹھنڈا کر دیتا ہے۔ بطور ایماندار ہم اپنے سر اونچے کر سکتے ہیں، کچھ بھی چھپانے کی ضرورت باقی نہیں رہی۔ احساسِ شرمندگی اور مٹنے والا جلال ختم ہو چکا ہے۔

پولس رسول 18 آیت میں کرنتھس کے ایمانداروں کو بتاتا ہے کہ اب وہ چہروں پر نقاب کے بغیر خدا کا جلال اپنی زندگیوں سے منعکس کر سکتے ہیں۔ موسیٰ کے جلال سے قطعی مختلف، اب وہ زیادہ سے زیادہ مسیح کے جلال کی صورت پر ڈھلتے چلے جا رہے تھے۔ گناہ اور

بدی پر فتح حاصل ہو چکی تھی۔ اب خدا کا رُوح اُن کی زندگیوں کو زیادہ سے زیادہ اپنے اختیار میں لے رہا تھا۔ اب وہ زیادہ سے زیادہ خدا کے قریب چلے آ رہے تھے، جو جلال اُن پر تھا، وہ اُن کا اپنا جلال نہیں تھا۔ یہ تو اُن کی زندگیوں اور دلوں میں مسیح کی بڑھتی ہوئی حضوری کا جلال تھا۔ موسیٰ کے چہرے پر جلال ختم ہونے والا جلال تھا۔ لیکن جس جلال کا کرنتھس کی کلیسیا تجربہ کر رہی تھی وہ روز بروز بڑھنے والا جلال تھا۔ واقعی خداوند یسوع کے صلیب پر سر انجام دیے گئے کام سے ایک بڑا فرق پیدا ہو گیا ہے۔

چند غور طلب باتیں

☆۔ خداوند آپ کی زندگی میں کیسی تبدیلی اور فرق لایا ہے؟

☆۔ ہماری زندگیوں میں موجود شرمندگی اور احساسِ جرم کے ساتھ خداوند کیا کرتا ہے؟

☆۔ شریعت کے وسیلہ سے خدا کو خوش کرنا ناممکن ہے، اس تعلق سے ہم یہاں پر کیا سیکھتے ہیں؟ موسوی شریعت کس طرح ایک پردہ ہے۔ یہ کس چیز کو ڈھانپے ہوئے ہے؟

☆۔ کون سا ایسا کام ہے جو خداوند یسوع کرتا ہے اور شریعت کبھی نہیں کر سکتی؟ اُس کام سے ہمیں کس طرح آزادی ملتی ہے؟

☆۔ کیا آپ اپنی زندگی میں مسیح کے جلال کا ایسا مکاشفہ حاصل کر رہے ہیں جو روز بروز بڑھتا چلا جا رہا ہے؟ کون سی چیز اُس جلال کو آپ کی زندگی میں پورے طور پر منکشف ہونے سے روک رہی ہے؟

چند اہم دُعائیہ نکات

☆۔ خداوند سے دُعا کریں تاکہ وہ آپ کے دل کو روح القدس کے کام کے لئے اور زیادہ کھولے تاکہ آپ مسیح کی صورت پر ڈھلتے اور بنتے چلے جائیں۔

☆۔ خداوند کی شکر گزاری اُس معافی کے لئے کریں جو اُس نے آپ کو دی ہے جس میں آپ شریعت، گناہ، موت، شرم اور احساسِ جرم سے مکمل طور پر رہائی پاتے ہیں؟

☆۔ کیا آپ ایسے لوگوں سے واقف ہیں جو اپنی کاوشوں میں جکڑے اور پکڑے ہوئے ہیں تاکہ کسی طرح خداوند کو خوش کریں۔ اُن کے لئے دُعا کریں تاکہ وہ اُس نجات کو دیکھ سکیں جو مسیح یسوع میں دستیاب ہے۔ اور وہ اس بات کو جان اور پہچان سکیں کہ مسیح اُنہیں نجات دینا چاہتا ہے خواہ وہ کیسی بھی حالت میں کیوں نہ ہوں۔

باب 7

اَنجیل کی خدمت

اس باب کے مطالعہ سے قبل درج ذیل حوالہ ضرور پڑھیں

(2 کرنتھیوں 4 باب 1- 71 آیت)

3 باب میں پولس رسول نے کرنتھس کی کلیسیا کو یاد کرایا کہ وہ ایسے خط ہیں جنہیں دُنیا کے غیر ایماندار لوگ پڑھتے ہیں۔ غیر ایماندار لوگ اَب اُن میں مسیح کی ذات اور اُس کا کردار دیکھ سکتے تھے۔ جہاں کہیں وہ جاتے تھے وہ مسیح کی خوشبو پھیلاتے چلے جاتے تھے۔ یہ ایک زبردست خدمت تھی اور اسی بات کو پولس رسول اس باب میں تفصیل کے ساتھ بیان کرنا چاہتا ہے۔

1 آیت میں مقدس پولس رسول کرنتھس کے ایمانداروں کو یاد کراتا ہے کہ مسیح کے فضل سے اُنہیں یہ خدمت عطا ہوئی ہے۔ خداوند خدا نے ہمیں کیوں کر اس دُنیا میں اپنی خوشبو اور اپنے کردار کو منکشف کرنے کے لئے چنا ہے؟ یہ ایک ایسا بھید ہے جسے ہم میں سے کوئی بھی کبھی نہ سمجھ پائے گا۔ خدا نے ہمیں اس لئے نہیں چنا کہ ہم اس خدمت کے قابل تھے۔ نہ ہی ہمیں اس لئے چنا گیا ہے کیونکہ ہم اُس کے معیار اور مقام پر پورا اترتے تھے۔ ہمیں اس لئے چنا گیا کیونکہ خدا ہم سے محبت رکھتا تھا اور ہمارے وسیلہ سے اس دُنیا میں اپنے جلال کو منعکس کرنا چاہتا تھا۔ اگرچہ ہم کمزور اور نازک برتن ہیں تو بھی اُس نے ہمارے وسیلہ سے اس دُنیا میں اپنا جلال منعکس کرنے کا چناؤ کیا۔ یہ سب کچھ اُس کے رحم و ترس کا نتیجہ ہے کہ اس دُنیا میں ہم خدا کی بادشاہی کی وسعت کے لئے استعمال کیے جاتے

ہیں۔ ہمیں یہاں پر یہ سمجھنے کی ضرورت ہے کہ اَنجیل کی خدمت ہمیں خدا کی طرف سے ملی ہے۔ اسی لئے تو پولس رسول کرنتھس کی کلیسیا کو بتاتا ہے کہ وہ بے دل نہ ہوں۔ لوگ ہمیشہ ہی اَنجیل کے پیغام کو قبول نہیں کریں گے۔ اَنجیل کے پیغام کی منادی کرنے والے تنقید کا نشانہ بنتے ہیں اور اُنہیں رد بھی کیا جاتا ہے۔ ہم ایک روحانی جنگ میں ہیں۔ دُشمن ابلیس ہمیں تباہ و برباد کرنا چاہتا ہے کیونکہ اُسے خداوند اور اُس کے پیغام سے نفرت ہے جو ہم اس دُنیا کو دیتے ہیں۔ ایسے وقتوں میں ہمیں یاد رکھنا چاہئے کہ خالق خدا نے ہمیں اس دُنیا میں اپنے وسیلے ہونے کے لئے چنا ہے۔ ہمارے لئے یہ کس قدر بڑی خوشی اور شادمانی ہے کہ قادرِ مطلق خدا نے ہمیں اس دُنیا میں اپنے خادم ہونے کے لئے چنا ہے، تاکہ ہم اس دُنیا میں اُس کے ایلچی ہوتے ہوئے اُس کا پیغام اِس مرتی دُنیا تک پہنچائیں۔ اس سے ہمیں اس دُنیا میں ثابت قدم اور قائم رہنے کے لئے ہمت اور توفیق ملنی چاہئے! ہماری شادمانی اسی بات میں ہے کہ ہم اُس کی خوشنودی حاصل کریں اور اُس کے نام کو عزت اور جلال دیں۔ ہم اختیار اور خدا کی برکت کے تحت خدمت سر انجام دیتے ہیں۔ ہم اُس کی محافظت، مسیح اور اُس کی قوت اور تقویت کے تحت زندگی بسر کرتے ہیں۔ خواہ کچھ بھی ہو، ہم خدا کو عزیز اور قریب ہیں۔ وہی ہماری محافظت کرے گا اور ہمیں قوت اور برکت بخشے گا۔ وہ اپنوں کو نہ بھولے گا، اسی لئے تو ہم ہمت نہیں ہارتے اور ہماری خاطر جمع رہتی ہے۔

جب ہم اَنجیل کے پیغام کی منادی کرتے ہیں تو پولس رسول چاہتا ہے کہ ہم ایک اور چیز کو بھی سمجھیں۔ چونکہ ہم مسیح کے ایلچی ہیں اس لئے ہمیں دوسروں کے راز اور شرم انگیز باتوں کو بیان کرنے سے اجتناب کرنا چاہئے۔ (2 آیت) پولس چاہتا ہے کہ کرنتھس کے لوگ خدا کے کلام کو پیش کرتے ہوئے نہ تو اُسے بگاڑیں اور نہ ہی اُس میں فریب زدہ باتوں

کو شامل کریں۔ آئیں اس بات کو تھوڑا تفصیل سے دیکھیں۔

جب ہم اَنجیل کی منادی کے لئے متحرک اور پُر جوش ہوتے ہیں تو ہمارے ذہن میں یہ سوچ بڑی آسانی سے آسکتی ہے کہ زیادہ سے زیادہ لوگ مسیح کے پاس آئیں۔ ہم دُنیاداری کے طریقوں پر بھی انحصار کرتے ہیں۔ کئی دفعہ اِس خوف کے سبب سے کہ ہماری بات سے کسی کو ٹھوکر نہ لگیں ہم سچائی کی باتوں کو بیان کرنے سے اجتناب کئے رہتے ہیں۔ ہم بعض گناہوں پر منادی سے بھی گریز کرتے ہیں۔ اگر ہم ایسے پیغام کی منادی کر رہے ہیں کہ مسیح کو قبول کرنے کے بعد، لوگ ہر طرح کی کشمکش، مشکلات اور مسائل سے رہائی پا جائیں گے اور زندگی خوشحالی اور ہر طرح کی برکات سے معمور ہو جائے گی تو پھر ہم خدا کے کلام کے ایسے حصوں کو نظر انداز کر رہے ہیں جہاں ایمانداروں کی ایسی مثالیں درج ہیں جنہیں اَنجیل کی خاطر ستایا اور دھمکایا گیا۔ پولس رسول کرنتھس کی کلیسیا کو بتاتا ہے کہ بہت بڑی بھیڑ کو اپنی طرف کرنے کے لئے انجیل کے پیغام کو نہ بگاڑیں۔ اس کے برعکس اُنہیں بڑی سچائی اور سادگی سے انجیل کے پیغام کی منادی کرنی تھی۔

پولس رسول اپنی زندگی کو کرنتھس کے لوگوں کے سامنے انجیل کے خادم کے نمونے کے طور پر پیش کرتا ہے۔ پولس رسول کا پیغام بالکل سادہ اور سچائی پر مبنی تھا۔ اُس نے اَنجیل کے پیغام کو بگاڑ کر اور کسی بھی طرح سے تبدیل کر کے پیش نہ کیا۔ خدا نے کئی طرح سے پولس رسول کی خدمت کو برکت دی۔ کیونکہ اُس نے لوگوں کو جوق در جوق اپنے ساتھ ملا لینے کے لئے اَنجیل کے پیغام میں کوئی ردوبدل نہ کیا۔ خدمت میں مشکلات اور مسائل تو تھے لیکن پولس رسول کا ضمیر خدا کے حضور بالکل پاک اور صاف تھا۔ اُس نے سچائی کو بڑی سادگی مگر درُستگی کے ساتھ بیان کیا تھا۔ اُس نے اَنجیل کے خدام کو اس بات پر اُبھارا ہے کہ وہ بھی اَنجیل کو اُسی طور پر بیان کریں جس طرح اُس نے بغیر ردوبدل انجیل کے

پیغام کو اُسی طرح پیش کیا جس طرح خدا کی طرف سے اُسے وہ پیغام ملا تھا۔

واضح، صاف اور شفاف سچائی کو ہر کوئی تو سمجھ نہیں پاتا۔ گناہ میں کھوئے ہوئے لوگوں کے لئے اَنجیل پر پردہ پڑا ہوا ہے۔(3 آیت) شیطان نے غیر ایمانداروں کے ذہنوں کو تاریک کر رکھا ہے تا کہ وہ انجیل کی سچائی کو سمجھ نہ پائیں۔ غیر ایماندار مسیح کے جلال اور اُس کے نور کو دیکھنے سے قاصر ہیں۔ اَنجیل کے پیغام کی منادی کرتے ہوئے ہمیں ابلیس اور اُس کی قوتوں سے نبرد آزما ہونا پڑے گا۔ کیونکہ ہم خدا سے یہ کہہ رہے ہیں کہ وہ ہمارے درمیان معجزات کرے۔ دُشمن نے جن لوگوں کی آنکھوں کو اندھا کر رکھا ہے، خداوند تو اُن کی آنکھوں کو روشن کر دے۔ خداوند تو اُن کے دلوں کو روشن کر دے جو انجیل کی سچائی کو دیکھنے اور سمجھنے سے قاصر ہیں۔ در حقیقت اگر خدا ہمیں مسلح اور قوت اور قدرت سے معمور کر کے اس دُنیا میں اَنجیل کی منادی اور اپنی بادشاہی کی وُسعت کے لئے نہ بھیجے تو واقعی یہ ایک مشکل اور ناممکن کام ہے۔ ہماری خدمت اس لئے پھل دار ہوتی ہے کیونکہ خدا ہم میں اور ہمارے وسیلہ سے کام کر رہا ہوتا ہے۔ وہ روحانی اندھوں کو روحانی بصارت اور فہم سے بھر دیتا ہے، اَنجیل کے پیغام کے تعلق سے ناسمجھ لوگوں کو معرفت اور دانش سے معمور کر دیتا ہے تا کہ وہ دیکھیں، سنیں، سمجھیں اور قبول بھی کر سکیں۔

انسانی طریقوں اور حکمت پر بھروسہ کرنا اس خدمت کو غلط سمجھنا ہے جس کے لئے خدا نے ہمیں بلایا ہے۔ سخت دل گنہگاروں کے درمیان انجیل کی منادی کی خدمت کے لئے خدا کے پاک روح کے کام کی ضرورت ہوتی ہے۔ معجزانہ طور پر جب خدا کا پاک روح ایک گنہگار کی زندگی میں کام کرتا ہے تو پھر اُس کا دل تبدیل ہو جاتا ہے۔ اسی لئے پولس رسول نے کرنتھس کے ایمانداروں کو اُبھارا کہ انجیل کی منادی کرتے وقت وہ خدا کے پاک روح پر بھروسہ کرنے کے لئے ثابت قدم رہیں۔

5 آیت میں انجیل کی منادی کے تعلق سے پولس رسول کرنتھس کے ایمانداروں کو ایک اور اصول یادرکھنے کے لئے کہتا ہے۔ وہ اُنہیں بتاتا ہے کہ وہ خود غرضی سے نہیں بلکہ سچائی سے مسیح یسوع کی منادی کریں۔ ہم پر یہ آزمائش آسکتی ہے کہ ہم ذاتی مفادات اور محرکات کی بنا پر اَنجیل کی منادی کریں۔ کئی دفعہ بڑے مجمع کے سامنے کھڑے ہو کر میں نے یہ آرزُو کی کہ مجھے کوئی بڑی شخصیت سمجھا جائے۔ بعض اوقات ہم اپنی کلیسیا کے بڑے یا چھوٹے ہونے کے تعلق سے اور معاشرے میں کلیسیا کے نام اور وقار کے تعلق سے اس قدر فکر مند ہوتے ہیں کہ ہماری نگاہیں مسیح سے ہٹ جاتی ہیں۔ انجیل کی منادی اور خدمت میں ہماری ذات کا کوئی عمل دخل نہیں ہے۔ اَنجیل کی منادی تو یہ ہے کہ لوگوں کی توجہ اور دھیان مسیح پر لگایا جائے۔

اگر لوگوں نے اپنی نگاہیں آپ پر لگالی ہیں تو آپ پردہ سے پیچھے چلے جائیں اور لوگوں سے کہیں کہ وہ مسیح کو مرکزِ نگاہ بنائیں۔ اگر آپ کی کلیسیا میں لوگ، پاسبان کی وجہ سے یا پھر کلیسیائی پروگراموں کی وجہ سے آرہے ہیں یا مسیح کے علاوہ کوئی بھی اور وجہ ہے تو پھر اُن لوگوں کی توجہ اور دھیان مسیح پر لگانے کے لئے وہ سب کچھ کریں جو آپ کر سکتے ہیں۔ اَنجیل کی منادی، پرستش کے انداز، دوستانہ روّیہ رکھنے والے لوگوں اور کلیسیا کے بڑے یا چھوٹے ہونے سے متعلق نہیں ہے بلکہ انجیل کی منادی کا مرکز و محور مسیح کی ذات ہے۔ یہ سب کچھ تو لوگوں کی توجہ اور دھیان مسیح پر لگانے کا ایک وسیلہ ہوتی ہیں۔

لازم ہے کہ مسیح کا نور اُن کی زندگیوں میں چمکے۔ اہم بات یہ ہے کہ وہ مسیح کو دیکھیں۔ بہت ضروری ہے کہ اُس کا نور ہماری زندگیوں اور خدمت کے وسیلہ سے اس تاریک دُنیا میں چمکے۔ (6 آیت) خدا نے مسیح کا نور ہم میں رکھا ہے۔ اب خدا کی قوت اور قُدرت ہمارے دلوں میں سکونت پذیر ہے۔ پولس رسول کے مطابق ہم محض مٹی کے برتن ہیں۔ لیکن

خدا نے ہم میں رہنے کا چناؤ کیا ہے۔ وہ ہمارے وسیلہ سے اپنی قوت اور قُدرت کو ظاہر کرنا چاہتا ہے۔ خدا کی روشنی اور اُس کے کلام کو دُنیا میں لے کر جانے والے خادم ہونے کا شرف واستحقاق کس قدر بڑا ہے!

کیا ہم سچائی اور صفائی سے کہہ سکتے ہیں کہ خدا کی سچائی اور نور ہماری زندگیوں سے منعکس ہوتا ہے۔ پولس رسول کرنتھس کے ایمانداروں کو بتاتا ہے کہ خدا اُن کی زندگیوں سے یہی توقع کرتا ہے۔ وہ چاہتا ہے کہ لوگ ہم پر نظر کریں تو اُنہیں ہماری زندگیوں سے مسیح نظر آئے۔ خدا چاہتا ہے کہ لوگ اس بات کو سمجھیں کہ اگر ہم دُکھوں، مسائل اور مشکلات میں بھی بابرکت، فاتح اور پھل دار زندگی بسر کرتے ہیں تو خدا کی اُس قدرت اور قوت کے سبب سے ہے جو ہم میں سکونت پذیر ہے۔ ہم اپنے اعمال و افعال سے مسیح کی منادی کرتے ہیں۔ ہم اپنی ذات سے توجہ اور دھیان ہٹا کر مسیح کو لوگوں کی نگاہ کا مرکز بناتے ہیں۔

خدا نے ہمیں اَنجیل کے جلال کی خدمت کرنے والے خادم ہونے کے لئے بلایا ہے۔ چونکہ خدا نے ہمیں ایسے خادم ہونے لئے چنا ہے جن کے چہروں پر نقاب نہ ہو، اس لئے ہم بڑی جُرات اور دلیری کے ساتھ خدا کے پیغام کی منادی کرتے ہیں۔ ہم صفائی اور سچائی سے اُس پیغام کو لوگوں کے سامنے پیش کرتے ہیں جو خدا نے ہمیں دیا ہے۔ ہم ضرورت کے مطابق اُس پیغام کو ڈھالنے اور بنانے کے لئے اِس میں کوئی رد و بدل نہیں کرتے۔ ہم انسانی طریقوں اور حکمت کو بُروئے کار لاتے ہوئے انجیل کے پیغام میں کوئی رد وبدل نہیں کرتے۔ ہم رُوح القدس کے وسیلہ سے بڑی قوت اور قُدرت سے مسیح کو پیش کرتے ہیں۔ ہم نہیں چاہتے کہ لوگ ہماری یا پھر ہماری کلیسیا کی تعریف کریں۔ ہم تو یہ چاہتے ہیں کہ وہ مسیح کی عزت کریں۔ ہمیں اس خدمت کو کرنے کی قوت اور اہلیت دینے کے لئے خدا نے

اپنا پاک رُوح ہمیں دیا ہے۔ ہماری خدمت روحانی ہے۔ ہماری خدمت فتح سے ہمکنار ہے۔ کیونکہ اِس کے پیچھے خدا کی قوت اور برکت کام کرتی ہے۔

چند غور طلب باتیں

☆۔ کیا آپ کی زندگی میں کبھی ایسا وقت آیا جب آپ اُس کام اور خدمت کو کرنے کے تعلق سے دل چھوڑ بیٹھے جس کے لئے خداوند نے آپ کو بلایا ہے؟ اس حوالہ سے آپ کو کیسی تقویت اور حوصلہ افزائی ملتی ہے؟

☆۔ یہ کتنی بڑی آزمائش ہے کہ ہم خدمت میں لوگوں کی توجہ کا مرکز بن جائیں؟ آپ کو اس تعلق سے کون سی خاص آزمائش کا سامنا ہے؟

☆۔ آپ کی زندگی میں کس حد تک خدا کی قوت اور قدرت دکھائی دیتی ہے؟ خدا کا روح آپ کی زندگی میں ہے، اِس کے کون سے نمایاں شواہد آپ کی زندگی میں موجود ہیں؟ آپ کیسے کہہ سکتے ہیں کہ خدا کا رُوح آپ کی زندگی میں اور آپ کے وسیلہ سے کام کر رہا ہے؟

☆۔ کیا ممکن ہے کہ دُنیوی طریقوں اور پروگراموں سے ہم اَنجیل کی خدمت کی قدر وقیمت کو کم کر سکتے ہیں؟

چند اہم دُعائیہ نکات

☆۔ خداوند کی شکر گزاری کریں کہ آپ انجیل کے کام کے لئے اُس کے چنے ہوئے وسیلہ ہیں۔

☆۔ ایسے وقتوں کے لئے خداوند سے معافی کے طلب گار ہوں جب آپ نے اپنی نگاہیں اپنے آپ پر ہی لگا لیں۔ اور آپ ہر وقت اور ہر لمحہ خدمت پر ہی نگاہیں لگائے رہے۔

☆۔ خداوند سے دُعا کریں تاکہ آپ کا دل زیادہ سے زیادہ روح کے بہاؤ، اُس کے مسیح اور اُس کے کام کے لئے کھل سکے۔ خداوند سے دُعا کریں تاکہ آپ اپنی زندگی میں مسیح کی موجودگی اور حضوری کے زندہ، مؤثر اور پر قدرت گواہ بن سکیں۔

باب 8

دبائے تو جاتے ہیں لیکن کُچلے نہیں جاتے

اس باب کے مطالعہ سے قبل درج ذیل حوالہ ضرور پڑھیں

(2 کرنتھیوں 4 باب 8-18 آیت)

کچھ ایسے لوگ ہیں جو یہ تعلیم دیتے ہیں کہ ہمیں مسیحی زندگی میں بالکل بھی دُکھ اور مسائل کا سامنا نہیں کرنا چاہیئے۔ وہ ایسی اَنجیل پیش کرتے ہیں جس میں یہ پیغام دیا جاتا ہے کہ جب ہم خداوند یسوع کو قبول کر لیتے ہیں تو اُس وقت سب کچھ ٹھیک ہو جاتا ہے اور آپ کی زندگی پھولوں کی سیج بن جاتی ہے۔ لیکن حقیقت تو یہ ہے کہ صورتحال اِس کے مخالف سمت ہی جاتی ہے۔ ہمیں اپنے ایمان کی بنا پر تنقید اور مخالفت کا سامنا کرنا پڑتا ہے۔ بعض لوگوں کو تو خداوند اور اَنجیل کی خاطر اپنی جان بھی قربان کرنا پڑتی ہے۔ مسیحی زندگی ہمیشہ آسان نہیں ہوتی، اُس نے اپنے دُشمنوں کے ہاتھوں بڑے دُکھ اٹھائے۔ وہ اپنے تجربہ کی بنا پر اس باب میں اس تعلق سے بات کرتا ہے۔

اس مخالف دُنیا میں انجیل کی منادی کرتے ہوئے جس مخالفت اور تنقید اور دُکھوں کا سامنا کرنا پڑتا ہے اُس کی وضاحت کے لئے پولس رسول اپنی زندگی اور خدمت کی مثال کرنتھس کے لوگوں کے سامنے رکھتا ہے۔ وہ اپنے قارئین کو بتاتا ہے کہ وہ خود اور اُس کے ہم خدمت ساتھی کئی طرح سے چاروں طرف سے دبائے اور ستائے گئے۔ (8 آیت) یعنی انہیں مختلف لوگوں سے دُکھوں، آزمائشوں ، مسائل اور مشکلات کا سامنا کرنا پڑا۔ قابلِ غور بات ہے کہ اگرچہ وہ چاروں طرف سے دبائے اور ستائے گئے تو بھی بُری طرح

کچلے نہ گئے۔ پولس رسول یہاں پر یہ بیان کر رہا ہے کہ وہ اس حد تک دبائے نہ گئے کہ پھر اُٹھ ہی نہ سکے۔ جب انگور حوض میں کچلے یا روندے جاتے ہیں تو وہ مے پیدا کرتے ہیں۔ پولس رسول بیان کرتا ہے کہ خدا نے مخالف ہواؤں، تند و تیز تنقیدی تیروں اور طرح طرح کے بادوباراں کو بہتری اور بھلائی کے لئے استعمال کیا۔

پولس رسول اپنے قارئین کو یہ بھی بتاتا ہے کہ کئی دفعہ تو وہ بہت زیادہ پریشان بھی ہو گیا۔ کئی دفعہ ہم سمجھ نہیں پاتے کہ خدا کیا کر رہا ہے۔ ہم ہمیشہ ہی اُس کی راہوں کو سمجھ نہیں پائیں گے۔ بہت دفعہ اُس کے بھید ہماری سمجھ سے بالاتر بھی ہوتے ہیں۔ خداوند کی راہیں ہماری راہوں سے مختلف ہوتی ہیں۔ ہمیں مسیح کی صورت اور شبیہ پر ڈھالنے کے لئے وہ کئی طرح کے طریقوں اور وسیلوں کو استعمال کرتا ہے۔ بعض دفعہ سمجھ سے بالاتر ہوتا ہے کہ خدا کیا کر رہا ہے اور ہمیں سمجھ نہیں آرہی ہوتی کہ اس صورتحال میں کیسے اچھائی کا کام ظہور پذیر ہو گا۔ بعض اوقات تو ہم شش و پنج کی صورتحال کا شکار ہو جائیں گے کہ کریں تو کیا کریں۔ ایسی صورتحال سے دوچار ہوں تو پولس رسول بتاتا ہے کہ ہرگز نااُمید نہ ہوں۔ اپنا توکل اور بھروسہ خداوند پر رکھیں، وہ جانتا ہے کہ ہم نے کیا کرنا ہے اور وہ ہماری رہنمائی بھی کرتا رہے گا کہ ہم کس سمت آگے بڑھیں، کیا کہیں، کیا کریں اور کس طرح خراب ترین صورتحال میں بھی اُس کی مرضی اور مقصد کو سرانجام دیں۔ جب تک وہ ہمارا خداوند اور ہم اُس کے فرزند ہیں، ہم ہر طرح کی صورتحال میں سر اُٹھا کر چل سکتے ہیں۔ وہ قادر خدا ہے جو ہر ایک چیز پر اختیار اور قدرت رکھتا ہے۔ کوئی چیز بھی اُس پر غالب نہیں آسکتی۔ اُس کا یہ وعدہ ہے کہ اُس کے پیارے لوگوں کے لئے ہر ایک چیز بھلائی کا باعث ہو گی۔ (رومیوں 8 باب 28 آیت) کسی صورتحال میں کچھ سمجھ نہ بھی آئے تو بھی اُس پر توکل اور بھروسہ کریں۔

ہو سکتا ہے کہ ہمارے خلاف ایذاہ رسانی شروع ہو جائے (9 آیت) ہمارے ارد گرد رہنے والے لوگ اُس پیغام کو برداشت اور حاصل نہ کریں جو ہم پیش کرتے ہیں۔ ہو سکتا ہے کہ وہ ہماری شدید مخالفت پر اُتر آئیں اور ہماری جان کے پیچھے ہی پڑ جائیں۔ پولس رسول کو بد سلوکی کا سامنا تو ہوا لیکن خداوند اُس کے ساتھ رہا۔ خداوند ہمارے بھی ساتھ رہے گا اور ہمیں کبھی ترک نہ کرے گا۔ جسمانی طور پر لوگ ہمیں مار سکتے ہیں لیکن روحانی طور پر ہم تباہ وبرباد نہیں ہو سکتے۔ قادرِ مطلق خدا کا ہمارے لئے وعدہ ہے کہ وہ ہمارا محافظ، رہنما اور نگہبان ہو گا۔ ہم اِس اعتماد میں زندگی بسر کر سکتے ہیں کہ خدا ہماری طرف ہے تو پھر کون ہمارا مخالف ہے۔ وہ ہمیں اپنے پروں اور پناہ میں چھپا کر رکھے گا۔ یہاں پر اس وعدے کا یہ مطلب ہے اگرچہ ہم ستائے جائیں تو بھی خدا کی حضوری ہمارے ساتھ ساتھ رہے گی۔ دانی ایل کے تین دوستوں کی ملاقات خدا کے ساتھ اُس آگ کی بھٹی میں ہوئی جس میں نبوکد نظر نے اُنہیں پھینک دیا تھا۔ (دانی ایل 3 باب) دانی ایل کو جب شیروں کی ماند میں پھینکا گیا تو وہ فرشتے کی موجودگی سے آگاہ اور واقف تھا جس نے شیروں کے منہ بند کر دئے تھے۔ (6 باب) ستفنس سنگسار کیا گیا (اعمال 7 باب 58 آیت) رسولوں کو ایذاہ رسانی کا سامنا کرنا پڑا۔ (اعمال 5 باب 40-41 آیت) ان سب لوگوں کو انتہائی مشکلات اور اپنے ایمان کے سبب سے بڑے دُکھوں کا سامنا کرنا پڑا۔ خدا نے ضرورت کی گھڑی میں اُن کی عزت افزائی کی۔ مشکل اور آزمائش کے وقت خدا اُن سے دستبردار نہ ہوا۔ خدا کا یہ وعدہ ہے کہ وہ ہر طرح کے ناگوار حالات وواقعات میں بھی ہمارے ساتھ رہے گا۔ اس سے ہمیں وہ سب کچھ سہنے اور برداشت کرنے کی شکتی اور اعتماد حاصل ہوتا ہے جو دُشمن ہماری زندگی میں لے کر آتا ہے۔ پولس رسول کرنتھس کے ایمانداروں کو یاد کراتا ہے کہ خدا کے رسول اپنے بدن میں مسیح کی موت کو لئے پھرے۔ جس طرح مسیح نے دُکھ اُٹھایا، اُسی

طرح وہ بھی اُس کے نام کی خاطر دُکھوں اور آزمائشوں سے گزرے۔ جس طرح اُسے رد کیا گیا، اسی طرح وہ بھی جو اُس کے نام سے کہلاتے ہیں رد کئے جائیں گے۔ اُن کو اس لئے ہی دُنیا سے الگ کر لیا گیا تھا تاکہ وہ مسیح کی مانند زندگی بسر کریں۔ جس طرح مسیح اُن کی خاطر قربان ہو گیا، اب اُنہیں بھی اُس کے نام کی خاطر مرنے کے لئے تیار ہونا تھا۔ اُنہیں اپنی خودی کے اعتبار سے بھی مرنا تھا۔ روزمرہ کی بنیاد پر جسم کو مصلوب کرنے کی ضرورت تھی۔ اُنہیں جسمانی خواہشوں، رغبتوں اور لذتوں کو ختم کرنا تھا تاکہ مسیح آسانی سے اُن کی زندگی سے نظر آسکے۔

اس دُنیا میں آزمائشوں کی توقع کی جاسکتی ہے۔ خدا دُکھوں، آزمائشوں اور مصائب کے وسیلہ سے ہمیں دشمن کے اُن بندھوں سے رہائی دیتا ہے جو کسی نہ کسی صورت میں ہمارے جسم میں باقی رہ گئے ہوتے ہیں۔ اگرچہ یہ تجربہ اور عمل خوشگوار تو نہیں لیکن لازمی ہے۔ بعض اوقات خدا پر توکل کرنے کی بجائے ہم اُس کام کے خلاف مزاحمت کرتے ہیں جو خدا ہماری زندگیوں میں کر رہا ہوتا ہے۔ اگرچہ ہمیں خدا کی راہیں سمجھ نہ بھی آئیں تو بھی یاد رکھیں، جس قدر ہم اُسے موقع دیں گے کہ وہ ہماری پُرانی انسانیت کی رغبتوں اور خواہشوں کو مصلوب کرے اُسی قدر مسیح ہماری زندگی سے نظر آنا شروع ہو جائے گا۔ پولس رسول بتاتا ہے کہ ہم ہمیشہ ہی اپنے بدن میں مسیح کی موت لئے پھرتے ہیں۔ اس کا مطلب یہ ہے کہ جب تک ہم اس دُنیا میں زندہ ہیں ہمیں باقاعدگی سے اپنی خودی کے اعتبار سے ہر روز مرنا ہو گا تاکہ مسیح کی زندگی ہم میں نظر آسکے۔ دُنیا کو معلوم ہو کہ مسیح ہم میں رہتا ہے۔ جس قدر ہم اپنی خواہشوں کے اعتبار سے مرتے چلے جائیں گے اُسی قدر مسیح کی زندگی ہم میں نمایاں ہوتی چلی جائے گی، اُسی قدر اُس کی راستبازی ہم میں دکھائی دینے لگے گی۔ (11 آیت) یہی واحد طریقہ ہے جس سے ہم مسیح کے ساتھ روزمرہ زندگی میں

گہرے طور پر چل سکتے ہیں۔ ہماری گناہ آلودہ فطرت کے مر جانے سے ہی روحانی زندگی وقوع پذیر ہوتی ہے۔ ہمارا گناہ آلودہ جسم ہی ہمارے اور خداوند کے درمیان ایک دیوار بن جاتا ہے۔ اگر ہم نے خدا کی قربت اور رفاقت میں زندگی بسر کرنی ہے تو پھر لازم ہے کہ ہمارے جسم میں بسا ہوا گناہ مر جائے۔ اس جسم پر غلبے کے لئے خدا دُکھوں اور آزمائشوں کے وسیلہ سے کام کرتا ہے۔ بعض اوقات جس چیز کو خدا مغلوب کرنا چاہتا ہے ہم اُسی چیز کو سینے سے لگائے رکھنا چاہتے ہیں۔ یوں بعض اوقات ہم خدا کے کام میں رکاوٹ بن جاتے ہیں جو وہ ہماری زندگیوں میں کرنا چاہتا ہے۔

پولس رسول نے اپنی زندگی اور خدمت میں اپنی خودی سے مر جانے کا تجربہ کیا۔(12 آیت)خوشخبری کی منادی کے لئے اُسے بار بار دُکھ اٹھانا پڑا۔ اُسے سنگسار کیا گیا، اُس کی تضحیک کی گئی لیکن ثابت قدم رہنے کی صورت میں خدا کی بادشاہی اُس کے وسیلہ سے پھیلتی چلی گئی۔ اُس کے شدید دُکھ درد کرنتھس کے لوگوں میں ابدی زندگی لانے کا باعث ہوئے کیونکہ اُس کی خدمت کے وسیلہ سے وہ مسیح کے پاس آئے تھے۔ جو دُکھ اُس نے کرنتھس میں برداشت کئے تھے وہ رائیگاں نہ گئے۔ انجیل پھیل رہی اور خدا کی بادشاہی قائم ہو رہی تھی۔ کامیاب منسٹریز کا ظہور ذاتی خواہشوں اور تمناؤں کو قربان گاہ پر رکھ دینے سے ہی ممکن ہوتا ہے۔

13 آیت میں مقدس پولس رسول نے زبور 116 کی 10 آیت کا حوالہ دیا ہے۔ یہاں پر کرنتھس کے ایمانداروں کو پولس رسول بتاتا ہے کہ جو کچھ وہ بیان کرنے لگا ہے، اُس پر اُس کا قوی یقین اور بھروسہ ہے۔ " میں ایمان لایا، اسی لئے میں بولا۔"پولس رسول کی قائلیت کیا تھی؟ وہ کرنتھس کے ایمانداروں کو بتاتا ہے کہ اگر خدا نے مسیح کو مُردوں میں سے زندہ کیا تو وہ اُنہیں بھی مُردوں میں سے زندہ کر کے خدا باپ کے حضور پیش کرے گا۔

(14 آیت) اُنہیں اس دُنیا اور اس زندگی میں مسیح کی طرح دُکھ اُٹھانے تھے۔ بعضوں کو مسیح کی خاطر دُکھ تو کیا اپنی جانوں کا نذرانہ بھی پیش کرنا تھا، لیکن بالآخر اُنہوں نے فتح سے ہمکنار ہونا تھا۔ اگر وہ اس بدن میں مسیح کی خاطر موت کو قبول کرتے تو اُنہوں نے جی اُٹھی زندگی کو حاصل کرنا تھا، کیونکہ وہ خدا جس نے مسیح کو مُردوں میں سے زندہ کیا اُس نے اُنہیں بھی زندہ کر کے خدا باپ کے سامنے پیش کرنا تھا۔

پولس رسول مسیح کی طرح دُکھ اُٹھا کر ہر روز خودی کے اعتبار سے مرتا تھا۔ وہ اپنے خداوند مسیح کے نقشِ قدم پر چلا۔ اُس نے یہ سب کچھ اُن لوگوں کی خاطر کیا جنہوں نے اُس کی خدمت کے وسیلہ مسیح کے پاس آنا تھا۔ اُس نے بخوشی و رضا اپنی جان قربان ہونے کے لئے بھی پیش کر دی تاکہ مسیح کی معافی زیادہ سے زیادہ لوگوں تک پہنچ سکے۔ اور یوں خداوند کی ستائش اور شکرگزاری زیادہ سے زیادہ لوگوں کے وسیلہ سے ہو۔ (آیت 15)

جہاں دُکھ اور تکالیف نہیں ہوتیں، وہاں پر خدمت کا پھل بھی زیادہ نہیں ہوتا۔ اگر آپ اپنی خودی کے اعتبار سے مرنے کے لئے تیار نہیں تو پھر آپ زندگی اور خدا کی قدرت کا تجربہ بھی نہیں کر پائیں گے۔ اگر آپ گیہوں کے دانے کی مانند زمین میں گر کر مرنے کے لئے تیار نہیں تو پھر آپ زیادہ روحانی فصل بھی نہیں دیکھ پائیں گے۔ خودی کے اعتبار سے مرنے اور دُوسروں کے لئے باعثِ برکت ہونے کے درمیان ایک تعلق پایا جاتا ہے۔

کوئی بھی دَوڑ دوڑنے والا اُس وقت تک انعام جیت نہیں سکتا جب تک وہ ثابت قدم رہتے ہوئے تربیت میں سختی اور دباؤ کا سامنا کرنے کے لئے تیار نہ ہو۔ کوئی بھی فوج اُس وقت تک جنگ نہیں جیت سکتی جب تک اُس کے سپاہی لڑنے اور اپنی جانیں قربان کرنے کے لئے تیار نہ ہوں۔ ہم بڑی بڑی چیزوں کی توقع تو کرتے ہیں لیکن اس مقصد کے لئے ضروری قربانی دینے کے لئے تیار نہیں ہوتے۔ بعض اوقات ہم جنگ لڑے بغیر ہی فتح

حاصل کر لینا چاہتے ہیں۔ پولس رسول یہاں پر واضح طور پر بیان کرتا ہے کہ اگر ہمیں مسیح کے پیچھے چلنا ہے تو پھر اُس کے نقشِ قدم کی پیروی کرنا ہو گی، یاد رہے کہ مسیحی سفر کا ہر ایک قدم پُر خار اور تکالیف اور دُکھوں سے بھرا ہوا ہے، لیکن اس راہ پر چلتے ہوئے فتح یقینی ہے۔

16 آیت میں مقدس پولس رسول بتاتا ہے کہ مسیحی سفر میں ایسا معلوم ہو کہ ہماری زندگی ظاہری طور پر کمزور ہو رہی ہے، لیکن باطنی طور پر روز بروز ہم نئے بنتے چلے جاتے ہیں۔ ہو سکتا ہے کہ دُکھ اور تکالیف روز بروز بڑھتی چلی جائیں لیکن ہماری فتح اور شادمانی اِن دُکھوں اور تکالیف سے بھی زیادہ ہو گی۔ وہ ہر روز ہماری تجدید کرنا چاہتا ہے۔ وہ اپنی قدرت اور مسیح ہم میں اور ہمارے وسیلہ سے دوسرے لوگوں کی زندگیوں میں انڈیلنا چاہتا ہے۔ ہم تو کمزور سے برتن ہیں لیکن وہ قادرِ مطلق اور پُر قدرت خدا ہے جو اِن مٹی کے برتنوں کو اپنی قُدرت سے بھرتا ہے۔

خداوند کا یہ فرمان ہے کہ وہ دُکھ اور تکالیف جو ہم اس دُنیا میں سہتے ہیں بالکل معمولی اور عارضی ہیں۔ پولس رسول کا ہرگز یہ مطلب نہیں کہ ہمارے دُکھوں اور تکالیف کو ناچیز جانے۔ وہ تو ہمارے دُکھوں کا موازنہ اُن برکات، جلال اور ابدی اَجر سے کر رہا ہے جو ہمارے لئے آسمان پر رکھا ہوا ہے۔ وہ جلال اور برکات جو آسمان پر ہماری منتظر ہیں، اگر اِس کے ساتھ اُن جسمانی اور دُنیوی دُکھوں کا موازنہ کیا جائے تو یہ بالکل معمولی دکھائی دیتے ہیں۔ (17 آیت) ہم میں سے کون ایسا شخص ہے جو عارضی دُکھ سہہ کر ابدی جلال اور برکات حاصل کرنا نہیں چاہے گا؟

اس دُنیا میں انتہائی ظلم و ستم جو ہم اُٹھاتے ہیں اس کا کسی طور پر خدا کی حضوری میں ابدیت گزارنے سے موازنہ نہیں کیا جا سکتا۔ جب ہم پیچھے مڑ کر دیکھیں گے یعنی ابدیت میں اپنے

مصائب اور مسائل کو دیکھ کر ہم کہیں گے کہ وہ سب کچھ جو ہم نے اِس جہاں میں برداشت کیا، وہ تو بالکل معمولی تھا۔

اس لئے جب ہم دُکھ اور مصائب میں سے گزریں تو اپنی نگاہیں اور توجہ ابدیت پر لگائیں۔ ہم اس دُنیا کے عارضی دُکھوں کا موازنہ ابدی جلال اور اَجر سے کریں۔ اس دُنیا میں بے عزتی اور رسوائی کا موازنہ اُس خوشی اور شادمانی سے کریں جو ہمیں اُس وقت حاصل ہو گی جب ہم اپنے نجات دہندہ اور خداوند سے ملیں گے۔ ہم اپنے دُکھوں سے نظر اُٹھا کر ابدیت میں دیکھیں کہ کیسی برکات اور شادمانی ہمارے لئے رکھی ہوئی ہیں۔ جو دُکھ اور مصائب ہم اس دُنیا میں سہہ رہے ہیں، وہ بالکل عارضی ہیں۔ جو کچھ خداوند ابدیت میں ہمیں دے گا وہ ابدی ہو گا۔

اس باب میں ہم نے یہی سیکھا ہے کہ بطور ایماندار ہمیں دُکھوں، مسائل، مشکلات اور مصائب کا سامنا ہو گا۔ اُن سے بچ نکلنے کی کوئی راہ نہیں ہے۔ کیونکہ مسیحی زندگی میں یہ ایک معمول کا حصہ ہیں۔ ہم اپنے بدنوں میں مسیح کے دُکھوں کا تجربہ کرتے ہیں۔ خدا اس لئے ہمیں دُکھوں سے گزرنے دیتا ہے تاکہ ہم اور بھی زیادہ اُس کی قربت میں آجائیں۔ وہ اس لئے بھی ہمیں دُکھوں سے گزرنے دیتا ہے تاکہ ہم اپنی ذات پر بھروسہ ختم کر کے اُس پر بھروسہ کرنا شروع کر دیں۔ اپنی کسی لیاقت پر نہیں بلکہ خداوند پر توکل ہو۔ اگر ہم خدا کی بادشاہی کے لئے پھل لانا چاہتے ہیں تو پھر ہمیں دُکھوں کی راہ اختیار کرنا ہو گی۔ خداوند کا وعدہ ہے کہ وہ دُکھوں اور مصائب کی راہ پر چلتے ہوئے ہم سے دستبردار نہیں ہو گا بلکہ ہمارے ساتھ ساتھ چلے گا۔ ہمیں دُکھ اُٹھانے کے لئے بخوشی اور رضا تیار ہونا ہو گا۔ ہو سکتا ہے کہ ہمیں کچھ سمجھ نہ آئے کہ کیا ہو رہا ہے لیکن ایک بات یقینی ہے اور وہ یہ کہ بالاخر فتح بلکہ جلالی فتح ہماری ہو گی۔ دُکھوں میں سے گزار کر خدا ہماری کانٹ چھانٹ کرتا ہے تاکہ

ہم اُس کے جلال کے لئے اور بھی زیادہ بہتر وسیلے بن سکیں۔ جب ہم ایمان میں ثابت قدم رہیں گے خواہ کچھ بھی ہو تو پھر خدا ہماری توقع، خیال اور اُمید سے بھی بڑھ کر بڑی بھاری برکات ہماری زندگی میں لائے گا۔

چند غور طلب باتیں

☆۔ کیا ہم دُکھ اُٹھائے بغیر مسیحی زندگی گزارنے کی توقع کر سکتے ہیں؟

☆۔ جو لوگ اپنی خودی اور جسم کے اعتبار سے مر جاتے ہیں، اُن کے لئے اس حوالہ میں کیسے وعدے موجود ہیں؟

☆۔ جب آپ ہر روز کشمکش اور روحانی جنگ کی صورت حال سے گزرتے ہیں تو آپ کو اس حوالہ سے کیا تقویت ملتی ہے؟

☆۔ آج آپ کو کیسی کشمکش کا سامنا ہے؟ آپ کی دُکھ بھری اور مشکلات سے دوچار صورتحال کو خدا کس طرح اپنی بادشاہی کی وُسعت اور آپ کو اپنے قریب تر لانے کے لئے استعمال کر رہا ہے؟

چند اہم دُعائیہ نکات

☆۔ خداوند کی شکر گزاری کریں کہ وہ آپ کے لئے دُکھ اُٹھانے کو راضی ہو گیا۔

☆۔ خداوند سے فضل چاہیں تاکہ آپ اپنے دُکھوں میں اُس پر توکل اور بھروسہ کر سکیں جن میں سے آپ گُزر رہے ہیں۔

☆۔ خداوند سے ایمان پر چلنے کے لئے فضل اور قوت مانگیں خواہ آپ کو کیسے ہی دُکھوں میں سے گزرنا پڑ رہا ہے۔

☆۔ خداوند سے دُعا کریں تاکہ وہ آپ کے دُکھوں، مسائل اور مشکلات میں آپ کی محافظت کرتا رہے۔

☆۔ خداوند سے اُن وعدوں کے لئے شکر گزار ہوں جو اُس نے اُن سب سے کئے ہیں جو اُس کے نام پر ایمان کی خاطر دُکھوں، مسائل اور مشکلات سے گزرتے ہیں۔

باب 9

یہ زمینی خیمہ

اس باب کے مطالعہ سے قبل درج ذیل حوالہ ضرور پڑھیں

(2۔ کرنتھیوں 5 باب 1-10 آیت)

گزشتہ باب میں پولس رسول نے اُن دُکھوں، آزمائشوں اور مصائب کا ذکر کیا جن میں سے اُسے اور اُس کے ہم خدمت ساتھیوں کو اَنجیل کی خدمت کی خاطر گزرنا پڑا۔ اُس نے بیان کیا کہ اُنہوں نے اپنے بدن میں مسیح کی موت کو لے لیا۔ اس سے مسیح یسوع میں اُن کی اُمید اور بھی زیادہ مضبوط ہو گئی۔ پولس رسول یہاں پر موت کے درمیان زندگی اور دُکھوں کے درمیان جلال کے موضوع پر بات جاری رکھتا ہے۔ پولس رسول اپنے قارئین کو بتاتا ہے کہ اگر یہ زمینی خیمہ گرا بھی دیا جائے تو اُن کے پاس آسمان پر ایک گھر ہے جو انسانی ہاتھ کا بنا ہوا نہیں ہے۔ یہاں پر پولس رسول جس خیمہ کا ذکر کر رہا ہے وہ جسمانی بدن ہے۔ آسمان پر ہمیں اس بدن سے بہتر اور اعلیٰ قسم کا جلالی بدن ملے گا۔ پولس رسول بتاتا ہے کہ جسمانی خیمہ تو وہ چیز ہے جو پہلے ہی ہمارے پاس ہے، ہم اس سے بھی بہتر خیمہ حاصل کریں گے۔ ایک نہ ایک دن ہم نے اِس جسمانی خیمہ کو چھوڑنا ہے کیونکہ یہ عارضی ہے۔ اس زمینی خیمے کو بعض لوگ قدرتی وجوہات کی بنا پر چھوڑیں گے تو کچھ لوگ انجیل کے پیغام کی منادی کی وجہ سے چھوڑیں گے یعنی اُنہیں قتل کر دیا جائے گا۔ بطور ایماندار ہمارے لئے یہ تسلی اور خوشی کی بات ہے کہ اس زمینی خیمہ سے بڑھ کر کوئی چیز ہے جو آسمان پر ہماری منتظر ہے۔ یعنی جلالی آسمانی بدن جو نہ تو کبھی بیمار ہوں گے اور نہ ہی کبھی بوڑھے ہوں گے۔ اس زمینی

خیمہ میں رہتے ہوئے ہم دُکھوں اور طرح طرح کے مسائل کی بنا پر کراہتے ہیں جو کہ اس زمینی اور فانی زندگی کا جُزو لازم ہے۔(4 آیت) جسم میں رہتے ہوئے ہم کمزور بھی ہوتے ہیں اور کئی ایک کاموں میں ہم محدود بھی ہوتے ہیں۔ ہمارے دل کی یہی پکار ہے کہ ایک دن ہم اس زمینی خیمہ کو چھوڑ کر جلالی اور آسمانی بدن حاصل کر لیں جو نہ تو کبھی فنا ہوں گے اور نہ ہی کبھی اُن پر زوال آئے گا۔

اس کتاب کو پڑھنے والے لوگوں میں سے بھی بعض ایسے ہیں جن کے جسم میں طرح طرح کی تکلیفیں، دُکھ اور بیماریاں ہیں۔ آپ منتظر ہیں کہ وہ دن آئے جب ہم اپنے بدن میں بغیر کسی تکلیف کے اپنے نجات دہندہ کے حضور کھڑے ہوں۔ کچھ لوگ یہ پیغام دیتے ہیں کہ ہمیں اپنے بدن میں کبھی بھی کوئی تکلیف یا دُکھ محسوس نہیں کرنا چاہیے۔ در حقیقت بائبل مقدس بتاتی ہے کہ جب ہم اس زمین پر زندگی بسر کر رہے ہیں تو گناہ کے نتائج کے سبب بھی ہمیں طرح طرح کے دُکھوں میں سے گزرنا پڑے گا۔ موت اور بیماری کی صورت میں گناہ کے اثرات اس دُنیا میں ظاہر ہوئے۔ کیونکہ گناہ کے سبب سے اس دُنیا میں لعنت آئی۔ ہو سکتا ہے کہ خداوند جسمانی دُکھ تکلیف سے ہمیں عارضی طور پر رہائی دے بھی دے تاہم یہ جسمانی بدن کبھی بھی پورے طور پر شفا نہیں پا سکے گا۔ عمر کے ساتھ ساتھ یہ کمزور اور بوڑھا ہو جائے گا۔ ہم صرف اور صرف اپنے نئے بدن میں گناہ اور اُس کے اثرات سے پورے طور پر رہائی پائیں گے۔

وہ دن قریب ہے جب ہم آسمانی بدن سے ملبّس ہوں گے۔ اگر آپ ایک ایماندار ہیں تو پھر خدا کا رُوح آپ کی زندگی میں رہنے کے لئے آچکا ہے۔ وہ ایک ناکام بدن میں سکونت کرنے کے لئے آتا ہے۔ ہم سب کامل تو نہیں ہیں، ہم اپنے عارضی خیموں میں کراہتے ہیں۔ لیکن اس اُمید پر زندگی بسر کرتے ہیں کہ ایک دن ہم آسمانی بدن حاصل کرنے

کے لئے اس زمینی خیمہ کو اُتار ڈالیں گے۔ خدا نے اپنے پاک روح کو ہم میں بعیانہ کے طور پر رکھا ہے جو کسی بہتر چیز کی ضمانت بھی ہے۔ خدا کے پاک رُوح کی ہم میں موجودگی اس بات کا ثبوت اور ضمانت ہے کہ خدا نے جو کام ہم میں شروع کیا ہے وہ اُسے پورا بھی کرے گا۔(5 آیت)

خدا کا پاک رُوح اُس عظیم اور خوبصورت کام کا آغاز ہے جو خدا ہماری زندگیوں میں اور ہمارے وسیلہ سے کرنا چاہتا ہے۔ یہ کام ابھی شروع ہی ہوا ہے۔ ہم احساسِ جرم سے رہائی پا چکے ہیں۔ لیکن ابھی تک پرانی فطرت اور جسم کے ساتھ ہماری کشمکش جاری ہے۔ جب خدا نے اپنا پاک روح ہم میں رکھا ہے تو وہ اُس کام کو پورا بھی کرے گا جو اُس نے ہم میں شروع کیا ہے۔ وہ گناہ آلودہ بدن کے بندھنوں کو توڑ ڈالے گا۔ گناہ کی ساری خواہشیں اور آزمائشیں اختتام پذیر ہو جائیں گی۔ وہ گناہ کی فطرت کو ختم کر کے ہمیں نئے بدن عطا کرے گا جن پر گناہ کے اثرات مرتب نہیں ہوں گے اور نہ ہی گناہ کی لعنت اُن بدنوں پر اثرانداز ہو پائے گی۔

6 آیت میں پولس رسول کرنتھس کی کلیسیا کو یاد کراتا ہے کہ جب تک وہ اس بدن میں ہیں وہ خداوند سے دُور ہیں۔ اس کا ہرگز یہ مطلب نہیں کہ خداوند ایمانداروں کے ساتھ نہیں ہے۔ اُس کا تو وعدہ ہے کہ وہ کبھی ہم سے دستبردار نہیں ہو گا۔ خداوند کی حضوری ہماری ہمت بندھاتی ہے۔ ایک روز ہم خداوند کی حضوری میں داخل ہوں گے۔ اپنے جسمانی بدنوں کو اُتار کر ہی ہم ابدیت میں اُس کے ساتھ رہ پائیں گے۔

ہم خداوند کے خوبصورت وعدوں کو ایمان سے حاصل کرتے ہیں۔ ہمارا ایمان ہے کہ جو کچھ خدا نے وعدہ کیا ہے وہ اُسے پورا بھی کرے گا۔ ہم اس جسمانی زندگی میں ہمت نہیں ہارتے۔ اگرچہ یہ جسمانی زندگی کبھی ناکامی سے بھی دوچار ہوتی ہے۔ تاہم نئے اور جلالی

بدنوں کو حاصل کرنے کی قوی اُمید کے ساتھ ہم زندگی بسر کرتے ہیں۔ کئی دفعہ دشمن ہمیں بے دل کرنے کی کوشش کرتا ہے۔ کئی دفعہ اس موجودہ جہاں پر ہماری توجہ مرکوز کرنے کی کوشش کرتا ہے۔ پولس رسول کرنتھس کی کلیسیا کے لوگوں کو اُبھارتا ہے کہ وہ اس موجودہ جہاں سے اپنی نظریں ہٹا کر اُن وعدوں پر اپنا دھیان لگائیں جو خداوند نے اپنے محبت رکھنے والوں سے کئے ہیں اور اُن وعدوں کی روشنی اور اُمید میں ہی زندگی بسر کریں۔ اُن کے اردگرد بیماری، دُکھ اور موت تھی تو بھی وہ ثابت قدم رہے اور ہر طرح کے حالات وواقعات سے گزرے۔ اُن کے جسمانی بدن کمزور ہوتے جا رہے تھے۔ یہ سب کچھ عارضی تھا۔ تاہم خدا نے اُن کے لئے جلالی بدن اور برکات رکھی ہوئی تھیں۔ اُن کے لئے نئے اور جلالی بدن آسمان پر منتظر تھے۔

ان وعدوں کی روشنی میں ہم اپنی خودی کے اعتبار سے مر کر خدا کے لئے زندہ رہنے کو ہی اپنا نصب والعین بنائیں۔ (آیت 9) ان جسمانی بدنوں میں زندگی بسر کرتے رہنا آسان کام تو نہیں ہوگا لیکن خداوند کے وعدے ہماری ہمت بندھاتے ہیں۔ ہم ہمیشہ ان جسمانی یا زمینی بدنوں میں زندگی بسر کرتے نہیں رہیں گے۔ لیکن آئیں اس بات کا تہیہ کریں کہ جب تک بھی ہم اس بدن میں زندگی بسر کرتے ہیں، اس بدن سے اُس کو عزت اور جلال دیں اور دوُسروں کے لئے باعث برکت ہوں۔

ان بدنوں میں جو دُکھ درد ہم محسوس کرتے ہیں ابلیس اُسے ہی ہماری حوصلہ شکنی کے لئے استعمال کرے گا۔ اُس نے عہدِ عتیق میں ایوب کو طرح طرح کی تکلیفوں اور دُکھوں سے ستایا اور کوشش کی کہ وہ خدا کا منحرف ہو جائے۔ ہمارے جسمانی بدن ابلیس کے ہاتھ میں ایک زبردست ہتھیار ہیں جنہیں وہ ہمارے ہی خلاف استعمال کر سکتا ہے۔ تاریخ کے اوراق اُٹھا کر دیکھیں تو ابلیس نے جسمانی دُکھ درد کو ایک ہتھیار کے طور پر استعمال کیا ہے۔

اُس نے ایماندار مقدسین کے بدنوں کو آگ میں جلایا اور سولی پر بھی لٹکایا تاکہ کسی نہ کسی طرح وہ مسیح کا انکار کر دیں۔ اُس نے اُن کے جسمانی بدنوں کو انتہائی تکالیف دیں تاکہ وہ خدا کے نام پر کفر بکیں۔ اُس نے اُنہیں دل شکستہ اور بے دل کر دیا، کچھ لوگ اُس کے منصوبوں کا شکار ہو گئے۔ بعضوں نے سب کچھ برداشت کیا اور قائم اور ثابت قدم رہے اور ابلیس کے آگے ہتھیار نہ ڈالے۔ لیکن وہ جسمانی بدنوں کو اُتار کر ابدیت میں داخل ہو گئے۔ کیونکہ اُنہیں معلوم تھا کہ جسمانی بدن تباہ ہو جانے کی صورت میں خدا اُنہیں جلالی اور غیر فانی بدن عطا کرے گا۔ اُن مقدسین نے جسمانی بدنوں سے خدا کو جلال دینے کا تہیہ کر رکھا تھا خواہ اس کے لئے اُنہیں کیسی ہی قیمت کیوں نہ ادا کرنی پڑی۔ اُن کا ایمان تھا کہ خدا نے اُن سے کسی بہتر چیز کا وعدہ کر رکھا ہے جسے وہ ضرور بالضرور پورا کرے گا۔

پولس رسول ہمیں بتاتا ہے کہ خواہ ہمیں بڑی قیمت ادا کرنی پڑے، جو وعدے خدا نے ہم سے کئے ہیں وہ اس قیمت سے بھی بڑے اور بیش قیمت ہیں۔ وہ یاد دہانی کراتا ہے کہ ایک روز خداوند کے تختِ عدالت کے سامنے حاضر ہو کر ہم اُن خدمات کا اَجر پائیں گے جو ہم نے اُس کے لئے اس زمین پر رہتے ہوئے سر انجام دی ہوں گی۔ پولس رسول ہمیں نصیحت کرتا ہے کہ ہم ابدی قدر و قیمت کی چیزوں پر دل لگائیں خواہ ہمیں اس کی وجہ سے جسمانی طور پر کیسا ہی دُکھ درد برداشت کرنا پڑے۔ ہمیں جسمانی دُکھوں سے نہیں گھبرانا۔ بلکہ اپنی نظریں اُن جسمانی دُکھوں سے اُٹھا کر اُن بیش بہا خزانوں اور برکات پر لگانی ہیں جو خدا نے اس دُنیا کے بعد آنے والی دُنیا میں ہمارے لئے رکھی ہوئی ہیں۔ ہمارے دل اس زمین پر اپنی بلاہٹ کی تکمیل کی شکر گزاری سے معمور ہونے چاہئے۔ ہم اپنے کمزور بدنوں میں مسیح کی قُدرت کو ظاہر کرتے ہوئے اُس کی خدمت سر انجام دیتے ہیں۔ کیونکہ ہماری اُمید کسی بہتر اور بڑی چیز کے لئے ہے۔ اس لئے نہ تو ہم اس بدن سے لپٹے رہتے ہیں اور نہ ہی اس

بدن کے آرام و آسائش پر زیادہ زور دیتے ہیں۔ ہماری بڑی گہری خواہش اس جسمانی خیمے میں رہنا نہیں بلکہ ہم نے تو آسمان پر جلالی اور غیر فانی بدن حاصل کرنے ہیں۔ پولس رسول کرنتھس کے ایمانداروں کو یاد کراتا ہے کہ اس زمین پر رہتے ہوئے وہ جسمانی طور پر دُکھ پائیں گے۔ وہ عظیم وعدوں کی روشنی میں اُن کو اُبھارتا ہے کہ دُکھ سہنے حتیٰ کہ موت برداشت کرنے کے لئے بھی تیار ہوں تاکہ اس بدن اور دُنیا سے کہیں بہتر وعدوں کو حاصل کرسکیں یعنی خدا کی بادشاہی میں غیر فانی بدنوں میں رہنے کا اعزاز حاصل کرسکیں۔ اُنہیں اپنی توجہ اور دھیان آسمانی چیزوں پر لگانی تھی۔ تاکہ اس زمین پر رہتے ہوئے خدا کے لئے کیئے گئے کاموں کا اَجر پاسکیں۔

چند غور طلب باتیں

☆۔ خداوند ہمیں اپنی حضوری میں نئے بدن عطا کرے گا، اس وعدہ سے آپ کو کیسی تقوت اور حوصلہ افزائی ملتی ہے؟

☆۔ ہمارے زمینی بدنوں پر گناہ کیسے اثرات مرتب کرسکتا ہے؟

☆۔ کیا خدا کے کلام میں ایسے وعدے پائے جاتے ہیں کہ ہم کبھی دُکھ نہیں اُٹھائیں گے؟ ہمیں اپنے دُکھوں میں کیسی تسلی ملتی ہے؟

☆۔ آپ کے خیال میں خدا کیوں کر دُکھوں اور تکلیفوں کو آنے دیتا ہے؟ طرح طرح کے مسائل، مشکلات اور دُکھ درد سے خدا نے آپ کی زندگی میں کیسا کام کیا ہے؟

☆۔ اگرچہ خدا اپنے جلال کے لئے ہمارے زمینی بدنوں کو شفا دیتا ہے۔ تو بھی کیا یہ بدن کبھی مکمل طور پر شفایاب ہوسکیں گے؟ وضاحت کریں۔

چند اہم دُعائیہ نکات

☆۔ خداوند کی شکر گزاری کریں کہ اُس نے اپنے محبت کرنے والوں سے نئے بدن کا وعدہ کیا ہے۔

☆۔ خداوند سے قوت مانگیں تاکہ آپ اپنے زمینی بدن سے اُس کو جلال دے سکیں۔ خداوند کی شکر گزاری کریں کہ وہ آپ کے دُکھوں اور مشکلات کو بھی اپنے مقصد کی تکمیل کے لئے استعمال کر سکتا ہے۔

☆۔ کیا آپ کسی ایسے شخص سے واقف ہیں جو اِن دنوں دُکھوں، آزمائشوں اور مشکلات اور مسائل سے گزر رہا ہے؟ اُس شخص کو خداوند کی حضوری میں لائیں۔ اس شخص کے لئے شفا، بحالی اور قوت کے لئے دُعا کریں۔ لیکن اس سے بڑھ کر یہ ہے کہ آپ دُعا کریں کہ اُس کے دُکھوں، مشکلات اور مسائل سے خداوند کے مقصد اور اُس کی مرضی کی تکمیل ہو سکے۔

☆۔ خداوند سے قوت مانگیں تاکہ آپ اُس کے جلال اور بادشاہی کے لئے اس زمینی بدن کو چھوڑنے کے لئے تیار ہو سکیں۔

باب 10

مسیح کے ایلچی

اس باب کے مطالعہ سے قبل درج ذیل حوالہ ضرور پڑھیں

2 کرنتھیوں 5 باب 11-21 آیت

4 باب میں پولس رسول کرنتھس کے ایمانداروں کو یاد کراتا ہے کہ اُنہوں نے سچائی بیان کرنے کی خدمت خدا کی طرف سے پائی ہے۔(4باب 1-2 آیت)وہ دُنیا کے لئے مسیح کے ایلچی تھے۔5 باب کے شروع میں ہی ہم دیکھتے ہیں کہ مسیح کے ایلچی ہونا کوئی آسان کام نہیں ہے۔ہم زمینی بدنوں میں مسیح کے ایلچی (سِفیر)ہیں، ہمیں اُن لوگوں کی طرف سے طنز وتضحیک، ایذاہ رسانی اور ذلالت برداشت کرنی پڑے گی جو مسیح کی خوشخبری کے پیغام کو قبول نہیں کرتے۔پولس رسول کرنتھس کے ایمانداروں کو اُبھارتا ہے کہ وہ اپنے بدنوں سے خدا کا جلال ظاہر کرنے کے لئے کمربستہ رہیں، خواہ حالات و واقعات کیسے بھی کیوں نہ ہوں۔اس باب میں مقدس پولس رسول کرنتھس کے ایمانداروں کو مسیح کے ایلچی ہونے کے لئے رہنما اصول بتاتا ہے۔وہ اُنہیں بتاتا ہے کہ اُنہوں نے کون سا پیغام لے کر دُنیا تک جانا ہے اور کیسے اُس پیغام کو لوگوں کے سامنے بیان کرنا ہے۔

11 آیت پر غور کریں کہ اُنہیں اُبھارا گیا کہ وہ خدا کے خوف کے نیچے رہتے ہوئے خداوند کی خدمت کریں۔کیونکہ ہم جانتے ہیں کہ لوگوں کو قائل کرنے کے لئے خداوند کا خوف کیا ہے اور یہ کیوں کر ضروری ہے۔خداوند کے خوف کا مطلب خوف و ہراس یا دہشت نہیں ہے۔خداوند کے خوف کا معنی ہے اُس کے کردار اور کام کی وجہ سے اُس کی عزت

افزائی اور بڑائی اپنے طرزِ زندگی اور خدمت سے کرنا۔ اس باب کے پہلے حصہ میں پولس رسول اُنہیں اُبھارتا ہے کہ وہ خداوند کی بادشاہی کے لئے قربان ہونے کو تیار ہو کر اپنے بدنوں سے خداوند کی تعظیم و تمجید کریں۔ پولس رسول کرنتھس کے ایمانداروں کو یاد کراتا ہے کہ خداوند اور اُس کے کام کے لئے یہ عزت و احترام اُنہیں اس بات کے لئے تحریک بخشے گا کہ وہ کھوئے ہوؤں تک رسائی حاصل کر کے اُنہیں مسیح کی خوشخبری کی سچائی کے لئے قائل کریں۔

خداوند کا خوف اور اُس کی تعظیم صرف اور صرف تعلیم دینے اور منادی کرنے سے ہی نہیں ہوتی۔ پاکیزہ زندگیاں گزارنے سے بھی خدا کی تعظیم و تمجید ہوتی ہے۔ جو کچھ ہم کہتے یا کرتے ہیں اس سے مسیح اور اُس کا صلیب پر کیا گیا کام منعکس ہوتا ہے۔ ہم اپنے طرزِ عمل اور طرزِ زندگی سے لوگوں کو بتاتے ہیں کہ ہم خدا کے گھرانے کے لوگ ہیں۔ ہم خدا کے فرزند ہیں۔ جہاں کہیں ہم جاتے ہیں، ہم اُس کے ایلچی ہونے کی حیثیت سے اُس کی نمائندگی کرتے ہیں۔ پولس رسول کرنتھس کے ایمانداروں کو یاد دلاتا ہے کہ اُس نے روحانی خدمت بڑی بیداری اور ہوشیاری سے سر انجام دی ہے کیونکہ اُسے معلوم تھا کہ اُس کی خدمات کا صلہ اُسے ملے گا۔ اس کی دیانتداری اور ایمانداری کو صرف خدا ہی نہیں بلکہ کرنتھس کے لوگ بھی جانتے تھے۔ (11 آیت)

12 آیت میں پولس رسول اُنہیں بتاتا ہے کہ وہ اور اُس کے ہم خدمت ساتھی صرف شیخی ہی نہیں بگھارتے بلکہ وہ دیانتدار اور مخلص ہونے کی کوشش بھی کرتے ہیں۔ وہ لوگ جو اپنے آپ کو اُونچا کرتے ہیں وہ اپنی عزت اور جلال کے طالب ہوتے ہیں۔ وہ چاہتے ہیں کہ لوگ اُنہیں عزت دیں۔ وہ لوگوں کی نگاہ کا مرکز ہوں۔ وہ یہی چاہتے ہیں کہ لوگ اُنہیں کچھ سمجھیں اور اُنہیں ایک عزت اور مقام دیں۔ بعض لوگ تو دوسروں کے مقبولِ نظر

ہونے کے لئے دھوکہ دہی پر بھی اُتر آتے ہیں یعنی اپنے آپ کو وہ کچھ بیان کرتے ہیں جو وہ ہوتے نہیں ہیں۔ اپنی عزت اور مقام بنانے والے خدام ایسے حربے اور طریقے استعمال کرتے ہیں جس سے لوگوں کی توجہ اُن کی مہارت اور علم پر مرکوز ہو۔

خدام ایسے بھی تو ہیں جو صرف اور صرف خدا کو عزت اور جلال دینے کے لئے کوشاں رہتے ہیں جس کی وہ اس دُنیا میں نمائندگی کرتے ہیں۔ وہ بچے جو یہ چاہتے ہوں کہ اُن کے والدین اُن پر ناز کریں، وہ اپنے والدین کی خوشی اور عزت بڑھانے کے لئے وہ سب کچھ کر تے ہیں جو اُن کی بساط میں ہوتا ہے۔ خدا کا سچا اور حقیقی خادم ایسا طرزِ عمل اختیار کرتا ہے جس سے اُس کے کلام اور کام سے خداوند کی عزت اور تکریم ہو۔ رسولوں کی خدمت کا مقصد اور نصب العین یہ نہیں تھا کہ لوگ اُنہیں کچھ سمجھیں اور اُن کے بارے میں بڑے اعلیٰ خیال اور سوچ رکھتے ہوئے اُن کی عزت کریں۔ اُنہوں نے خدمت کی تو صرف اس لئے کہ تاکہ اُن کی زندگیوں اور جسمانی خیموں سے خداوند کو عزت اور جلال ملے۔ وہ نہیں چاہتے کہ کرنتھس کے لوگوں یا خدا کو اُن کے طرزِ عمل اور طرزِ زندگی کی وجہ سے شرمندگی اُٹھانی پڑے۔

رسولوں کی خدمت کی مخالفت اور اُس پر تنقید کرنے والے بھی وہاں پر موجود تھے۔ مخالفین رسولوں کو شر پسند قرار دیتے تھے کہ یہ لوگ جہاں بھی جاتے ہیں ماحول خراب کرتے اور بدعات پھیلاتے ہیں۔ جہاں کہیں یہ انجیل کی منادی کرتے ہیں وہاں پر شہر میں بلوہ ہو جاتا ہے۔ رسولوں کو ستایا جاتا تھا اور بعض اوقات اُن کی کاوّشوں کا حاصل بہت کم ہوتا تھا۔ یہ مخالفین رسولوں کے اختیار کو نیچا دکھانے کے لئے ایسے حالات و واقعات پیدا کرتے تھے۔ لوگوں نے یسوع کے ساتھ بھی تو ایسا ہی سلوک کیا تھا۔ اُنہوں نے اُس پر الزام لگایا کہ وہ گنہگاروں کا یار اور بدروح گرفتہ بھی ہے۔ (متی 11، 19 اور 12 باب 24

آیت) ہو سکتا ہے کہ ہمیں بھی لوگوں سے یہی کچھ سننے کو ملے۔

پولس رسول بیان کرتا ہے کہ اس علاقہ میں کچھ ایسے لوگ تھے جو دل کی آواز سن کر نہیں بلکہ ظاہری حالات و واقعات کے مطابق اُس کی خدمت کو ناپ تول رہے تھے۔ رسولوں کی خدمت میں کیڑے نکالنے میں اُنہوں نے کوئی کسر نہ چھوڑی۔ لوگوں نے رسولوں کے پیغام کو اس لئے بھی قبول نہ کیا کیونکہ اس پیغام سے اُنہیں گنہگار ہونے کی قائلیت ہوتی تھی۔ کرنتھس میں کچھ ایسے لوگ بھی تھے جنہیں نہ تو رسول پسند تھے اور نہ ہی اُن کے طریقہ کار۔ پولس کرنتھس کے لوگوں کو یاد کراتا ہے کہ اُس کی کبھی بھی یہ خواہش نہیں رہی کہ وہ اُن کا کام مقبولِ نظر ہو۔ مخالفین کیا سوچتے تھے پولس کو اِس کی فکر تھی نہ ہی کچھ پرواہ۔ اس سے پولس رسول کی خدمت اور رسالت پر کچھ فرق نہ پڑا۔ اُس کی تو بس یہی خواہش تھی کہ وہ اس طور سے خدمت کرے کہ خدا اُس پر ناز کرے۔ اگر کسی کی طرف سے ردکئے جانے سے ہی خدا کا نام سربلند ہو تا تو پولس اُس کے لئے بھی تیار اور آمادہ تھا۔ ہمارے لئے یہ کس قدر اہم ہے کہ ہم اس بات کو سمجھیں جو پولس رسول یہاں پر بیان کر رہا ہے۔ خدا کے ایلچی ہوتے ہوئے ہمیں اس طور سے خدمت سر انجام دینی ہے کہ خدا بھی ہم پر ناز کرے۔ ہماری توجہ اس بات پر نہیں ہونی چاہئے کہ لوگ ہمارے بارے میں کیا سوچتے ہیں یا ہم خود کیا ہیں۔ خدا ایسے خادم نہیں چاہتا جو اپنی عزت اور مقام کے لئے فکر مند ہوں اور جن کی یہ خواہش ہو کہ وہ اپنے رُتبے اور مقام کو اپنے مفاد اور اپنے نام کے لئے استعمال کرے۔ وہ ایسے خدام چاہتا ہے جو دُوسروں کی باتوں کی پرواہ کئے بغیر صرف اور صرف اُس کو عزت اور جلال دینے کے لئے اپنی زندگی کو پورے طور پر خدمت کے لئے صرف کر دیں۔

13 آیت سے ہمیں مزید اشارہ ملتا ہے کہ لوگ پولس رسول کے تعلق سے کیا سوچتے

تھے۔ "اگر ہم بے خُود ہیں تو خُدا کے واسطے ہیں اگر ہوش میں ہیں تو تُمہارے واسطے۔"

کیا ممکن ہے کہ کرنتھس میں کچھ ایسے لوگ ہوں جو واقعی یہ سوچتے ہوں کہ پولس رسول اور اُس کے ہم خدمت ساتھی اپنا ذہنی توازن کھو چکے ہیں؟ وہ لوگ یہ سمجھنے سے قاصر رہے کہ کیوں پولس اور اُس کے ہم خدمت ساتھی انجیل کی منادی کے لئے اپنی جانوں کو بھی داؤ پر لگانے کے لئے تیار ہیں۔

دُنیا نہ تو ہمیں اور نہ ہی ہماری خدمت کو سمجھ پائے گی۔ ایسا وقت بھی آئے گا جب کلیسیا کے لوگ ہی ہماری مخالفت پر اُتر آئیں گے۔ کوئی دُرست ذہن والا شخص کیوں کر اَنجیل کی منادی کے لئے اپنی ہر ایک چیز خطرے میں ڈالے گا؟ 14 ویں آیت میں پولس رسول نے کرنتھس کے لوگوں کو بتایا کہ خدمت میں کون سی چیز اُس کے لئے تحریک کا باعث ہے۔ اُس نے اُنہیں بتایا کہ مسیح کی محبت اُسے مجبور کر دیتی ہے۔ مسیح کے لئے پولس رسول کی محبت اور اُس کی زندگی میں مسیح کی محبت اس قدر پُر قدرت اور زور آور تھی کہ وہ بے شمار لوگوں کو ابدیت میں خداوند یسوع کے بغیر جاتے ہوئے دیکھ نہ سکا۔ پولس رسول کا یہ ایمان تھا کہ مسیح گنہگاروں کا فدیہ اور عوضی ہو کر قربان ہوا ہے۔ اُس نے اُن کی خاطر خدا کے قہر و غضب کو برداشت کیا ہے۔ وہ اس لئے مر گیا تاکہ ہم معاف ہوں اور خدا کے فرزند اور اُس کے ایلچی بن سکیں۔ ہمارے لئے یہ کس قدر شرف واعزاز کی بات ہے!

پولس رسول کرنتھس کے لوگوں کو اس بات کے لئے اُبھارتا ہے کہ وہ لوگوں کو دُنیاداری یا ظاہری اعتبار ہی سے نہ دیکھیں۔ (16 آیت) کتنی ہی بات ہم خدام اور اُن کی منسٹریز کو ظاہری چیزوں کو دیکھ کر ہی جانچتے پرکھتے ہیں۔ ہم سمجھتے ہیں کہ اگر اُن کی کلیسیائیں بڑی ہیں تو اُن کا خدا کے ساتھ تعلق اور رشتہ بالکل دُرست ہے۔ خداوند یسوع کو ایک انقلابی سمجھ کر اُس دَور کے لوگوں نے رد کر دیا۔ رسولوں کو بھی غلط سمجھا گیا، اُنہیں بھی رد کر دیا

گیا۔ عہدِ عتیق کے انبیاہ کو بھی بیو قوف سمجھا جاتا تھا۔ عہدِ جدید کے رسولوں اور خادموں کو بھی بد سلوکی اور رسوائی کا سامنا کرنا پڑا۔ اُنہوں نے ایسے کام کئے اور ایسے پیغام کی منادی کی جس سے لوگوں کے گرد دائرہ تنگ ہو گیا۔ یعنی انہیں اُن کے گناہ آلودہ طرزِ زندگی پر شرمندگی اور ندامت محسوس ہونے لگی۔ دُنیا کی نظر میں وہ احمق اور انقلابی قسم کے لوگ تھے۔ لیکن خدا کی نظر میں وہ روحانی ہیروز (سُورما) اور جنگجو لوگ تھے جو تاریکی کی قوتوں کے کاموں کو برباد کر رہے تھے۔ وہ سچائی کی خاطر ڈٹ گئے اور پرواہ نہ کی کہ لوگ اُن کے بارے میں کیا سوچتے ہیں۔ خدا کی گہری محبت اُنہیں تحریک دیتی تھی۔

پولس رسول کرنتھس کے ایمانداروں کو یاد دلاتا ہے کہ جب وہ مسیح کے پاس آئے تھے تو وہ نئی مخلوق بن گئے تھے۔ (17 آیت) وہ سب جو مسیح یسوع کے ہو چکے ہیں گناہ آلودہ فطرت اور مُردہ طرزِ زندگی کے اعتبار سے مر چکے ہیں۔ ہم نئی زندگی رکھتے ہیں اور ہمیں خدا نے اس لئے بلایا ہے کہ دُنیا اور اُس کی روِشوں کے اعتبار سے مر کر اُس کے لئے جئیں۔ خدا کا پاک رُوح ہمارے دلوں اور ذہنوں کی تجدید کرتا ہے۔ وہ ہمیں چیزوں کو نئے انداز سے دیکھنے کے قابل بناتا ہے۔ اب ہمارا طرزِ فکر اور طرزِ زندگی دُنیا دار لوگوں سے منفرد اور لاثانی ہے۔ دُنیا ہمیں غلط بلکہ احمق ہی سمجھے گی۔ کیونکہ خداوند کی راہیں دُنیا کی راہوں سے قطعی مختلف اور منفرد ہیں۔ یہ سب کچھ خدا پر توکل اور بھروسہ کرنے والوں کی زندگیوں میں خدا کے کام کا نتیجہ ہے۔ جی ہاں جو لوگ خداوند یسوع مسیح کے صلیب پر سر انجام دئے گئے کام کے وسیلہ خدا پر توکل اور بھروسہ کرتے ہیں، خدا باپ اُن کی زندگیوں میں گہرا کام کرتا ہے اور وہ پہلے جیسے نہیں رہتے۔

جب خدا باپ نے اپنے پیارے بیٹے یسوع کو ہمارے لئے قربان ہونے کے لئے بھیجا تو اُس کا مقصد یہ تھا کہ آسمانی باپ سے ہمارا ٹوٹا رشتہ پھر سے بحال ہو جائے۔ اُس نے میل ملاپ کی

خدمت ہمارے سپُرد کی ہے۔(19 آیت) مسیح یسوع کے صلیب پر سرانجام دیۓ گئے کام اور اُس معافی کے وسیلہ سے جو مسیح یسوع میں ہمیں حاصل ہوتی ہے ہمارے سارے گناہ معاف ہوتے ہیں اور خدا باپ کے ساتھ ہمارا رشتہ پھر سے بحال ہو جاتا ہے۔ ہم مسیح کے ایلچی اور نمائندگان ہیں جو اس جوش و جذبہ کے ساتھ کام کر رہے ہیں تاکہ بہت سے مرد وزَن اور نوجوانوں کو مسیح یسوع کی معرفت اور پہچان دلاسکیں تاکہ وہ مسیح خداوند کو اپنا نجات دہندہ اور منجی قبول کر سکیں۔

خدا نے ہمیں مسیح کے ایلچی ہونے اور یہ خبر گنہگار لوگوں تک لے جانے کے لئے چناہے کہ مسیح خدا کے ساتھ ہمارا ٹوٹا ہوا رشتہ پھر سے بحال کرنے کے لئے آگیا ہے۔ مسیح ہمارے گناہوں کی قیمت چکانے کے لئے اس دُنیا میں آیا۔(آیت 19) مسیح یسوع کے صلیب پر سرانجام دیۓ گئے کام اور اُس معافی کے وسیلہ سے جو مسیح یسوع میں خدا باپ ہمیں دیتا ہے ہمارے سارے گناہ معاف ہوتے ہیں اور خدا کے ساتھ ہمارا رشتہ پھر سے بحال اور قائم ہو جاتا ہے۔ خدا ہمیں نئی زندگی دینے کے لئے اپنا پاک رُوح ہماری زندگیوں میں بھیجتا ہے۔ خدا کا پاک روح ہمیں باطنی طور پر بالکل نیا بنا دیتا ہے۔ وہ خدا کی مزید آنے والی برکات کی ضمانت بھی ہے۔ خدا کا پاک رُوح خدا کی حضوری میں ہماری ابدی زندگی اور آسمان پر نئے اور جلالی بدن کی بھی ضمانت ہے۔ سب کچھ مسیح یسوع کے صلیبی کام کی بنیاد پر ہمیں ملتا ہے۔ ہمارا کام اِس گناہ آلودہ دُنیا میں مسیح کی خاطر دُکھ اُٹھا کر ثابت قدم رہنا ہے۔

خدا باپ نے اپنے بیٹے یسوع کو اِس دُنیا میں اس لئے بھیجا تاکہ وہ ہمارے لئے قربان ہو جائے اور ہم اُس کے خادم بن جائیں۔ اُس نے اپنا پاک روح بھی ہمیں دیا ہے، ہمیں نئی زندگی اور ابدی اُمید بخشی ہے۔ اُس نے بحالی کا زبردست اور خوبصورت پیغام لوگوں تک

پہنچانے کے لئے ہمیں اپنے ایلچی (سفیر) ہونے کے لئے چنا ہے۔ پولس رسول ہمیں بتاتا ہے کہ ہم اختیار کے ساتھ اس دُنیا میں اس پیغام کو پھیلانے کے لئے جائیں گویا کہ خدا ہمارے وسیلہ سے لوگوں سے التماس کر رہا ہے۔ ہم مسیح کے بااختیار پیغام کی بنیاد پر بولتے ہیں۔ "پس ہم مسیح کے ایلچی ہیں۔ گویا ہمارے وسِیلہ سے خُدا التماس کرتا ہے۔ ہم مسیح کی طرف سے مِنت کرتے ہیں کہ خُدا سے میل مِلاپ کرلو۔" (20 آیت) یہ کلام اور پیغام اُس کامل اور بے گناہ منجی کی طرف سے ہے جس نے ہمارے گناہوں کو اپنے اُوپر لے لیا تاکہ ہم معاف ہو جائیں۔ یہی وہ پیغام ہے جسے لوگوں کو سننے کی ضرورت ہے۔ لوگ مذہب اور اپنی کاوّشوں سے خدا تک رسائی کی کوشش کر رہے ہیں۔ خدا نے ہمیں خدا کے ساتھ درُست رشتہ کی بحالی اور گناہوں کی معافی کا پیغام دُنیا کو دینے کے لئے چنا ہے جس کا ہمارے مذہب، ہماری کاوّشوں اور کاموں سے کوئی تعلق واسطہ نہیں بلکہ یہ خدا کی مفت بخشش ہے جو اُن لوگوں کو حاصل ہوتی ہے جو مسیح یسوع کو اپنا خداوند اور منجی قبول کر لیتے ہیں۔

یہ سمجھنا بہت ضروری ہے، اگرچہ ہم سب کے پاس یہ خدمت ہے تو بھی ہم اس پیغام کو ایک ہی انداز سے لوگوں کے سامنے پیش نہیں کرتے۔ اس پیغام کو تحریر کرنے کی قابلیت خدا نے مجھے دی ہے اور میں کتابوں میں اس پیغام کو قلمبند کرتا ہوں۔ بعض لوگوں کو بائبل سٹڈی پروگرام، بائبل کالج، کلیسیاؤں یا مختلف طریقوں سے یہ پیغام کو لوگوں کے سامنے پیش کرنے کی توفیق ملی ہے۔ مسیحی کے ایلچی ہونے کے لئے تحریر، منادی اور تعلیم دینے سے بڑھ کر بھی کئی ایک کام ہیں جو اس پیغام کے پھیلاؤ کے لئے کئے جا سکتے ہیں۔ دُنیا بھر میں اِس پیغام کی اشد ضرورت ہے۔ سب سے بڑھ کر اچھا طریقہ یہ ہے کہ آپ اپنی زندگی سے اس پیغام کی منادی کریں، خواہ آپ اپنے کام کی جگہ پر ہوں، سفر میں، حتیٰ کہ

روز مرہ زندگی سے بھی اس پیغام کی منادی ممکن ہے۔ اپنے ہمسایوں تک ہمدردی اور نیکی کے کاموں کے ذریعہ بھی رسائی حاصل کی جاسکتی ہے اور یوں اُنہیں یہ خوبصورت پیغام دیا جاسکتا ہے۔ ضرورت ہے کہ اس پیغام کو اپنے طرزِ زندگی سے پھیلایا جائے، اپنے اعمال و افعال سے اُس کا چرچا کیا جائے۔ ہم سب لفظی طور پر بھی اس پیغام کو بیان کر سکتے ہیں، لیکن بعض اوقات لوگ مہربان رویے کی زبان کو بہتر طور پر سمجھتے ہیں۔ ایک ضرورت مند اور محتاج گھرانے کے پاس ٹھیک وقت پر کھانا لے کر جانا دُرست طور پر خدا کی محبت کی منادی ہے۔ کیونکہ جو شخص بھوکا ہے اُسے لفظوں سے بڑھ کر احساس ہمدردی اور خوراک کی ضرورت ہے۔

کچھ عرصہ پہلے میں کشمکش سے دوچار تھا کہ میں ایک مبشر نہیں بنوں گا جو میں سمجھ رہا تھا کہ مجھے بننے کی ضرورت ہے۔ اس تعلق سے میں نے خدا کی رہنمائی کے لئے دُعا کی۔ میں کبھی بھول نہیں پاؤں گا کہ اُس روز کس طرح خدا نے میرے ساتھ کلام کیا تھا۔ اُس نے کہا۔ "وین، عالمگیر بشارتی خدمت کے لئے جو سب سے بہتر اور عظیم کام تو کر سکتا ہے وہ یہ ہے کہ تو مسیحیوں کی وہ کچھ بننے میں مدد کرے جو اُنہیں بننے کی ضرورت ہے۔" اپنی بادشاہی میں خدا نے مجھ یہی کردار ادا کرنے کے لئے بلایا ہے۔ بطور ایلچی ہوتے ہوئے ہم سب مختلف طرح سے مسیح کے پیغام کو لوگوں تک پہنچاتے ہیں۔ ضرورت ہے کہ ہم سب اپنی اپنی خدمت کو پہچانیں، خداوند سے رہنمائی لیں اور پھر پورے دل سے خدا کی بادشاہی کے لئے اپنا کردار ادا کریں۔ ایسا نہیں کہ ہم لوگوں کے سامنے اپنے آپ کو بڑا بنانے کی کوشش کریں۔ بلکہ جو کچھ بھی کریں خداوند کے نام اور اُس کے جلال کے لئے اور دُوسرِوں کی برکت اور نجات کے لئے کریں۔

چند غور طلب باتیں

☆۔ کیا آپ نے محسوس کیا ہے کہ آپ اپنی تعریفیں خود ہی کرتے ہیں اور چاہتے ہیں کہ لوگ بھی آپ کے تعلق سے مثبت نکتہ نظر اپنائیں اور آپ کو سراہیں؟ پولس رسول آپ کے سامنے کیسا چیلنج رکھتا ہے؟

☆۔ آپ کن محرکات کے ساتھ خداوند کی خدمت کر رہے ہیں؟ پولس رسول کی خدمت کے کیا محرکات تھے؟

☆۔ مسیحی کے ایلچی ہونے کی حیثیت سے خداوند کی طرف سے آپ کو کیسی خدمت ملی ہے یا کون سا کردار ہے جو آپ اُس کی بادشاہی کی وُسعت کے لئے ادا کر سکتے ہیں؟

☆۔ کیا آپ نے اپنی خدمت کو ایسے طور پر کیا ہے کہ خداوند آپ پر ناز کر سکے؟

☆۔ دُنیوی معیار اور طریقوں سے کسی کی عدالت کرنے کے تعلق سے یہ حوالہ ہمیں کیا سکھاتا ہے؟ کیا آپ کو اس تعلق سے کبھی احساسِ جرم ہوا؟

☆۔ خدا کی محبت کس حد تک کھوئے ہوؤں تک پہنچنے کے لئے آپ کو کیسی تحریک دیتی ہے؟

چند اہم دُعائیہ نکات

☆۔ خداوند سے واضح سمجھ بوجھ اور فہم مانگیں تاکہ آپ کو معلوم ہو کہ مسیح کے ایلچی کی حیثیت سے آپ کا کیا کردار ہے۔

☆۔ خداوند سے ایسے خادم ہونے کی توفیق اور دُعا مانگیں جس سے خداوند کو شرمندگی محسوس نہ ہو بلکہ وہ آپ پر ناز کر سکے۔

☆۔ اپنی زندگی کے جن پہلوؤں پر آپ کو توجہ کرنے اور اُنہیں بہتر بنانے کی ضرورت ہے اُن کو دیکھنے اور پہچاننے کے لئے خداوند کے حضور دُعا میں وقت گزاریں۔

☆۔ خداوند کے ایلچی ہونے کا جو شرف آپ کو حاصل ہے، اس کے لئے خداوند کی شکر گزاری کریں۔ اس بات کے لئے بھی اُس کے شکر گزار ہوں کہ اُس نے آپ کے گناہوں کو پورے طور پر اور ہمیشہ کے لئے آپ سے اُٹھا لیا ہے۔

☆۔ خداوند کے پاک روح کے لئے بھی اُس کی شکر گزاری کریں جو اُس نے آپ کی زندگی میں رکھا ہے تاکہ آپ ایسے ایلچی بن سکیں جو آپ کو بننا چاہئے۔

باب 11

ہم خدمت

اس باب کے مطالعہ سے قبل درج ذیل حوالہ ضرور پڑھیں

(2 کرنتھیوں 6 باب 1-10 آیت)

6 باب میں پولس رسول نے خدا کی بادشاہی میں اُس کے خادم اور ہم خدمت ہونے کے تعلق سے بات کی ہے۔ اس باب میں مقدس پولس رسول کرنتھس کے ایمانداروں کو خدا کی بادشاہی میں ہم خدمت ہوتے ہوئے اُن کی ذمہ داریاں یاد دلاتا ہے۔ جب وہ خدا کی بادشاہی میں باہم مل کر خدمات سرانجام دیتے ہیں تو پھر کچھ چیلنج بھی درپیش ہوتے ہیں اور کچھ ذمہ داریاں اور فرائض بھی نبھانے پڑتے ہیں۔ اُن کے روّیے، اعمال و افعال اُن کے بھائیوں اور بہنوں کی خدمت پر اثر انداز ہوتے ہیں۔ اس خط کے اگلے حصہ میں پولس رسول کے پاس کرنتھس کے ایمانداروں کے لئے کچھ عملی نصیحتیں ہیں جو خدا کی بادشاہی میں باہم مل کر کام کرتے ہوئے بڑی مددگار ثابت ہوتی ہیں۔

خدا کے فضل کو بے کار نہ جانے دو

1 آیت میں پولس رسول کرنتھس کے ایمانداروں کو یہ بتاتے ہوئے آغاز کرتا ہے کہ وہ خدا کے فضل کو بے کار نہ جانے دیں۔ پولس رسول کی اس بات کو سمجھنے کے لئے ہمیں دوسری آیت کو سمجھنا اور اُس پر غور کرنا ہو گا۔ پولس رسول کرنتھس کے ایمانداروں کو یاد دلاتا ہے کہ کس طرح خدا نے اُن کی دُعا سن کر اُن تک رسائی کی اور اُنہیں نجات بخشی۔ اُنہوں نے خدا سے بڑی اعلیٰ برکت پائی تھی۔ اُن کے گناہ معاف ہو چکے تھے اور وہ

خدا کے گھرانے کا حصہ بن چکے تھے۔ پولس رسول کرنتھس کے ایمانداروں کو اُبھارتا ہے کہ وہ خدا کی بخشش اور نعمت کی بے قدری نہ کریں اور خدا کے فضل کو بے کار نہ جانے دیں۔

چند لمحات کے لئے غور کریں کہ خدا نے آپ کے لئے کیا کیا ہے؟ غور کریں کہ اُس نے آپ کے گناہ معاف کر دئے ہیں۔ غور کریں کہ خداوند یسوع مسیح میں آپ کو ایک اُمید حاصل ہو چکی ہے۔ اس دُنیا اور آنے والے جہاں کی برکات پر غور کریں۔ ہمیں جو طرح طرح کی برکات ملی ہیں، ہم خداوند کے مقروض اور احسان مند ہیں۔ ہم پر فرض عائد ہوتا ہے کہ اب ہم اُن کی نجات کے لئے دوسروں تک رسائی حاصل کریں جو گناہ کی دُنیا میں زندگی بسر کر رہے ہیں۔ ہم بابرکت ہیں، اس کا یہ معنی ہے کہ ہم دُوسروں کے لئے باعثِ برکت ہوں۔

یسعیاہ 49باب 8 آیت کا حوالہ دیتے ہوئے مقدس پولس رسول کرنتھس کے ایمانداروں کو خوبصورت نجات کی یاد دہانی کراتا ہے۔

"خداوند یوں فرماتا ہے کہ میں نے قبولیت کے وقت تیری سُنی اور نجات کے دن تیری مدد کی"

خداوند خدا بڑی شفقت، احساس اور ہمدردی کے ساتھ ہم تک پہنچا۔ نجات کے لئے اُس نے ہماری پکار سُنی اور اپنے ہاتھ کو ہماری طرف بڑھایا۔ خدا کی اِس مہربانی اور نجات کو جاننا اور قبول کرنا کس قدر بڑے شرف و استحقاق کی بات ہے۔ ایسی پیشکش کو ہم کبھی بھی رد نہیں کر سکتے۔ خداوند کی نجات اور اُس کی مہربانی قبول کرنے کا یہی وقت ہے۔

بہت سے لوگ خدا سے برکت پا لیتے ہیں مگر اُسے خدا کی بزرگی اور عزت کے لئے استعمال نہیں کر پاتے۔ اُنہوں نے خدا سے نعمتیں اور برکات پائیں مگر کھوئے ہوؤں اور اپنے ہم

ایمان بھائیوں اور بہنوں کے لئے اُنہیں استعمال نہ کیا۔ وہ گناہ کی غلامی سے چھُوٹ تو گئے لیکن پھر سے وہ اُسی جوئے اور بندھن کے نیچے چلے گئے۔ پھر سے وہ پرانی ڈگر پر چل نکلے۔ ایسی نعمتوں اور برکات کا کیا فائدہ اگر وہ خداوند کی بزرگی اور جلال اور دُوسروں کی برکت اور نجات کے لئے استعمال نہ ہوں؟ پولس رسول ایمانداروں کو اُبھارتا ہے کہ وہ خداوند کی برکات کو اُس کے جلال اور اُس کے پاک نام کی بڑائی کے لئے استعمال کریں۔

لوقا 19 باب 11-27 آیت میں مالک نے ہر ایک نوکر کو کچھ رقم دی تاکہ وہ اُس کی غیر موجودگی میں اُس سے کاروبار کریں۔ اُن میں سے ایک نوکر نے اپنے مالک کی غیر موجودگی میں اُس رقم کو استعمال کرنے کی بجائے کہیں چھپا دیا۔ بہت سے لوگ آج بھی ایسا ہی کرتے ہیں۔ بہت سے لوگوں کو خدا نے کثرت سے برکت دی ہے۔ لیکن وہ اُن نعمتوں اور برکات کو خداوند کے جلال اور بُزرگی کے لئے استعمال نہیں کرتے۔ جب خداوند آئے گا تو کیا وہ دیکھے گا کہ جو کچھ اُس نے آپ کو دیا ہے، آپ نے اُس کے جلال اور بزرگی کے لئے اُس کو استعمال کیا؟ کیا وہ دیکھے گا کہ آپ اُن نعمتوں اور برکات کو استعمال کرنے میں وفادار رہے جو اُس نے آپ کو عطا کی ہیں؟ یا پھر آپ خدا کے فضل اور برکات کو ضائع کرنے کے گناہ کے مرتکب ٹھہریں گے؟

ٹھوکر لگنے کا پتھر

اس باب میں پولس رسول نے کرنتھس کے ایمانداروں کو جس دوسری بات کے لئے اُبھارا وہ یہ تھی کہ وہ انجیل کی خاطر کسی کے لئے ٹھوکر کا باعث نہ ہوں، تیسری آیت میں پولس رسول نے کرنتھس کے ایمانداروں کو بتایا کہ ٹھوکر کی صورت میں ہر طرح کی خدمت بے مقصد، بے پھل اور غیر مفید ہوگی۔ ہو سکتا ہے کہ کسی کی شاگرد سازی میں برسوں لگے ہوں، لیکن کوئی ایک شخص کسی کے لئے ٹھوکر کا باعث اور اُس شخص کو گناہ

میں گرانے کا باعث بنے۔ لوگ ہماری زندگیوں کو دیکھتے ہیں، پس خدا کے خدام کو چاہیئے کہ وہ ایسی زندگی بسر کریں جو دوسروں کے لئے نمونہ ہو تاکہ کسی بھی طور پر انجیل کا پیغام بے تاثیر نہ ہو۔ بہت سے لوگ دوسرے ایمانداروں کے غلط نمونے کو دیکھ کر ایمان سے گمراہ ہو چکے ہیں۔ ہم خدمت ہوتے ہوئے ہم خدا کی بادشاہی کے لئے باہم مل کر کام کرتے ہیں۔ اگر میرے غلط نمونے سے دوسرے ٹھوکر کھا رہے ہیں تو پھر مجھے توبہ کرنے اور خود کو تبدیل کرنے کی ضرورت ہے۔ پولس رسول ہمیں ایسا طرزِ زندگی اپنانے کے لئے کہہ رہا ہے جو کسی طور پر بھی خدا کے اُس کام میں رکاوٹ کا باعث نہ ہو جو خدا دوسرے ہم ایمانداروں کے وسیلہ سے کر رہا ہے۔ اس کے لئے ہمیں اپنے بھائیوں اور بہنوں کی خاطر قربانی دینے والا روّیہ اپنانا ہوگا۔ ہمیں یاد رکھنے کی ضرورت ہے کہ ہم بطور ایک ٹیم کام کر رہے ہیں اور جب ٹیم کا ایک رُکن کسی دُکھ سے گزرتا ہے تو دوسرے لوگ بھی اس دُکھ کو محسوس کرتے ہیں۔

ہر طرح سے تعریف کے لائق ہوں

دُوسروں کے لئے ٹھوکر کا باعث ہونے کی بجائے پولس رسول اور اُس کے ہم خدمت ساتھیوں نے مثالی زندگیاں بسر کیں تاکہ وہ دُوسروں کے لئے ایک نمونہ ٹھہریں۔ یوں لگتا ہے کہ جو کچھ پولس رسول نے پہلے بیان کیا تھا یہ بات اُس کے متضاد ہے۔

"ہم پھِر اپنی نیک نامی تُم پر نہیں جتاتے بلکہ ہم اپنے سبب سے تُم کو فخر کرنے کا موقع دیتے ہیں تاکہ اُن کو جواب دے سکو جو ظاہر پر فخر کرتے ہیں اور باطِن پر نہیں۔"

(2 کرنتھیوں 5 باب 12 آیت)

پولس رسول نے کرنتھس کے لوگوں کو بتایا کہ وہ اُن کے سامنے اپنی تعریف نہیں کر رہا تھا بلکہ وہ ہر طرح سے اپنے آپ کو اُن کے لئے نمونہ بنا رہا تھا۔ ہمیں یہاں پر فرق کو سمجھنے کی

ضرورت ہے۔ کچھ ایسے لوگ بھی ہوتے ہیں جو خود غرضی پر مبنی محرکات کی وجہ سے اپنی تعریف کرتے ہیں۔ اُن کی یہ خواہش ہوتی ہے کہ وہ اس طرح سے خدمت سرانجام دیں کہ لوگ اُن کی تعریف کریں۔ وہ لوگوں کی نگاہ کا مرکز بن جائیں اور لوگ اُن کو کچھ سمجھیں۔ ایسے لوگ متکبر اور مغرور ہوتے ہیں جو اپنے مفادات کے لئے منسٹری کو استعمال کرتے ہیں۔

4 آیت میں پولس رسول اس طرح کی تعریف کا ذکر نہیں کر رہا۔ بلکہ یہ آیت دوسروں کے لئے ٹھوکر کا باعث ہونے کے زمرے میں آتی ہے۔ جس تعریف کا پولس رسول ذکر کر رہا ہے وہ ایسی زندگی بسر کرنا ہے جس میں لوگ ہماری زندگی کے عملی نمونہ کو دیکھ کر مسیح کی طرف آجائیں۔ ہماری خواہش یہ نہیں ہوتی کہ ہم لوگوں کی نگاہ کا مرکز بن جائیں۔ بلکہ وہ ہماری زندگیوں میں خدا کے رُوح اور اُس کے کام کو دیکھیں اور خداوند کے نام کو عزت اور جلال دیں۔

ہم سب کو قابلِ ستائش زندگیاں بسر کرنی ہیں، لوگ ہمیں دیکھ رہے ہیں اور ہم نہیں چاہتے کہ کوئی ہماری وجہ سے ٹھوکر کھا کر خداوند سے پھر جائے۔ پولس رسول نے اگلی چند آیات میں اس بات کو اور بھی زیادہ تفصیل کے ساتھ بیان کیا ہے۔ وہ اپنی اور اپنے ہم خدمت ساتھیوں کی گواہی اور مثال کو استعمال کرتے ہوئے بتاتا ہے کہ اُنہوں نے خدا کے فضل کو بے کار نہیں جانے دیا۔ وہ کرنتھس کے ایمانداروں کو اُبھارتا ہے کہ وہ ہر طرح کی مصیبت اور دباؤ میں ایک عملی اور مثالی نمونہ بنیں۔ (4 آیت) رسولوں نے اُس پیغام کی وجہ سے جس کی وہ منادی کرتے تھے، لوگوں کی طرف سے لعن طعن برداشت کی۔ اُنہیں قید خانوں میں ڈالا گیا، وہ ستائے گئے، مارے کوٹے گئے لیکن ثابت قدم رہے۔ کیونکہ لوگ اُن کے پیغام کو پسند نہیں کرتے تھے۔ اچھے اور خوشگوار حالات میں مسیح کے اچھے گواہ ہونا

اپنی جگہ پر اچھی بات ہے لیکن ناخوشگوار حالات میں بھی ثابت قدم رہتے ہوئے دوسروں کے لئے اچھی گواہی چھوڑنا ایک منفرد اور مافوق الفطرت بات ہے۔ پولس رسول کرنتھس کے ایمانداروں کو اُبھارتا ہے کہ وہ اچھے بُرے، خوشگوار اور ناگوار حالات میں بھی ثابت قدم اور قائم رہیں اور دُوسروں کے لئے نمونہ بنیں۔ یہ کیسی زبردست گواہی ہے کہ لوگ ایمانداروں کو دُکھ اُٹھاتے اور مصائب اور مشکلات سے گزرتے ہوئے دیکھیں اور وہ پھر بھی خداوند کی ستائش اور تعریف کرتے ہوئے ثابت قدم رہیں۔ لوگ یہی کچھ تو دیکھنا چاہتے ہیں۔ وہ دیکھنا چاہتے ہیں کہ ہم اپنے ایمان میں کہاں تک ثابت قدم اور قائم رہتے ہیں۔

برسوں میں ذہنی دباؤ کا شکار رہا۔ میں نے رہائی کے لئے دُعا کی لیکن پھر بھی سب کچھ ویسے کا ویسا ہی رہا۔ بعد ازاں مجھے سمجھ آیا کہ یہ تو خدا کی قُدرت کو ظاہر کرنے کا ایک زبردست موقع تھا۔ خداوند اُن وقتوں میں بھی مجھے سنبھالے رہا جب میں جذباتی طور پر بھی لگ بھگ بے حسی کا شکار ہو گیا تھا اور خود کو خالی اور بے مقصد سا محسوس کر رہا تھا۔ جب میں ذہنی دباؤ اور جذباتی بحران سے گزر رہا تھا تو خداوند ہی نے مجھے اس صورتحال کا سامنا کرنے کی توفیق بخشی۔ جب میں سمجھتا تھا کہ میرے پاس لوگوں کو دینے کے لئے کچھ بھی نہیں تو اُن حالات میں بھی خدا نے مجھے ثابت قدم اور قائم رہتے ہوئے اپنے لوگوں کے سامنے سچائی کی منادی کرنے کی توفیق بخشی۔ اس طبی ذہنی دباؤ میں بھی میں نے خدا کے جاری رہنے والے فضل اور فتح کا تجربہ کیا۔ خدا نے کوئی ایسا وعدہ نہیں کیا کہ ہماری زندگیاں مشکلات اور مسائل سے بالکل آزاد ہوں گی۔ در حقیقت، ہم سے مشکلات اور مسائل ہی کا وعدہ کیا گیا ہے۔ (یوحنا 16 باب 33 آیت) خدا ہم میں سے بعضوں کو مسائل اور مصائب سے اس لئے بھی گزرنے دے گا تا کہ ہم دُنیا کو بتا سکیں کہ اُس کا فضل ہمارے لئے کافی ہے۔

اگر آپ اس وقت بحرانی صورتحال سے گزر رہے ہیں تو اِسے بڑے خاص طریقہ سے خداوند کو جلال دینے اور اُس کے مؤثر گواہ ہونے کا ایک زبردست موقع سمجھیں۔ آپ کی صورتحال خداوند کے لئے رسوائی اور اپنے بھائیوں بہنوں کے لئے ٹھوکر کا باعث نہ ہو۔ بلکہ اس موقع کو دوسرے لوگوں کو مسیح کے پاس لانے، اُنہیں مسیح کا جلال، قُدرت اور محبت دکھانے کے لئے استعمال کریں۔ خواہ ہم کیسی بھی صورتحال میں سے گزریں، ہمارا مقصدِ حیات یہی ہو کہ ہم ایسی زندگی بسر کریں جو دُوسروں کے لئے عملی نمونہ اور باعث برکت ہو۔ اور لوگ جانیں کہ ہم واقعی خدا کے حقیقی اور سچے خادم ہیں۔

خدا کی بادشاہی کی خاطر ہماری کاوٌشوں میں ایسے وقت بھی آئیں گے جب ہماری نیند بھی ہم سے چھین لی جائے گی۔ خدمت میں ہم پولس رسول کی طرح بھُوکے پیاسے بھی ہوں گے۔ (5 آیت) ہو سکتا ہے کہ اَنجیل کی خاطر ہمیں اچھی خاصی تنخواہ والی ملازمت کو بھی خیر باد کہنا پڑے۔ انجیل کی خدمت آسان کام نہیں ہے

ایسے لوگ جو خداوند کی خدمت کے تجربہ سے گزر چکے ہیں وہ جانتے ہیں کہ خداوند کی تابعداری میں زندگی بسر کرتے ہوئے کیسی مشکلات اور مسائل سے گزرنا پڑتا ہے۔ وہ جانتے ہیں کہ راستبازی کے تنگ راستے پر چلتے ہوئے ثابت قدم اور قائم رہنے کا کیا مطلب ہوتا ہے۔

پولس رسول نے کرنتھس کے ایمانداروں کو اُبھارا کہ وہ اُس کی زندگی کے نمونے کی پیروی کریں۔ اُس نے اُنہیں مسیح کی قوت اور قُدرت سے سارے بوجھ برداشت کرنے کے لئے اُبھارا۔

مجھے تسلیم کرنا پڑے گا کہ ایک وقت ایسا بھی آیا جب خدمت نے میری زندگی سے خوشی کو چھین لیا۔ جب میں منسٹری کے بوجھ اور دباؤ میں ہوتا تو میرے لئے رُوح کے پھلوں کا

عملی اظہار اپنی زندگی سے کرنا مشکل ہو جاتا۔ انجیل کے گواہ ہونے کا مطلب محض منادی کرنا اور تعلیم دینا نہیں ہے۔ بلکہ گواہ ہونے کا مطلب یہ بھی ہے کہ دباؤ اور تناؤ کے وقت ہمارا طرزِ زندگی کیسا ہے۔ ہو سکتا ہے کہ ہم اچھے طریقے سے منادی کریں اور تعلیم دیں لیکن خدمت کے بوجھ کے دباؤ کی وجہ سے لوگوں کے ساتھ ہمارا روّیہ اُن کے لئے ٹھوکر کا باعث ہو۔ اگر ہم نے دوُسروں کے لئے باعثِ برکت زندگیاں بسر کرنی ہیں تو پھر ہمیں اپنے مسائل اور مشکلات کا سامنا بھی اچھے روّیہ کے ساتھ کرنا ہو گا۔

6 آیت میں پولس رسول کچھ ایسے اوصاف اور خوبیوں کا ذکر کرتا ہے جو خدا نے اُس میں اُس وقت کے دوران پیدا کیں جب وہ ذہنی تناؤ، کھچاؤ اور دباؤ سے گزر رہا تھا۔ پولس رسول کرنتھس کے ایمانداروں کو اُبھارتا ہے کہ اگر اُنہوں نے خدا کی مرضی اور معیار کے مطابق گواہ بننا ہے تو وہ ان اوصاف اور خوبیوں کو اپنا طرزِ زندگی اور خدمت کا حصہ بنائیں۔ خدا کے ساتھ شخصی رشتے اور انجیل کی منادی کے لئے یہ اوصاف اور خوبیاں کلیدی حیثیت رکھتی ہیں۔ ہم اِن اوصاف اور خوبیوں کا تفصیلی جائزہ لیں گے۔

پاکیزگی

پولس رسول کرنتھس کے ایمانداروں کو یاد دلاتا ہے کہ مسیح کے خدام اور اُن کے ہم خدمت ساتھی ہوتے ہوئے اُنہیں پاکیزہ زندگیاں بسر کرنی ہیں۔ دوسروں کے ساتھ اُن کے روّیے اور برتاؤ سے یہ پاکیزگی نظر آنی چاہئے۔ مخلص پن، دیانتداری اور سچائی اُن کے روّیوں اور محرکات سے نظر آنی چاہئے۔ اُن کے تعلقات میں ہر طرح کی ریاکاری کا خاتمہ ہونا چاہئے۔ اور وہ اخلاقی پاکیزگی اور دیانتداری میں مضبوط ہو کر دوسروں کے لئے عملی نمونہ بنیں۔

فہم وادراک

پولس رسول نے کرنتھس کے ایمانداروں کو بتایا کہ اُنہیں ایک دوسرے کو سمجھنا بھی چاہیئے۔ اس کا مطلب یہ ہے کہ اُنہیں ایک دوسرے کی بات سننی بھی چاہیئے۔ یہ نہیں کہ وہ ہر بات میں اپنا نکتہ نظر ہی منوانے پر بضد رہیں۔ اُنہیں اپنے اردگرد کے لوگوں کی ضروریات کے تعلق سے بھی حساس اور ہمدردانہ روّیہ اپنانے کی ضرورت تھی۔ اُنہیں ایک دوسرے کی حوصلہ افزائی کا باعث ہونا تھا۔ اُنہیں مسیحی ایمان کو سمجھنے کی ضرورت تھی۔ صرف یہی نہیں بلکہ اُنہیں خدا کی مرضی کو جاننے اور اُس کو پورا کرنے کے تعلق سے بھی حساس ہونے کی ضرورت تھی۔

صبر و تحمل اور مہربانی

اس کے بعد پولس رسول نے اُنہیں یہ بتایا کہ وہ ایک دوسرے کے ساتھ صبر و تحمل اور مہربانی سے پیش آئیں۔ اس کا مطلب یہ ہوا کہ اُنہیں ایک دوسرے کے اختلافات کو خندہ پیشانی سے برداشت کرنا تھا۔ اُنہیں اُس وقت بھی ایک دوُسرے کو برداشت کرنا تھا جب صورتحال ناخوشگوار اور ناگفتہ بہ ہو۔ مہربانی کا مطلب ضرورت مند تک شفقت اور ترس بھرے روّیے کے ساتھ رسائی حاصل کرنا ہے۔ مہربانی زبانی جمع خرچ کا نام نہیں ہے بلکہ اس کے لئے عملی طور پر کچھ کرنے کی ضرورت ہوتی ہے۔ مہربانی عملی محبت سے ثابت ہوتی ہے۔ مہربانی ایسے الفاظ سے عبارت ہوتی ہے جس سے دوُسروں کی تعمیر وترقی ہو۔

سچی اور کھری باتیں

تعلقات میں پاکیزگی کا گفتگو میں دیانتداری اور سچائی سے گہرا تعلق ہے۔ خوشامدی اور

آدھی سچی اور آدھی جھوٹی باتیں دُوسروں کی تعمیر و ترقی کا باعث نہیں ہوتیں۔ وہی تعلقات اور رشتے ناطے سدا قائم رہتے ہیں جن میں سچائی اور دیانتداری پائی جاتی ہے۔ تعلقات میں اُسی وقت مضبوطی اور پختگی آتی ہے جب ہم یہ معلوم کر لیتے ہیں کہ ہم ایک دُوسرے پر بھروسہ کر سکتے ہیں۔ بددیانتی سے عدمِ تحفظ پیدا ہوتا ہے۔ پولس رسول نے کرنتھس کے ایمانداروں کو بتایا کہ ہمیں ایک دوسرے کی خدمت سچائی اور خلوص دل سے کرنی ہے۔ جس کے لئے ضروری ہے کہ ہماری باتوں میں سچائی اور کھرا پن موجود ہو۔

راستبازی کے ہتھیار

پولس رسول نے کرنتھس کی کلیسیا کو بتایا کہ اُنہیں ایسے خادم بننا ہیں جن کے دونوں ہاتھوں میں راستبازی کے ہتھیار ہوں اور وہ قوت اور قُدرت کے ساتھ خدا کی خدمت سر انجام دیں۔ اس کا مطلب یہ ہے کہ اُنہیں روحانی ہتھیاروں کے ساتھ دُشمن کے ساتھ جنگ کرنا تھی۔ روح القدس کی طاقت اور تابعدار مسیحی زندگی کی قوت سے اُنہیں دشمن کے خلاف نبرد آزما ہونا تھا۔ (افسیوں 6 باب 10-18 آیت)

اُنہیں اپنی طاقت اور حکمت سے خدا کا کام سر انجام نہیں دینا تھا۔ خداوند کی راہیں ہماری راہیں نہیں ہیں۔ اگر وہ انسانی حکمت اور طاقت سے کام لیتے تو اُنہوں نے خدا کے کام میں رکاوٹ کا باعث ہی ہونا تھا اور دُوسروں کے لئے برکت نہیں ٹھوکر کا باعث ٹھہرنا تھا۔ پولس رسول کرنتھس کے ایمانداروں کو اُبھارتا ہے کہ وہ خدا کی قُدرت اور راستبازی کے ساتھ خدا کا کام سر انجام دیں تاکہ مسیح کے بدن میں کسی قسم کا تفرقہ اور بے اتفاقی پیدا نہ ہونے پائے۔ جب ہم وہ کچھ کریں گے جو ہماری نظر اور دانست میں اچھا اور بھلا ہے تو پھر مسیح کے بدن میں تفرقہ جنم لے گا۔ جب ہم اپنی ذات خواہشات اور مفادات کو ایک

طرف رکھتے ہوئے خدا کی مرضی اور اُس کے منصوبے کے طالب ہوں گے، تو پھر خدا کی بادشاہی میں اتفاق اور یگانگت پیدا ہو گی۔

خداوند کے ساتھ چلتے ہوئے اور اُس کے کام کو سرانجام دیتے ہوئے ہمیشہ ہی ہماری حوصلہ افزائی یا پذیرائی نہیں ہو گی۔ بعض اوقات ہماری حوصلہ افزائی اور عزت افزائی بھی ہو گی لیکن ایسے وقت بھی آئیں گے جب رسوائی اور پریشانی کے سوا کچھ حاصل نہ ہو گا۔ اچھے وقت بھی آئیں گے جبکہ بُرے وقتوں کا سامنا بھی ہمیں کرنا پڑے گا۔ ہو سکتا ہے کہ ہمارے دلی محرکات اچھے ہوں تو بھی لوگ ہمیں مکار اور دغا باز ہی جانیں گے (8 آیت) ایسا وقت آئے گا جب لوگ ہم سے نگاہیں پھیر لیں گے اور ہمارے پیغام کو پسند نہیں کریں گے (9 آیت)

ہماری جانوں کو موت کا خطرہ درپیش ہو گا۔ ہمیں اپنی خودی اور اس دُنیا کی چیزوں کے اعتبار سے مرنا ہو گا۔ ہمیں اپنی خواہشات، ترجیحات اور پسند اور ناپسند کے اعتبار سے بھی مرنا ہو گا۔ جب ہم اس مقام پر آجائیں گے تو زندگی پائیں گے۔ ہو سکتا ہے کہ ہمیں مارا کوٹا اور ستایا جائے لیکن خدا کا محافظت بھرا ہاتھ ہم پر رہے گا۔ ہم محفوظ اور بابرکت ہی رہیں گے۔ ہمیں رنج و الم کی صورتحال کا سامنا بھی کرنا پڑے گا لیکن ہمارے دل کی گہرائیوں میں خداوند کی شادمانی چشمہ بن کر پھوٹ پڑے گی۔ (10 آیت)

ہو سکتا ہے کہ ہمارے پاس کچھ نہ ہو لیکن ہم اُس نجات کی خوشخبری کے باعث بہتوں کو دولتمند کر دیں جو ہم اُنہیں مسیح یسوع میں پیش کریں گے۔ اگرچہ ہمارے پاس اس دُنیا کا مال و متاع بہت کم ہو لیکن ہمارے پاس ابدی قدر و قیمت کی بہت سی چیزیں ہیں۔

پولس رسول ہر ایک چیز کو بڑی وضاحت اور صفائی کے ساتھ استعمال کرتا ہے۔ وہ یہاں پر اپنے ذاتی تجربات بھی بیان کرتا ہے۔ وہ کرنتھس کے ایمانداروں کو بتاتا ہے کہ مسیحی

زندگی پھولوں کی سیج نہیں ہے۔ وہ اُنہیں بتاتا ہے کہ اس راہ پر چلتے ہوئے رنج والم، دُکھ درد اور مسائل و مشکلات کا سامنا کرنا پڑے گا۔ حتیٰ کہ لوگ بھی ہمیں غلط سمجھیں گے۔ وہ اُنہیں اپنے ہم خدمت کے طور پر مخاطب کرتا ہے تاکہ اُن کی زندگی کا نصب والعین یہی ہو کہ اُنہوں نے خدا کے فضل کو بے کار نہیں جانے دینا۔ اس کی بجائے اُنہیں وہ سب کچھ خدا کی بادشاہی کے لئے استعمال کرنا ہے جو اُن کو سونپا گیا ہے۔ جیسا کہ پولس رسول اور دیگر رسول کر رہے تھے۔ کرنتھس کے لوگوں کو اپنی زندگی کا نصب العین یہ بنانا تھا کہ وہ کسی طور پر بھی دوُسروں کے لئے ٹھوکر کا باعث نہ ہوں۔ اُنہیں ایسی زندگیاں بسر کرنی تھیں تاکہ اُن کے کلام اور کام سے لوگوں کی رہنمائی مسیح یسوع کی طرف ہو۔

دشمن کو یہ بہت پسند ہے کہ مسیح کے بدن میں تفرقہ ہو۔ اُسے بہت اچھا لگتا ہے کہ ہم ایک دوُسرے کی مخالفت کریں اور ایک دُوسرے کی بربادی کا باعث ہوں۔ اُسے پسند ہے کہ ہم اپنی بے اتفاقی سے دوُسروں کی محنت اور کاوّش پر پانی پھیر دیں۔ پولس رسول ہمیں یاد کراتا ہے کہ ہم خدا کی بادشاہی میں ایک دوسرے کے ہم خدمت ہیں۔ ہم اپنی مثبت اور ایمان افروز گفتگو، مسیحی روّیوں اور خدا کے لائق چال چلن سے ایک دُوسرے کی تعمیر و ترقی کا باعث ہوتے ہیں۔ ہم اتفاق رائے سے ایک دوُسرے کی خدمت کو مضبوط کرتے ہیں۔ خدا ہمیں فضل و توفیق عطا فرمائے تاکہ ہم ایسی زندگیاں بسر کریں جس سے خدا کی بادشاہی کے کام میں رکاوٹ نہ آئے بلکہ ہمارے طرزِ زندگی اور دُرست روّیوں اور یگانگت کے باعث خدا کی بادشاہی پھیلتی چلی جائے۔ آمین!

چند غور طلب باتیں

☆۔خداوند کے حاصل شدہ فضل کی قدر نہ کرنے کا کیا معنی ہے

☆۔وہ نعمتیں اور صلاحیتیں جو خدا نے آپ کو عطا کی ہے، آپ نے اُن کو کس طرح سے استعمال کیا ہے؟

☆۔چند لمحات کے لئے اپنی زندگی اور خدمت پر غور کریں، کیا آپ کسی کے لئے ٹھوکر کا باعث تو نہیں ہوئے؟

☆۔کیا آپ نے کبھی خداوند سے زیادہ اپنی عقل و دانش اور اپنی قوت پر بھروسہ کیا ہے؟اس روّیے سے خدا کی بادشاہی کے کام میں کس طرح رکاوٹ پیدا ہو جاتی ہے؟

☆۔خدا کی بادشاہی کی وُسعت اور تعمیر میں ہماری گواہی کی اہمیت کے تعلق سے ہم اس باب میں کیا سیکھتے ہیں؟

چند اہم دُعائیہ نکات

☆۔خداوند سے دُعا کریں تاکہ وہ آپ کی زندگی اور خدمت کے وہ حصے دکھائے جہاں پر آپ دوُسروں کے لئے ٹھوکر کا باعث ہوئے۔

☆۔خداوند سے فضل اور توفیق مانگیں تاکہ خدا کا حاصل شدہ فضل آپ کی زندگی میں بے کار نہ جائے۔ خداوند سے قوت مانگیں تاکہ جو کچھ اُس نے آپ کو دیا ہے، آپ وہ سب کچھ بڑے مؤثر طریقہ سے استعمال کر سکیں۔

☆۔اس حقیقت اور صداقت کے لئے خداوند کی شکر گزاری کریں کہ آپ اکیلے خدمت نہیں کر رہے۔اپنے ارد گرد اُن بھائیوں اور بہنوں کے لئے بھی شکر گزار ہوں جو خدا کی بادشاہی کی وُسعت اور تعمیر کے لئے کوشاں ہیں۔

باب 12

اُن سے نکل کر الگ رہو

(2 کرنتھیوں 6 باب 11-18 آیت)

مقدس پولس رسول چھٹے باب کے آخری حصے کا اختتام کرنتھس کی کلیسیا کے لئے اپنی محبت کے اظہار کے ساتھ کرتا ہے۔ وہ اُنہیں یاد دلاتا ہے کہ کس طرح اُس نے کھلے انداز کے ساتھ اُن سے باتیں کیں تھیں۔ اور کس طرح اُس نے اپنا دل اُن کے سامنے کھولا تھا۔ اس سے پہلے اُس نے اپنے دُکھوں اور مصائب کا بھی اُن کے ساتھ ذکر کیا جن سے وہ گاہے بگاہے اَنجیل کی خاطر گزر تارہا۔ اُس نے اُنہیں دلیری کے ساتھ ایمان کی بنیاد پر زندہ رہنے کی تعلیم دی اور ساتھ ہی اُنہیں مضبوط کیا کہ وہ خداوند اور اُس کے پیغام کی خاطر اپنی جان قربان کرنے کے لئے بھی تیار ہو جائیں، یہ جانتے ہوئے کہ آسمان پر اُن کے لئے ایک بڑا اَجر منتظر ہے۔ اُس نے محض لفظی باتیں نہ کیں۔ بلکہ اپنی زندگی اور اپنا نمونہ بھی اُن کے سامنے پیش کیا۔ جیسا پولس رسول کا کلام تھا، ویسا اُس کا کام بھی تھا۔ جیسی اُس کی منادی تھی، ویسی اُس کی زندگی بھی تھی۔ یعنی پولس رسول کے قول و فعل میں کوئی تضاد نہیں تھا۔ بہت سے لوگ اُس کے خطوط پڑھ کر ہی نجات پا گئے۔

12 آیت سے ہمیں پتہ چلتا ہے کہ اگرچہ پولس رسول نے کرنتھس کی کلیسیا کے لئے سبھی کچھ کیا تھا، تو بھی بعض لوگ پولس رسول اور اُس کی خدمت کو قبول کرنے کے لئے تیار نہیں تھے۔ پولس رسول نے اُن کی نجات اور روحانی ترقی کی خاطر بہت دُکھ اُٹھایا تھا۔ لیکن کلیسیا میں بہت سے لوگ اُس کی محبت اور شفقت کا جواب محبت اور احترام سے نہیں

دے رہے تھے۔ اُن لوگوں کے دل پولس رسول کے لئے محبت کا اظہار کرنے کے لئے بند تھے۔(12 آیت) بعض لوگوں کو واقعی رسولوں کے ساتھ مسئلہ تھا۔ پولس رسول نے یہ خط چند ایک غلط فہمیوں کے ازالہ کے پیش نظر بھی لکھا تھا۔ پولس رسول اچھی طرح سمجھتا تھا کہ محبت کرنا کیا ہے اور اُس محبت کے بدلے رد کیا جائے تو کیسا محسوس ہوتا ہے۔ خداوند یسوع مسیح کو بھی دورانِ خدمت ایسا تجربہ ہوا۔ پولس رسول 13 آیت میں کرنتھس کے لوگوں سے درخواست کرتا ہے کہ وہ اپنے دل اُس کے لئے کھولیں۔ پولس رسول اُن سے درخواست کرتا ہے کہ وہ متنازعہ باتوں اور غلط فہمیوں کو ختم کر کے اُس کے ساتھ میل ملاپ کرلیں۔

کیا کچھ ایسے لوگ ہیں جن کے لیے آپ کا دل بند ہو چکا ہے؟ کیا آپ پھر سے اُن کے لئے اپنے دل کو کھولنے کے لئے تیار ہوں گے؟ کیا آپ پھر سے اپنے دل میں اُن کے لئے شفقت اور محبت کو جگہ دیں گے؟ ایک بات یقینی ہے، اگر آپ ایسا کرنے کے لئے تیار ہیں تو پھر خدا بھی آپ کی مدد کرنے کی قدرت رکھتا ہے۔ اُس پر بھروسہ کریں، اُس کی آواز سنیں اور اُسے موقع دیں کہ جو زخم آپ کے دل پر لگے ہیں وہ اُنہیں اچھا کر دے۔

یہاں پر یہ بات دلچسپی کی حامل ہے کہ کرنتھس کے لوگوں نے پولس کے لئے تو اپنے دل بند کر لئے تھے لیکن اُنہوں نے اپنے دل غیر ایمانداروں کے لئے کھول لئے تھے۔ 14 آیت میں پولس رسول غیر ایمانداروں کے ساتھ ناہموار جوئے میں جُتنے کی بات کرتا ہے۔ تصور کریں کہ ایک بیل کھیت میں ہل چلا رہا ہو اور اُس کے ساتھ ایک گدھا جُتا ہوا ہو، چونکہ بیل بہت زور آور اور بہت مضبوط ہوتا ہے، اِس لئے گدھا اُس کے ساتھ قدم ملا کر بھی نہیں چل سکے گا اور اُس کے مساوی کام بھی نہیں کر سکے گا۔ بیل تو گدھے کو تھکا مارے گا۔ چونکہ دونوں جانوروں کی طاقت ایک دوسرے کے برابر نہیں اِس لئے کام بُری

طرح متاثر ہو گا۔

پولس رسول بتاتا ہے کہ یہی اصول مسیحی زندگی پر بھی لاگو ہوتا ہے۔ جب ایک مسیحی ایماندار غیر ایمانداروں کے ساتھ ہمہ وقت رفاقت رکھتا، اُن کی باتیں سنتا اور اُن کی مشورت پر چلتا ہے تو پھر اُس کی روحانی زندگی تباہی اور بربادی کی راہ پر چل نکلتی ہے۔ جب آپ ایماندار ہوتے ہوئے کسی غیر ایماندار کو اپنا جیون ساتھی ہونے کے لئے چناؤ کر لیتے ہیں تو پھر کیا ہوتا ہے؟ کیا اس وجہ سے آپ کو روحانی، جذباتی اور جسمانی طور پر دُکھ اُٹھانا نہیں پڑتا؟ ہو سکتا ہے کہ آپ نے کسی غیر ایماندار کے ساتھ کاروباری شراکت بنالی ہو۔ غور کریں جس طرح ایک ایماندار شخص کاروبار کرتا ہے، غیر ایماندار کا کاروباری طریقہ اس سے قطعی مختلف ہوتا ہے۔ جب ہم غیر ایمانداروں کو کلیسیائی نظم و ضبط اور انتظام و انصرام میں شامل کر لیتے ہیں تو پھر کیا ہوتا ہے؟ کیا اس بے ڈول شراکت سے کلیسیا دُکھ میں سے نہیں گزرے گی؟ یہ بات سچ ہے کہ ہم بعض حالات اور صورتحال میں غیر ایماندار لوگوں سے بالکل بھی پیچھا نہیں چھڑا سکتے؟ یہاں پر پولس رسول ہمیں اس شراکت داری کے اثرات سے بھی آگاہ کرتا ہے۔

ناراستی اور راستبازی کا آپس میں کیا میل جول؟ 14 آیت میں مقدس پولس رسول سوال کرتا ہے کہ تاریکی اور روشنی کا آپ میں کیسا رشتہ ہے؟ سچ بات تو یہ ہے کہ دونوں ہی ایک دوسرے کے خلاف کام کرتی ہیں۔ 15 آیت میں پولس رسول کرنتھس کے ایمانداروں کو یاد دلاتا ہے کہ مسیح اور بلیعال کا آپس میں کیا تعلق اور واسطہ؟ عبرانی لفظ "بلیعال" کا معنی ہے نکما یا بُرائی ہے۔

زیادہ تر مفسرین کا یہ کہنا ہے کہ یہاں پر بلیعال سے مُراد شیطان ہے۔ جو ہر طرح کی نکمی بات اور نکمے کام اور بُرائی کی جڑ ہے۔ خداوند یسوع جو کچھ کرنے اور کہنے کے لئے آیا

شیطان اُس سارے کام اور کلام کا مخالف اور دُشمن ہے۔ پولس رسول مزید بیان کرتا ہے کہ خدا کے فرزندوں کا شیطان کے بچوں سے کوئی تعلق واسطہ نہیں ہے۔ ذرا تصور کریں کہ آپ حالتِ جنگ میں ہوں اور اپنے کسی دشمن کو ہی اپنی طرف سے جنگ کرنے کے لئے کہیں تو یہ کیسی بڑی حماقت اور ہلاکت ہو گی! اگر آپ ایسا کرنے کا چناؤ کریں تو دُشمن آپ کی طرف سے نہیں بلکہ آپ کے خلاف ہی جنگ لڑے گا۔ ہمارا ایک دُشمن ہے جو ہمیں تباہ و برباد کرنے کے لئے ہر وقت سرگرمِ عمل رہتا ہے۔ (1 پطرس 5 باب 8 آیت) شیطان اکثر غیر ایمانداروں کو ہی مسیح کے کام کی تباہی اور بربادی کے لئے استعمال کرتا ہے۔

کلیسیائی خدمت اور یگانگت کے تعلق سے بھی یہ بات بالکل دُرست ہے۔ خدا کی ہیکل اور بُت پرستی کے اڈوں میں کیا میل جول؟ خدا کے کلام پر غور کریں تو پتہ چلتا ہے کہ خدا نے بُت پرستی کے تعلق سے کس قدر سخت کلام کیا ہے۔ (خروج 20 باب 3-4 آیت، احبار 26 باب 1 آیت۔ 1 سموئیل 12 باب 21 آیت) خدا بُت پرستی کے معاملہ میں انتہائی سنجیدہ ہے۔ آپ ایک ہی وقت میں سچے زندہ خدا اور اس جہاں کے جھوٹے معبود کی پرستش اور عبادت نہیں کر سکتے۔ آپ کو فیصلہ کرنا پڑے گا کہ آپ کس کی پرستش کریں گے؟ جب آپ دوسرے معبودوں کے آگے جھکتے ہیں، تو پھر آپ زندہ خدا کی عبادت اور پرستش نہیں کر پائیں گے۔ تصور کریں کہ ایک شوہر کا یہ کہنا ہو کہ وہ اپنی بیوی سے محبت رکھتا ہے اور ساتھ میں وہ باقاعدگی سے پرائی عورتوں سے بھی باقاعدگی سے ہم بستری کرتا ہو۔ اگر ہم اپنے جیون ساتھی سے وفادار اور دیانتدار نہیں تو پھر ہم کیسے کہہ سکتے ہیں کہ ہم اُن سے دلی محبت کرتے ہیں؟ پولس رسول کرنتھس کے ایمانداروں کو یاد کراتا ہے کہ اگر اُنہوں نے مسیح یسوع کو اپنا شخصی نجات دہندہ قبول کر لیا ہے تو پھر اُن کے بدن زندہ خدا کا

مقدس بن چکے ہیں۔(16) خدا نے اپنا پاک روح اُن میں رکھا ہے اور ہمیشہ اُن کے ساتھ چلنے اور اُن کے ساتھ رہنے کا وعدہ بھی کیا ہے۔ خدا نے وعدہ کیا تھا کہ وہ ہمیشہ اُن کا خدا ہو گا۔ وہ جہاں کہیں جاتے خدا کی حضوری اُن کے ساتھ ساتھ ہوتی تھی۔

اس سچائی کی روشنی میں مقدس پولس رسول کرنتھس کے ایمانداروں کو یاد کراتا ہے کہ اُنہیں غیر ایمانداروں کی رفاقت چھوڑ کر خدا کے لوگوں کی رفاقت میں آنا ہو گا۔ اُنہیں اپنے آپ کو اُن کی راہوں اور مشورت سے الگ کرنا ہو گا۔ خدا کا مسکن ہوتے ہوئے اُنہیں اپنے آپ کو پاک اور مقدس کرنا ہو گا۔(17 آیت) خدا کے فرزند ہوتے ہوئے اُن کا چال چلن پاک ہونا چاہئے۔(18) اس کا مطلب ہے کہ اُنہیں اب غیر ایمانداروں سے گہری رفاقت ختم کرنا تھی۔ اُنہیں غیر ایمانداروں کے ساتھ غلط جگہوں پر جانے سے اجتناب اور اُن جیسے کام کرنے سے گریز اور پرہیز کرنے کی ضرورت تھی۔

کئی ایک طریقوں سے ہم خدا کی مقدس ہیکل میں بُرائی اور ناپاکی کو لا سکتے ہیں۔ ہیکل میں کئی ایک دروازے ہوتے ہیں۔ ہمیں اپنی آنکھوں اور کانوں کے دروازوں کو بند کرنا ہو گا۔ بعض اوقات ہمیں اپنے خیالات اور روّیوں کے دروازوں کو بھی بند کرنا ہو گا۔ بعض اوقات ہمیں اپنے دوست احباب اور ایسے عزیز و اقارب سے خود کو الگ کرنا ہو گا جو خدا کی ہیکل میں روحانی آلودگی کا باعث ہوتے ہیں۔

کرنتھس کے ایمانداروں کو عملی سبق سیکھنے کی ضرورت تھی۔ اُنہوں نے پولس اور دیگر رسولوں کے ساتھ اپنی محبت کے اظہار کے لئے اپنے دل کے دروازے کو بند کر لیا تھا اور یہ دروازہ غیر ایمانداروں کی رفاقت اور اُن کے ساتھ اظہارِ محبت کے لئے کھول لیا تھا۔ گویا اُنہوں نے اپنے دل کا دروازہ دُشمن ابلیس کے لئے کھول دیا تھا۔ خدا کے لئے اُن کے دل کا دوازہ بند جبکہ دُنیا کے لئے اُن کے دل کا دروازہ چوپٹ کھلا پڑا تھا۔ پولس رسول سختی کے

ساتھ اُن سے کلام کرتا ہے۔ جو کچھ وہ کر رہے تھے، وہ اُنہیں یاد کراتا ہے کہ وہ اپنے چال چلن میں پاک ہوں۔ ایسے لوگوں سے رفاقت اور تعلق ختم کریں جو اُن کے لئے روحانی آلودگی کا باعث ہیں اور خدا کے لوگوں سے اپنا میل جول بڑھائیں۔ (پولس رسول اور اُس کے ہم خدمت) وہ اُنہیں نصیحت کرتا ہے کہ بُرے لوگوں کی راہ اور روّش سے خود کو الگ کرلیں۔

چند غور طلب باتیں

☆۔ کس طرح سے ایماندار غیر ایماندار کے ساتھ شراکت داری قائم کرتے ہیں؟

☆۔ کس طرح غیر ایماندار کی راہیں خداوند کی راہوں سے الگ ہیں؟

☆۔ یہ حوالہ ہمیں مسیح اور دُنیا کے درمیان واضح فرق اور علیحدگی کے تعلق سے کیا سکھاتا ہے؟

☆۔ کیا کبھی آپ کو یہ احساسِ جرم ہوا کہ آپ نے کسی بھائی اور بہن کے تعلق سے اپنے دل کو بند کیا تھا؟ اُن کے لئے اپنے دل کو کھولنے کے لئے آپ کیا کرسکتے ہیں؟

☆۔ کون سی ایسی دُنیوی آزمائش ہے جس کے تعلق سے آپ بڑی کشمکش سے دوچار ہیں؟

چند اہم دُعائیہ نکات

☆۔ اپنی زندگی کے کچھ ایسے حصوں کو جانچنے پرکھنے اور دیکھنے کے لئے خداوند سے دُعا کریں جہاں آپ کو دُنیا اور اُس کی راہوں کے تعلق سے دروازے بند کرنے کی ضرورت ہے؟

☆۔ اپنے بدن کی ہیکل کو پاک اور صاف رکھنے کے لئے خداوند سے فضل اور توفیق مانگیں۔

☆۔ کیا کچھ ایسے ایماندار ہیں جن کے لئے آپ نے اپنے دل کو بند کر لیا ہے؟ خداوند سے دُعا کریں تاکہ آپ کا دل اُن کے لئے کھل سکے۔

باب 13

ایک سخت خط
(2 کرنتھیوں 7 باب)

ہم پہلے ہی دیکھ چکے ہیں کہ پولس رسول اور کرنتھس کے بعض لوگوں کے تعلقات کشیدگی کا شکار تھے۔ کرنتھس کی کلیسیا کے نام دوسرا خط تحریر کرنے کا ایک مقصد تعلقات کی اِس کشیدگی کو ختم کر کے اُن لوگوں سے تعلقات معمول پر لانا تھا۔

گذشتہ باب میں ہم نے دیکھا کہ پولس کرنتھس کے ایمانداروں کو خدا کے فرزند جانتے ہوئے اُن کے لئے فکر مند ہے کہ وہ غیر ایمانداروں کے ساتھ اپنی گہری قربتیں اور رفاقتیں ترک کر کے خدا کے لوگوں کے ساتھ اپنی رفاقت بڑھائیں۔ اُس کی یہی آرزو تھی کہ وہ اُن میں سے نکل کر الگ رہیں۔ وہ نہیں چاہتا تھا کہ وہ دُنیا کی ناپاکی اور بُری روِش میں کھو جائیں۔

وہ اُن ایمانداروں کو یاد کراتا ہے کہ خدا اُنہیں فرزند کہتے ہوئے خوشی محسوس کرتا ہے۔ خدا کو اُن کا باپ ہونے پر فخر تھا۔ خدا کے فرزند ہونے کا شرف و استحقاق کس قدر بڑا ہے۔ اس سے ہمیں مستقبل کے لئے کیا اُمید ملتی ہے؟ 7 باب کا آغاز کرتے ہوئے پولس رسول کرنتھس کے ایمانداروں کو یاد کراتا ہے کہ جب اُن کے پاس خدا کے اتنے بڑے وعدے ہیں تو اُنہیں پاک اور خالص ہو کر اپنا تعلق اور رشتہ خدا کے ساتھ استوار اور قائم رکھنے کی ضرورت ہے۔

وہ دن قریب ہے جب خداوند ہمیں لینے کے لئے آئے گا تا کہ ہم ہمیشہ اُس کے ساتھ

رہیں۔ اگر ہم اُس وقت تیار نہ پائے گئے تو ہمارے لئے کس قدر شرمندگی اور ندامت کا باعث ہو گا۔ پولس کرنتھس کے ایمانداروں کو پاکیزگی میں زندگی بسر کرنے کے لئے اُبھارتا ہے۔ وہ اُنہیں قائل کرتا ہے کہ وہ اپنی زندگی سے ایسی تمام چیزوں کو دُور کر دیں جو اُنہیں روحانی طور پر آلودہ کرتی ہیں اور اُن کی جانوں پر بُرے روحانی اثرات مرتب کرتی ہیں۔ انہیں خدا اور اُس کے مقصد کے پیشِ نظر ایسی پاکیزگی میں زندگی بسر کرنا تھی جو روز بروز بڑھتی چلی جائے۔ "پاکیزگی کو کمال تک پہنچائیں" (آیت 1) اس کا مطلب ہے ایسی پاکیزگی جو روز بروز بڑھتی چلی جائے اور ہم زیادہ سے زیادہ مسیح کی مانند بنتے چلے جائیں۔

چند لمحات کے لئے اپنی زندگی کا جائزہ لیں۔ کیا آپ زیادہ سے زیادہ مسیح یسوع کی مانند بنتے چلے جا رہے ہیں؟ کیا آپ کو اپنی زندگی میں گناہ اور بدی پر روز بروز غلبہ حاصل ہوتا جا رہا ہے؟ کیا آپ گزشتہ سالوں کی بہ نسبت خداوند کے زیادہ قریب آ گئے ہیں۔

زیادہ سے زیادہ مسیح کی مانند بننے اور روز بروز پاکیزگی میں بڑھتے جانے کا مطلب خدا کے ساتھ شخصی رشتے اور تعلق میں بڑھتے اور گہرے ہوتے جانا ہے۔ 2 آیت میں پولس رسول نے کرنتھس کے لوگوں کی پاکیزگی میں بڑھنے کی بھوک پیاس کے پیش نظر اُن سے التماس کی کہ وہ اُسے اور اُس کے ہم خدمت ساتھیوں کے ساتھ اظہارِ محبت کریں۔ (6باب 11-13 آیت) ایک بار پھر ہمیں نظر آتا ہے کہ پولس رسول اور کرنتھس کے ایمانداروں کے درمیان تعلقات میں کشیدگی اور دراڑ پائی جاتی تھی۔ بہت ضروری تھا کہ اُس کڑواہٹ اور تلخی کا خاتمہ کیا جاتا۔ اس آیت کا معنی اور مفہوم بالکل واضح ہے۔ اگر آپ پاکیزگی میں بڑھنا چاہتے ہیں تو شکستہ رشتے ناطوں میں مضبوطی اور مسیح کی محبت لائیں۔ کمال کی پاکیزگی کا مطلب ہے کہ خداوند اور اُس کے لوگوں کے ساتھ اپنے تعلقات میں بہتری اور مضبوطی لانا۔

پولس رسول کرنتھس کے ایمانداروں کو 2 آیت میں یاد دلاتا ہے کہ اُس نے کوئی جُرم نہیں کیا۔ جب اُس نے خدا کے ساتھ اپنے تعلقات کا جائزہ لیا تو اُس کا ضمیر بالکل پاک اور صاف تھا۔ 3 آیت میں وہ اُنہیں بتاتا ہے کہ وہ تو اُن کے لئے جینے مرنے کے لئے بھی تیار تھا۔ پولس رسول نے کچھ جُرم نہیں کیا تھا، تو بھی کرنتھس کے لوگوں کے ساتھ اُس کے تعلقات میں کشیدگی پائی جاتی تھی۔ پولس رسول نے اختلافات کو ختم کرنے کی کوشش کے طور پر معافی اور محبت کی تصدیق کو پھر سے تازہ کرنا اپنے اُوپر ایک بوجھ اور فرض سمجھا۔

دوسروں کے ساتھ اپنے تعلقات میں بھی مجھے کبھی ایسا ہی دباؤ محسوس ہوتا تھا۔ جب میں بھی دُوسروں کے ساتھ اپنے تعلقات کے تعلق سے اپنے دل اور دماغ کا جائزہ لیتا تھا تو مجھے کچھ بھی تلخی، خفگی، نامعافی، کشیدگی، غصہ، کڑواہٹ اور منفی روّیہ محسوس نہیں ہوتا تھا۔ پھر میرے سامنے یہی آزمائش آتی کہ میں سوچوں کہ یہ میرا مسئلہ تو نہیں ہے کیونکہ میری اُس شخص کے ساتھ کوئی بھی ناراضگی نہیں ہے۔

پولس رسول کا بھی کرنتھس کے ایمانداروں کے ساتھ کوئی مسئلہ نہیں تھا۔ تو بھی پولس رسول نے تعلقات میں بہتری اور بحالی لانے کی کوشش کی۔ اُس نے کرنتھس کے لوگوں کو اُن کے حال پر نہیں چھوڑ دیا تھا۔ حقیقت تو یہ ہے کہ جب خدا کے لوگوں کے درمیان تعلقات میں کشیدگی اور معاملات میں الجھاؤ آجاتا ہے تو پھر خدا کی بادشاہی کا کام رُک جاتا ہے۔

خداوند یسوع نے متی 5 باب 23-24 میں اس تعلق سے کچھ بیان کیا ہے۔ آئیں غور سے سنتے ہیں۔

"پس اگر تو قربان گاہ پر اپنی نذر گزرانتا ہو اور وہاں تجھے یاد آئے کہ میرے بھائی کو کچھ شکایت ہے۔ تو وہیں قربان گاہ کے آگے اپنی نذر چھوڑ دے اور جا کر پہلے اپنے بھائی سے

ملاپ کر۔ تب آکر اپنی نذر گزران۔"

غور کریں کہ خداوند یسوع نے یہ نہیں کہا کہ اگر تجھے اپنے بھائی سے کوئی شکوہ ہو بلکہ اگر تیرے بھائی کو تجھ سے کوئی شکوہ ہو یا ناراضگی ہو۔

ہو سکتا ہے کہ آپ کا اپنے بھائی سے کوئی مسئلہ نہ ہو۔ لیکن اُس کو آپ کے مسئلہ درپیش ہو۔ خداوند اپنے پرستاروں سے یہی کہتا ہے کہ وہ اپنے کشیدہ اور شکستہ تعلقات کو دُرست کریں۔ پولس رسول یہی کچھ تو کر رہا تھا۔ وہ بے قصور ہونے کے باوجود میل ملاپ کی کوشش کر رہا تھا۔

میں جانتا ہوں کہ ایسا کرنا آسان کام نہیں ہے۔ بعض اوقات ہم اپنے مسئلے مسائل آسانی سے حل نہیں کر سکتے۔ پولس رسول ہمیں کوشش کرنے کے لئے کہتا ہے۔

4 آیت میں پولس رسول کرنتھس کے ایمانداروں کو یاد دلاتا ہے کہ اُسے اُن پر بڑا اعتماد ہے۔ اُسے یقین ہے کہ وہ کشیدگی ختم کر کے اپنے دلوں کو اُس کے لئے کھولیں گے۔ وہ اُن کے تعلق سے اپنے گہرے احساسات و جذبات اُنہیں یاد کراتا ہے اور اُنہیں بتاتا ہے کہ اُسے اُن پر ناز ہے۔ تو بھی کچھ ایسے اُلجھے معاملات تھے جنہیں سلجھانے کی ضرورت تھی۔ وہ کامل نہیں تھے لیکن پھر بھی پولس رسول اُن سے خوش ہے اور اُن پر ناز کرتا ہے۔ وہ پولس رسول کے لئے باعثِ برکت تھے۔ پولس رسول کے دُکھوں، مسائل اور مشکلات میں وہ اُس کے لئے بڑی شادمانی کا باعث ہوئے تھے۔ خدا کا جو کام اُن کی زندگی میں جاری تھا، اُسے اُس پر اعتماد تھا۔ (فلپیوں 1 باب 6 آیت)

جب پولس رسول مکدونیہ میں تھا تو اُسے بڑی ایذاہ رسانی کا سامنا کرنا پڑا۔ 5 آیت میں وہ کرنتھس کے لوگوں کو بتاتا ہے کہ اُس کے بدن کو چین اور آرام نہ ملا۔ اُس نے خدا کی بادشاہی کے لئے گھنٹوں کام کیا۔ انتھک محنت کی۔ بلکہ انتہائی جانفشانی کی۔ جہاں کہیں گیا،

اُسے ڈرایا اور دھمکایا گیا۔ اُس کے چاروں طرف جھگڑے اور اختلافات تھے۔ گویا وہ کئی طرح کے بوجھوں تلے دبے ہوا تھا۔ وہ تسلیم کرتا ہے کہ اُسے خوف سے گزرنے کا تجربہ بھی ہوا۔ اُس علاقہ میں انجیل کے خلاف اس قدر مزاحمت اور نفرت تھی کہ پولس رسول کو یہ بھی علم نہیں تھا کہ وہ زندہ رہے گا یا پھر جہانِ فانی سے کوچ کر جائے گا۔

خدمت کے اُس دَور میں خدا نے اُس کو سنبھالا اور ططس جیسا وفادار ساتھی بخش دیا۔ عظیم رسول یہ جانتا تھا کہ وہ اکیلا خدمت نہیں کر سکتا۔ وہ اپنے مشنری سفروں میں کسی نہ کسی ساتھی کو اپنے ہمراہ رکھتا تھا کیوں وہ جانتا تھا کہ اُسے اُن کی حوصلہ افزائی، دُعا اور مشورت کی ضرورت ہے۔

میں برسوں سے تنہاہ خدمت کر رہا ہوں، بعض اوقات خدمت کی نوعیت ایسی ہو سکتی ہے کہ آپ اکیلے بھی کام کر سکتے ہیں۔ مجھے خدمت کے کام میں مددگار ساتھیوں کی ہمیشہ ضرورت رہی۔

کتنے ہی پاسبان اور مسیحی کارکنان ہیں جو بعض اوقات اس مقام پر آ گئے کہ بس اب خدمت کرنا ناممکن ہے۔ اِس حوصلہ شکنی اور بے دلی کی بڑی وجہ اُن کا تنہا خدمت کرنا ہے، خدمت کے بوجھ، مسائل اور مشکلات اور ناگوار صورتحال میں تسلی اور مشورت دینے والا کوئی بھی اُن کے ساتھ نہیں ہوتا۔ جو اُن کے کندھے پر ہاتھ رکھ کہ یہ کہے کہ آپ اکیلے نہیں ہیں۔ کوئی نہیں ہوتا جو اُن کا بوجھ بانٹ سکے۔ کوئی نہیں ہوتا جو اُن کو تسلی اور تشفی اور تازگی دے سکے۔

7 آیت میں مقدس پولس رسول کرنتھس کے ایمانداروں کو بتاتا ہے کہ مکدونیہ میں جب وہ مشکل وقت سے گزر رہا تھا تو خدا نے نہ صرف ططس کے وسیلہ سے اُس کو تسلی دی بلکہ اُس خیر خبر سے بھی اُس کی حوصلہ افزائی ہوئی جو ططس کرنتھس سے اُس کے پاس لے کر

آیا۔ ططس پولس رسول کا خط کرنتھس لے کر گیا تھا۔ اور اُنہوں نے اس کا واجب طور پر جواب دیا تھا۔ اُنہوں نے اپنے گناہ پر غم کیا، اُس سے توبہ کی اور اس بات سے پریشان ہوئے کہ وہ پولس رسول کے غم اور تکلیف میں اضافے کا باعث ہوئے۔ جب پولس رسول نے ططس سے یہ خبر سُنی تو اُس کی بڑی تسلی ہوئی۔ پولس رسول کو یہ جان کر کیسی برکت ملی کہ کرنتھس کے لوگ اب بھی اُس کی فکر کرتے تھے۔ اور یہ بات بھی اُس کے لئے خوشی کا باعث تھی کہ جو باتیں اُس نے خط میں لکھ بھیجی تھیں، وہ اُن کی مضبوطی اور ترقی کا باعث ہوئیں۔

شاید آپ بھی کبھی دوسروں کی باتیں سن کر حوصلہ پکڑے ہوں۔ ہو سکتا ہے کہ کسی کی فون کال، کسی کا آپ کے ہاں آنا، یا حوصلے اور تسلی کی چند باتیں آپ کے لئے ہمت افزائی کا باعث ہوئی ہوں۔ مجھے بھی اُن لوگوں کے خطوط، فون کالز اور گواہیاں سُن کر بڑی تسلی اور حوصلہ ملتا ہے جنہیں میری کتب پڑھ کر برکت ملتی ہے۔ مجھے یہ جان کر خوشی ہوتی ہے کہ کس طرح میری کتاب اُن کے لئے باعثِ برکت ہو رہی ہیں۔

ہم نہیں جانتے کہ دوسروں کی برکت اور حوصلہ افزائی کے لئے ہماری چھوٹی سی کاوش کس قدر اہمیت کی حامل ہوتی ہے۔ عملی طور پر اپنی محبت کا اظہار کرنے سے، ہو سکتا ہے کہ ہم کسی مسیحی کارکن کے لئے خوشی اور برکت کا باعث ہوں۔ یا پھر ایک ایماندار کو خداوند کا کام جاری رکھنے میں اُس کی ہمت بندھائیں۔

8 آیت میں پولس رسول نے اس سخت خط میں بیان کردہ چند ایک احساسات کا بیان کیا ہے جو اُس نے ططس کے ہاتھ بھیجا تھا۔ بعض لوگوں کا خیال ہے کہ یہ خط 1 کرنتھیوں تھا جس میں پولس رسول نے کرنتھس میں موجود کچھ سنجیدہ معاملات پر بات کی تھی۔ اُس نے کلیسیا کو اس بات پر ڈانٹا کہ اُنہوں نے ایسے شخص کو اپنے درمیان رہنے دیا ہے جو اپنے

باپ کی بیوی کے ساتھ سوتا ہے۔ جو تفرقے اور بے اتفاقی اُن کے درمیان موجود تھی۔ اس کے تعلق سے پولس رسول نے اُن کو ڈانٹا۔ اُس نے ایک دُوسرے کے لئے محبت کی کمی اور روحانی نعمتوں کے غلط استعمال پر اُن کی سرزنش کی۔

اس خط سے ایمانداروں کے درمیان ایک بے چینی سی پھیل گئی اور یہ خط اُن کے لئے بڑی رنجیدگی اور دُکھ کا باعث بھی ہوا۔ اس کے نتیجہ میں کچھ لوگ پولس رسول کے خلاف بھی ہوگئے، اس پر پولس رسول متعجب تھا کہ آیا واقعی اُس کا خط اُن کے لئے اس قدر غم اور دُکھ کا باعث ہوا ہے کہ اُن کے حوصلے پسند اور ہمت جواب دے گئی ہے۔ پولس رسول یہ سمجھتا تھا کہ اگرچہ اُس کا خط اُن کے لئے دُکھ کا باعث ہوا، تاہم اُن کی اصلاح بھی ضروری تھی۔ کلیسیا میں گناہ کی نشاندہی پولس رسول اپنی ذمہ داری سمجھتا تھا۔

ذرا تصور کریں کہ اگر والدین اپنے فرزند کے بُرے روّیوں اور بدعادات پر خاموشی اختیار کرلیں تو کیا نتیجہ سامنے آئے گا۔ اگر والدین اپنے بچوں کو تمیز نہ سکھائیں اور اُس کی اصلاح نہ کریں تو وہ کیسا شہری ثابت ہوگا۔ اگر ہم اپنے بچوں کی غلطیاں اُن پر ظاہر نہ کریں تو سمجھیں ہم اُن کی راہوں میں کانٹے بو رہے ہیں۔ یقیناً زندگی کی راہ پر چلتے ہوئے یہی کانٹے اُن کے پاؤں لہولہان کر دیں گے۔ یعنی پے در پے اُنہیں مشکلات اور مصائب کا سامنا کرنا پڑے گا۔ اگر ہمیں واقعی اپنی اولاد سے محبت ہے تو ہم اُن کی اصلاح کریں گے، ہم اُن کی غلطیاں اُن پر ظاہر کریں گے۔ ہم اُن کی تربیت کریں گے۔ پولس رسول بھی اسی روّیہ کے ساتھ یہ سب کچھ کر رہا تھا۔ خط کے سخت حصہ کی وجہ سے ہی کرنتھس کی کلیسیا نے توبہ کی تھی۔ خط کی سختی ہی سے وہ بیدار ہوئے اور اُن کی آنکھیں کھلیں اور اُنہوں نے دیکھا کہ کلیسیا میں کچھ لوگ کیا گُل کھلا رہے ہیں۔

کچھ ایسے وقت بھی ہوتے ہیں جب خدا ہمیں روحانی قائدین کی حیثیت سے سخت کلام

کرنے کے لئے بھی کہتا ہے۔ ہمارا سختی سے کیا گیا کلام ہمیشہ ہی خندہ پیشانی سے قبول نہیں ہو گا۔ لیکن سخت باتیں کلیسیا کی مضبوطی کے لئے ضروری ہوتی ہیں۔ تاہم پولس رسول اِس بات پر خوش بھی تھا کہ اُس کی سخت باتیں کلیسیا میں پاکیزگی کا باعث ہوئی ہیں۔ کلیسیا مضبوط ہوئی اور علاقہ بھر میں اُن کی گواہی بڑی زبردست ہو گئی۔ غلطیوں کی اصلاح ہوئی اور پاکیزگی بحال ہو گئی۔ راستبازی کا غم اُن کے لئے توبہ اور خدا کے ساتھ اُن کے رشتہ کو مضبوط کرنے کا باعث ہوا۔ 10 آیت میں پولس رسول دُنیاداری کے غم اور روحانی غم میں فرق بیان کرتا ہے۔ دینداری کا غم توبہ کا باعث ہوتا ہے، اس سے پچھتانا نہیں پڑتا بلکہ یہ فتح اور بالآخر شادمانی کا باعث ہوتا ہے۔ پولس رسول کا خط خدا کی مرضی کے مطابق عارضی طور پر اُن کے لئے غم کا باعث ہوا۔ اس سے کرنتھس کے لوگوں نے دینداری میں ترقی کی۔ اُن کی روحانی افزائش ہوئی۔ کرنتھس کے لوگوں نے اپنے روّیے، چال چلن اور کردار کی اصلاح کی اور کلیسیا کئی ایک گناہ آلودہ صورتحال / معاملات سے رہا ہو گئی۔

دُنیاداری کا غم دینداری کے غم سے مختلف ہوتا ہے۔ اس کا مرکز خدا اور اُس کی پاکیزگی نہیں ہوتا۔ اُس کا مرکزی نکتہ انسان کا زخمی تکبر ہوتا ہے۔ دُنیاداری کا غم رنجیدہ کرتا ہے کہ ساکھ یا مقام ورُتبہ جاتا رہا۔ جسمانی خواہش کی تکمیل نہ ہو سکی۔ دُنیا میں کسی عارضی چیز کے کھو جانے یا کسی عارضی نقصان پر دُنیاداری کا غم ہوتا ہے۔ دُنیاداری کے غم کا مرکز و محور نہ تو خدا اور نہ ہی وہ مقصد ہوتا ہے جو خدا اس صورتحال سے سرانجام دینا چاہتا ہے۔ بلکہ اس کا مرکزی نکتہ ذاتی خواہشات اور خود ترسی ہوتا ہے۔

کرنتھس کے لوگ اس لئے بھی رنجیدہ تھے کیونکہ خدا کا دل غمزدہ تھا۔ (آیت 11) یہ غم روح القدس کی وجہ سے تھا اور کلیسیا کو توبہ کی طرف قائل کر گیا۔ اس کے نتیجہ میں وہ اور بھی سرگرم ہو گئے اور ایمان اور راستبازی کے طالب ہوئے۔ اس سے کلیسیا گہری پاکیزگی

کی طالب ہوئی۔

پولس رسول کے سخت الفاظ نے کرنتھس کی کلیسیا کو کچھ اور بھی دکھایا۔ اُس نے اُنہیں دکھایا کہ وہ ایک ہی مقصد یعنی خدا کے جلال کے لئے لڑ رہے ہیں۔ پولس رسول نے واضح کیا کہ اُس نے یہ خط اس لئے لکھا تاکہ وہ خدا باپ کے سامنے پاک اور ایک ہوں۔ (12 آیت) خط اور اُس سے پیدا ہونے والی توبہ نے نہ صرف کلیسیا کو بحال کیا بلکہ اُنہیں یہ یقین دہانی بھی عطا کی کہ وہ پولس رسول کے ساتھ بھی ایک ہیں اور اِس سے ططس کی بھی حوصلہ افزائی ہوئی۔ (13 آیت) ططس کو یہ جان کر خوشی ہوئی کہ کلیسیا اپنے درمیان سے گناہ کے خاتمے کے لئے کس قدر تیار ہو گئی ہے۔ جب پولس رسول نے دیکھا کہ اُن معاملات کی اصلاح کے لئے کلیسیا تیار ہو گئی ہے جو پولس اور کلیسیا کے درمیان حائل تھے تو اُسے بڑی تازگی حاصل ہو گئی۔

پولس رسول کو کرنتھس کی کلیسیا پر ناز تھا۔ اُس نے ططس کے سامنے اُن کی خداوند کے لئے بھوک پیاس کے تعلق سے ناز کیا۔ (14) اس کے نتیجہ میں ططس کے دل میں اُن کے لئے اور بھی سر گرمی اور محبت بڑھ گئی۔ جب ططس کرنتھس میں خدمت کے لئے گیا تو کھلے دل اور کھلے بازوؤں سے وہاں کے لوگوں نے اُس کا استقبال کیا۔ اُنہوں نے بڑے احترام کے ساتھ اُس کا استقبال کیا۔ ان سب چیزوں سے پولس رسول کو کلیسیا میں خدا کے کام کے تعلق سے اور بھی زیادہ اعتماد حاصل ہوا۔ پولس رسول نے کرنتھس کی کلیسیا کو ایک سخت خط لکھا تھا۔ لیکن اس سے کلیسیا کا خدا کے ساتھ رشتہ اور تعلق اور بھی گہرا ہو گیا تھا۔ وہ خدا کی بادشاہی کے لئے عظیم وسیلہ بن گئے۔

چند غور طلب باتیں

☆۔ کیا آپ کبھی ایسی صورتحال سے دوچار ہوئے جہاں پر آپ کو اپنے ہی گناہ کا سامنا کرنا پڑا؟ کیا یہ ایک آسان تجربہ تھا؟ اپنے گناہ کو تسلیم کرنے اور اُس کا اقرار کرنے کا کیا نتیجہ سامنے آیا؟

☆۔ چند لمحات کے لئے دُعا کریں اور غور بھی کریں کہ آیا آپ کی زندگی میں کچھ ایسے تعلقات تو نہیں جو شکستگی اور کشیدگی کا شکار ہیں۔ ایسے تعلقات کے تعلق سے خدا آپ کو کیا کرنے کے لئے کہہ رہا ہے؟

☆۔ دُنیوی غم اور روحانی غم میں کیا فرق ہوتا ہے؟ کیا کبھی کبھی اِن کو سمجھنا مشکل ہوتا ہے؟

☆۔ مسیح کی مانند بننے اور پاکیزگی میں اَور گہرے اور مضبوط ہونے کے لئے آپ کیا کرنے کے لئے تیار ہیں؟ کون سی چیز آپ کو مسیح کی مانند بننے سے روکتی ہے؟

چند اہم دُعائیہ نکات

☆۔خداوند سے ایسا دل مانگیں جو اُس کے جلال اور گہری پاکیزگی کا طالب ہو۔

☆۔دوسروں کے ساتھ آپ کے تعلقات میں کشیدگی کی صورت میں خداوند سے شفا اور بحالی مانگیں۔

☆۔اپنے بھائیوں اور بہنوں کی طرف سے سرزنش قبول کرنے کی توفیق مانگیں اور جہاں پر درُستگی کی ضرورت ہے۔وہاں پر اپنی اصلاح کریں۔

☆۔اُن لوگوں کے لئے شکر گزاری کریں جو آپ کی خدمت میں آپ کے ساتھ آ کھڑے ہوئے۔خداوند سے پوچھیں کہ آیا کوئی ایسا شخص ہے جسے وہ چاہتا ہے کہ آپ اُس کی حوصلہ افزائی کریں۔

باب 14

دینے کا فضل

(2 کرنتھیوں 8 باب 1-9 آیت)

پولس رسول نہ صرف یہ چاہتا تھا کہ کرنتھس کی کلیسیا کے لوگ آپس میں ایک دوسرے کے ساتھ میل ملاپ اور پیار محبت بڑھائیں اور ایسے مسائل اور معاملات کا خاتمہ کریں جو اُن میں تفرقے بازی کا باعث ہیں بلکہ وہ یہ بھی چاہتا تھا کہ کرنتھس کی کلیسیا سخاوت کرنے والی کلیسیا بن جائے۔ اس باب میں پولس رسول دینے کی خدمت کی اہمیت پُر زور طریقہ سے بیان کرتا ہے۔

1 آیت میں پولس رسول مکدونیہ میں اپنے تجربہ کو بیان کرتا ہے کہ اُس نے وہاں پر کیا دیکھا اور وہاں کے لوگوں نے کیا کیا۔ وہ بیان کرتا ہے کہ خدا نے مکدونیہ کی کلیسیاؤں پر بڑا فضل کیا ہے۔ فضل کیا ہے؟ یہ خدا کی غیر مشروط مہربانی اور بھلائی ہے جو وہ ہم پر کرتا ہے۔ یہ خدا کی طرف سے خاص مہربانی اور برکت ہوتی ہے اور اس میں خدا ہمارے کاموں کو نہیں دیکھتا۔ اور نہ ہی اِس چیز کو مد نظر رکھتا ہے کہ ہم اُس کے معیار پر پورا اُترتے ہیں یا نہیں۔ ہماری کمزوری اور گناہ آلودہ حالت میں بھی اُس کی طرف سے خاص توفیق کی صورت میں ہمیں کچھ کرنے کا فضل ملتا ہے۔ مکدونیہ کے علاقہ کی کلیسیاؤں کے لوگوں نے اپنی زندگیوں میں خدا کے فضل بلکہ خاص فضل کو حاصل کیا تھا۔ پولس رسول کرنتھس کی کلیسیا کے ساتھ اُن کی گواہی شئیر کرنا چاہتا تھا۔

پولس رسول بیان کرتا ہے کہ کرنتھس کی کلیسیائیں بڑے مسائل و مشکلات اور مالی

تنگدستی کی حالت سے گزر رہی تھیں۔ اُن کلیسیاؤں کو مشکلات اور مخالفت کا سامنا تھا۔ غور کریں کہ مشکلات، مسائل، مخالفت اور تنگدستی کے باوجود یہ کلیسیائیں شادمانی اور سخاوت کی نعمت سے معمور تھیں۔(2 آیت) یہ سب کچھ خدا کے فضل ہی سے ممکن تھا جس کے باعث اُنہوں نے انتہائی غریبی کو زبردست سخاوت میں بدل دیا۔ انتہائی دُکھوں اور مشکلات میں سے گزرنے کے باوجود وہ عجیب شادمانی سے بھرے ہوئے تھے۔

ایسے لوگوں سے ملنا کس قدر عظیم بات ہے جن کی زندگی میں مشکلات اور مسائل کے سوا کچھ بھی نہ ہو اور پھر بھی وہ عظیم شادمانی اور سخاوت سے بھرے ہوئے ہوں۔ اُن کے پاس دُنیا کا مال و متاع تو زیادہ نہیں تھا لیکن جو کچھ تھا وہ سخاوت سے دُوسروں کے ساتھ شئیر کر رہے تھے۔ ہم میں سے بہت سے لوگ دُکھوں، مسائل اور مشکلات اور ایذاہ رسانی کے دَور سے گزرتے ہیں تو غم اور پریشانی سے ذہنی دباؤ اور تناؤ کا شکار ہو جاتے ہیں۔ یہ کس قدر برکت کی بات ہے کہ ہم زندگی کی ناگزیر مشکلات اور مسائل کا خندہ پیشانی سے یعنی (مسکراتے ہوئے) سامنا کریں۔

یہ خدا کی طرف سے عظیم بخشش تھی جو اُس نے اُن لوگوں کو دے رکھی تھی۔ ایذاہ رسانی کے باجود خدا نے اُن کے دلوں کو شادمانی سے معمور کر رکھا تھا۔ وہ روح کے پھلوں سے لدے ہوئے تھے۔ کاش ہم بھی دُکھوں اور مشکلات کی صورت میں ایسی شادمانی کا تجربہ کر سکیں!

پولس رسول کرنتھس کے ایمانداروں کو بتاتا ہے کہ خدا کے روح نے اُن غریب مقدسین کے دلوں میں ایسا زبردست کام کیا کہ اُنہوں نے اپنی بساط اور طاقت سے بھی بڑھ کر دیا۔ یعنی وہ بھی دیا جو وہ دینے کے قابل بھی نہ تھے۔ کسی نے بھی اُن سے درخواست نہیں کی تھی لیکن اُنہوں نے اپنے دل سے خدا کی شکر گزاری سے معمور ہو کر دیا۔ پولس اس طرح

دینے کو خدا کی طرف سے ایک خاص فضل اور برکت کے طور پر دیکھتا ہے جو مکدونیہ کی کلیسیا پر ہوا تھا۔ اس بات کی ضرورت نہیں تھی کہ پولس رسول اُنہیں دینے کے تعلق سے سکھاتا بلکہ وہ روح القدس کی رہنمائی میں چلتے ہوئے ایسا کر رہے تھے جو اُن کے درمیان جنبش کر رہا تھا۔ 4 آیت پر غور کریں، اُنہوں نے فوری طور پر اس شرف واستحاق کے حصول کے لئے پولس رسول سے بات کی۔(4 آیت)مکدونیہ کے لوگوں نے اپنی طرح دُکھ اٹھانے والوں کو اُن کے دُکھ سے رہائی دلانے کے لئے درخواست کی۔

مکدونیہ جیسے سخی دل لوگوں کے بغیر خدا کی بادشاہی کا کام کیسے ترقی کر سکتا ہے؟ قربانیاں دینے والے لوگ منسٹری کا اہم بلکہ ناگزیز حصہ ہوتے ہیں۔ عملی قسم کی ضروریات کی فراہمی سے وہ منسٹری کے کام کو رواں دواں رکھنے میں مدد کرتے ہیں۔

5 آیت میں پولس رسول کرنتھس کے لوگوں کو بتاتا ہے کہ مکدونیہ کے لوگوں نے اُس کی توقع کے مطابق نہیں دیا۔ مکدونیہ کے لوگوں نے پہلے اپنا آپ پورے طور پر خداوند کو دیا۔ اس کا معنی یہ ہے کہ اُنہوں نے اپنا آپ اور جو کچھ اُن کا مال ومتاع تھا سب کچھ خداوند کو دے دیا اور پورے دل سے دیا۔ اُنہوں نے کسی چیز کو اپنا نہ سمجھا۔ سب کچھ خدا کے جلال کے لئے دے دیا گیا۔ اسی وفاداری کے تحت اُنہوں نے رسولوں کی منسٹری اور اُس علاقہ میں دوسروں کی مدد کے لئے دیا تاکہ خدا کی بادشاہی کا کام رواں دواں اور جاری و ساری رہے۔

یہ ممکن ہے کہ لوگ اپنا آپ پورے طور پر خداوند کو دئے بغیر اپنا سب کچھ خداوند کو دے دیں۔ جو لوگ اس روّیہ کے ساتھ خداوند کو دیتے ہیں دراصل وہ یہ سمجھتے ہیں کہ اُن کا مال و متاع اور روپیہ پیسہ اُن کی ذاتی ملکیت ہے۔ وہ یہ سمجھتے ہیں کہ وہ اپنے وسائل اور روپے پیسے سے کچھ سخاوت کرکے اور دوسروں کی مدد کرکے، اُن پر ترس کھا کر وہ ایک طرح سے نیکی

اور بھلائی کا کام کر رہے ہیں۔ ایسے لوگ یہ سمجھتے ہیں کہ گویا وہ خدا کے کام کے لئے دے کر خدا پر بڑا احسان اور مہربانی کر رہے ہیں۔ مکدونیہ کے لوگوں کا روّیہ ایسا نہیں تھا بلکہ وہ یہ سمجھتے تھے کہ اُن کا مال و متاع اور روپیہ پیسہ سبھی کچھ خدا ہی کا ہے۔ جب وہ دیتے تھے تو خدا پر مہربانی یا احسان کر کے نہیں دیتے تھے بلکہ جہاں کہیں ضرورت ہوتی تھی وہ اپنے وسائل میں سے دوسروں کی مدد کے لئے بھیجتے تھے۔ وہ خدا کی دی ہوئی برکات اور نعمتوں کے مالک نہیں مختار تھے۔

مکدونیہ کے مقدسین نے ہمارے لئے ایک زبردست مثال چھوڑی ہے، پہلے اُنہوں نے اپنا آپ خداوند کو دیا اور پھر اپنا سب کچھ جو اُن کے پاس تھا خداوند کو دے دیا۔ اُنہوں نے اپنا سب کچھ خداوند کے حوالہ کر دیا اور کسی چیز کو بھی اپنا نہ کہا۔ سبھی کچھ خدا کا تھا۔ جس طرح خدا نے چاہا اُن کے وسائل کو دوسروں کی برکت کے لئے استعمال کیا۔ کیا ہمیں بھی مکدونیہ کے مقدسین کے نمونے پر نہیں چلنا چاہئے؟ اپنے مال و متاع میں سے کچھ دے کر ہمیں مطمئن نہیں ہو جانا چاہئے۔ ہمیں اپنا سب کچھ خداوند کو دینا ہے اور کسی چیز کو بھی اپنا کہہ کر اُسے دینے سے دریغ نہیں کرنا چاہئے۔ پولس رسول کے مطابق خدا کی یہی مرضی ہے کہ اُس کے تمام بچے ایسا ہی روّیہ اپنائیں۔ لازم ہے کہ پہلے ہم اپنا آپ اور پھر اپنا سب کچھ خداوند کے حوالے کرتے ہوئے اُس کی مرضی اور رہنمائی کے طالب ہوں کہ کس طرح ہم نے اُس کے دیئے ہوئے وسائل کو دوسروں کی برکت کے لئے استعمال کرنا ہے۔ سب کچھ خداوند کے ہاتھوں میں دے کر ہمیں اس بات کے لئے تیار ہونا چاہئے کہ جیسے اُس کی مرضی ہے وہ اُن وسائل اور برکات کو دوسروں کی بھلائی اور برکت کے لئے استعمال کرے۔ (رومیوں 12:1)

6 آیت میں پولس رسول کرنتھس کی کلیسیا کو بتاتا ہے کہ اُس نے ططس سے کہا ہے کہ وہ

اپنے وزٹ کے دوران دینے کی اس نعمت اور خدمت میں ترقی کرنے کے لئے کلیسیا کو اُبھارے۔ پولس رسول چاہتا تھا کہ کرنتھس کی کلیسیا مکدونیہ کی کلیسیاؤں کے نمونے پر چلتے ہوئے سخاوت کرنے والی کلیسیا بن جائے۔ پولس رسول نے محسوس کیا کہ کرنتھس کی کلیسیا کے لوگ کئی ایک باتوں میں سبقت لے گئے ہیں۔ وہ سرگرم ہونے، محبت، علم و معرفت، ایمان، کلام اور کئی ایک باتوں میں دوسروں پر سبقت رکھتے تھے لیکن پولس رسول یہ چاہتا تھا کہ اب وہ خدا کے فضل کو اپنے درمیان کام کرنے دیں تا کہ وہ مکدونیہ کی کلیسیا کے نمونے پر چلتے ہوئے دینے میں بھی دوسروں پر سبقت لے جائیں اور سخاوت میں بھی دوسروں کے لئے ایک نمونہ اور مثال بن جائیں۔ پولس رسول اُنہیں بتاتا ہے کہ دینا کلیسیائی زندگی کا ایک اہم اور ناگزیز حصہ ہے۔ وہ کلیسیا جو دینے میں خدا کے فضل سے محروم ہے اُسے ابھی تک پختگی اور بلوغت کے مقام پر آنے کی ضرورت ہے۔ خدا کے دل کی یہی لالسا ہے کہ ہم سخاوت کرنے اور دُوسروں کی ضرورتوں میں اُن کے مشکل وقت میں اُن کے ساتھ کھڑے ہونے والے بنیں۔

پولس رسول کی خدمت کی فلاسفی پر غور کریں۔ وہ یہ جانتا تھا کہ اُس کے لئے یہ ممکن ہے کہ لوگوں کو بتائے کہ اُنہیں کیا کرنے کی ضرورت ہے۔ لیکن بالآخر اُس کا کوئی اچھا نتیجہ سامنے نہیں آئے گا۔ شریعت لوگوں کو بتاتی ہے کہ اُنہوں نے کیا کرنا ہے، کس طرح کرنا ہے اور کس طرح خود کو نظم و ضبط میں رکھنا ہے، کس طرح بعض قواعد و ضوابط کو اپنانا ہے۔ تاہم شریعت دلوں کو بدل نہیں سکتی۔ ظاہری طور پر ہو سکتا ہے کہ آپ سب کچھ اچھا کر دکھائیں لیکن پھر بھی آپ کا دل خدا سے دُور ہو۔ خدا ظاہری کاموں کو نہیں بلکہ دل پر نظر کرتا ہے۔ پولس رسول دینے کے تعلق سے کرنتھس کی کلیسیاؤں کو بتا سکتا تھا، اُنہیں نصیحت کر سکتا تھا لیکن ضرورت اس بات کی تھی کہ وہ اِس معاملہ کو اپنے دل کی

دھڑکن میں بسالیں۔ پولس رسول نہیں چاہتا تھا کہ وہ بعض باتوں کی کسی مجبوری کے تحت پاسداری کریں یا اس وجہ سے کہ پولس یا کلیسیا کے قائدین اُنہیں ایسا کرنے کے لئے کہہ رہے تھے۔ اُنہیں اس لئے خداوند کے لئے دینا تھا کیونکہ وہ واقعی دل سے ایسا کرنا چاہتے تھے۔ کیونکہ خدا کا روح اُنہیں اس بہاؤ میں آگے بڑھنے کے لئے تحریک دے رہا تھا۔ پولس رسول چاہتا تھا کہ خدا کا پاک روح اُن کی زندگیوں میں واقعی ایسا کام کرے۔ کتنی ہی بار لوگ بہت کچھ دیتے ہیں لیکن محض مجبوری یا احساسِ جرم سے بچنے کے لئے دیتے ہیں، اس لئے ابدیت میں اُن کی کوئی قدر و قیمت اور اَجر نہیں ہو گا۔ کیونکہ وہ دل سے نہیں بلکہ اپنے اوپر فرض سمجھ کر دیتے ہیں۔

9 آیت میں پولس رسول نے کرنتھس کے ایمانداروں کی نگاہ خداوند یسوع اور اُس کے صلیب پر کئے گئے اُتم کام پر لگائی جو اُس نے اُن کے لئے کیا تھا۔ اُس نے اُنہیں خدا کا فضل یاد کرایا جو اُس نے اُن پر کیا تھا۔ وہ دولتمند تھا لیکن اُن کی خاطر غریب بن گیا۔ اُس نے صلیب پر جان دی تاکہ وہ خدا باپ کو جان سکیں اور اُس کے پاس آسکیں۔ اُس نے اپنی کامل زندگی ہمارے گناہوں کے لئے قربان کی تاکہ ہم معافی پاسکیں۔ خدا نے اپنے بیٹے کو اس لئے دے دیا تاکہ کرنتھس کے لوگ اور بے شک ہم بھی اُس کی دولت سے مالامال ہو سکیں۔ پولس رسول کرنتھس کے سامنے مسیح کی مثال کو اس لئے رکھتا ہے تاکہ وہ ایک تحریک اور جذبہ حاصل کریں اور اسی طرح سے دینے کے لئے تیار ہو جائیں جس طرح مسیح نے اپنا آپ اُن کی محبت کے لئے قربان کر دیا۔ خدا کرے کہ مسیح کی محبت بھری قربانی ہمیں بھی تحریک دے اور ہم بھی کسی چیز کو خداوند کے کام کے لئے دینے سے دریغ نہ کریں۔

چند غور طلب باتیں

☆ ۔ یہاں پر ہم دینے کی اہمیت کے تعلق سے کیا سیکھتے ہیں؟ خدا کی بادشاہی میں یہ خدمت کیوں کر اہم ہے؟

☆ ۔ لوگوں کو کچھ دینے سے پہلے، اپنا آپ خداوند کو دے دینے سے کیا فرق پڑتا ہے؟

☆ ۔ چند لمحات کے لئے غور کریں کہ آپ کس طرح دیتے ہیں؟ کیا آپ اس لئے دیتے ہیں کہ آپ کو دینا چاہئے۔ یا کسی گناہ سے بچنے کے لئے دیتے ہیں؟ یا پھر خداوند کی محبت سے معمور دل کے ساتھ دیتے ہیں؟

☆ ۔ کوئی ایسی چیز جو آپ خداوند کو دینے میں ہچکچاہٹ محسوس کرتے ہیں؟

چند اہم دُعائیہ نکات

☆ ۔ اپنا سب کچھ خداوند کے حضور پیش کر دیں۔ اُس کی شکر گزاری کریں کہ اُسی کی طرف سے آپ کو یہ سب کچھ ملا ہے۔

☆ ۔ خداوند سے دُعا کریں کہ وہ آپ پر عیاں کرے کہ آپ نے اُن وسائل کو کس طرح استعمال کرنا ہے جو آپ کو اُس کی طرف سے ملے ہیں؟ خداوند سے پوچھیں کہ وہ کہاں چاہتا ہے کہ آپ اُس کی بادشاہی کے کام کے لئے حصہ ڈالیں۔

☆ ۔ جس طور سے خداوند نے آپ کی محبت کے لئے اپنا آپ قربان کر دیا، اُس کے لئے خداوند کی شکر گزاری کریں۔

باب 15

نعمتوں کا انتظام

(2 کرنتھیوں 8 باب 10-24 آیت)

اِس باب کے پہلے حصہ میں مقدس پولس رسول نے کرنتھس کے لوگوں سے دینے کے خوبصورت فضل کے بارے میں بات کی ہے۔ وہ اُنہیں یاد کراتا ہے کہ خدا کی بادشاہی کے لئے یہ نعمت کس قدر اہم ہے۔ پولس رسول کے دل پر بوجھ تھا کہ وہ کرنتھس کی کلیسیا کو دینے کی نعمت میں بھی دوسرے سے سبقت لے جاتے ہوئے دیکھے۔ 8 باب کے اِس آخری حصہ میں پولس رسول اُنہیں چند مشورے دیتا ہے کہ وہ کس طرح خداوند کی بادشاہی کے لئے دیں۔

دل کی خوشی سے دیں

پولس رسول نے کرنتھس کی کلیسیا کو دینے کے معاملہ میں دل کی رضامندی کی اہمیت کے تعلق سے بتایا۔ 10 آیت میں پولس رسول نے اُنہیں بتایا کہ گزشتہ برس وہ دینے کے معاملہ میں سب سے اوّل تھے۔ غور کریں کہ دینے کے تعلق سے اُن کی خواہش ہی نہیں تھی بلکہ اُنہوں نے اس خواہش کے مطابق عمل بھی کیا۔ دینے کی خدمت کے تعلق سے ہم یہاں پر دو باتیں سیکھتے ہیں۔ اوّل دینے کے لئے دلی طور پر تیار اور رضامند ہونا۔ دوئم۔ اس دلی رضامندگی کے مطابق عملی طور پر کچھ دیں۔

کتنی بار آپ نے کبھی کسی ضرورت کو دیکھا اور پھر اپنے آپ سے یہ کہا کہ آپ کو اس خاص ضرورت کے تعلق سے کچھ کرنا چاہئے؟ شاید آپ نے دینے کا ارادہ تو کیا لیکن فوری طور پر

اُس ارادے کو عملی جامہ نہ پہنا سکے اور پھر وہ روپیہ پیسہ کسی دوسرے مقصد کے لئے استعمال کر لیا۔ یہاں پر یہ بات سیکھنا بھی بہت اہم ہے کہ بعض اوقات خدا بڑے دھیمے اور شائشتہ انداز میں رہنمائی کرتا ہے۔ خدا کبھی بھی آپ کو دینے کے لئے مجبور نہیں کرتا۔ اگر مجبوری یا کسی فرض کے تحت کچھ دیا جائے تو وہ دینا قابلِ قبول نہیں ہوتا۔ ہو سکتا ہے کہ خدا آپ کے دل میں ڈالے کہ کس طرح آپ کسی بھائی یا بہن کی کسی مخصوص ضرورت کو پورا کر سکتے ہیں۔ ہو سکتا ہے کہ آپ دینے کا ارادہ تو رکھتے ہوں لیکن اُس پر عمل پیرا ہونا آپ کے لئے ایک جنگ ہو۔ جب دینے کی خدمت کی بات ہوتی ہے تو یہی مسئلہ درپیش ہوتا ہے۔ خداوند ہر کسی کو دینے کے تعلق سے تحریک اور رہنمائی دیتا رہتا ہے لیکن ہر کوئی اس رہنمائی کا مثبت جواب نہیں دیتا خواہ لوگ خدا کی رہنمائی کو محسوس کر بھی لیں۔ خدا کو ایسے لوگوں کی تلاش ہے جو لوگوں کی ضروریات کو دیکھ کر محض اظہارِ ہمدردی ہی نہ کریں بلکہ عملی طور پر اُن ضروریات کو پورا کرنے کے لئے بھی کچھ کریں۔ خواہش اور دلی رضامندگی عمل کے بغیر کوئی حیثیت نہیں رکھتی۔ آپ دینے کے لئے رضامند اور تیار ہو سکتے ہیں لیکن جب تک آپ کا روپیہ پیسہ آپ کی جیب میں ہے اُس وقت اُس رضامندگی کا کچھ فائدہ نہیں ہے۔

دینے کی خدمت کے تعلق سے دوسرا مسئلہ تحریک اور جذبہ ہے۔ دینے کی کئی ایک وجوہات ہوتی ہیں۔ بعض اوقات لوگ احساسِ جرم یا کسی مجبوری اور فرض کے تحت دیتے ہیں۔ بعض اوقات لوگ دیکھا دیکھی بھی دیتے ہیں۔ اُن کا طرزِ فکر کچھ اس طرح کا ہوتا ہے۔ "دوسرے لوگ دے رہے ہیں چلو ہم بھی کچھ نہ کچھ دے دیتے ہیں۔" بعض اوقات لوگ دکھاوے کے طور پر بھی دیتے ہیں ۔ ہو سکتا ہے کہ آپ بھی کبھی ایسی صورتحال سے گزرے ہوں۔ آپ نے کچھ دیا تو تھا لیکن آپ کا دل اُس دینے کے ساتھ

متفق اور خوش نہیں تھا۔ 12 آیت میں پولس رسول بتاتا ہے کہ اگر دلی رضامندگی شامل ہے تو پھر وہ قربانی قابلِ قبول ہے۔ تب ہی وہ ہدیہ خداوند کے حضور نذرانہ سمجھا جائے گا۔ اگر آپ چاہتے ہیں کہ آپ کا ہدیہ اور نذرانہ خداوند کے حضور قبول ہو تو پھر دینے کے تعلق سے خدا کے ساتھ اپنا روّیہ اور دل بھی دُرست رکھیں۔ اگر آپ محبت اور دلی رضامندگی کے بغیر خداوند کو دیتے ہیں تو پھر آپ اپنے دینے سے خدا کی تمجید نہیں کرتے۔

جو کچھ آپ کے پاس ہے اُس کے مطابق دیں

پولس رسول نے دینے کی خدمت کے تعلق سے دوسرا اصول یہ بتایا کہ خدا ہم سے وہی توقع کرتا ہے جو ہمارے پاس ہے۔(12 آیت) یہ بات اپنی جگہ پر دُرست ہے کہ لیکن حقیقت تو یہ ہے کہ جو لوگ دینے والا دل نہیں رکھتے ہیں وہ اس اصول پر عمل پیرا ہونے میں مشکل محسوس کرتے ہیں۔

کچھ عرصہ پہلے میں ملکِ ہیٹی وزٹ کرنے گیا۔ ہر طرف جہاں کہیں جاتا، میں لوگوں کی ضروریات کو دیکھ کر پریشان ہو جاتا۔ لیکن سچ تو یہ ہے کہ اکیلا شخص اتنے لوگوں کی ضروریات کو کیسے پورا کر سکتا ہے۔ ہر کسی کی ضرورت کو پورا نہ کرنے کی صورت میں ہم اپنے اندر ایک احساسِ جرم محسوس کرنے لگتے ہیں۔ پھر یہ احساسِ جرم بہت جلد ہمارے ذہن پر ایک بوجھ بن جاتا ہے۔ اس اصول کو سمجھنا بہت اہم ہے کہ خدا ہم سے وہ کچھ دینے کی توقع نہیں کرتا جو ہمارے پاس ہے ہی نہیں۔ خدا جانتا ہے کہ آپ کا دیا ہوا روپیہ پیسہ درپیش ضرورت کے مقابلہ میں بہت کم ہے۔ خدا ہمارے چھوٹے ہدیہ کو بھی اس طور سے استعمال کر سکتا ہے کہ ہمارے وہم و گمان میں بھی نہ ہو۔ اگر ہم اُس کی رہنمائی کے مطابق دیں تو پھر ہو سکتا ہے کہ جس طرح وہ مناسب سمجھے اُس ہدیہ کو برکت دے زیادہ کر

دے۔

مساوات کے لئے کوشاں رہیں

تیسرا اصول جو پولس رسول نے کرنتھس کی کلیسیا کو سکھایا اُنہیں مسیح کے بدن میں مساوات یا برابری کے لئے جدوجہد کرنا تھی۔ 13 آیت میں پولس رسول کرنتھس کے لوگوں کو بتاتا ہے کہ اُس کی ہرگز یہ خواہش نہیں تھی کہ وہ ایک شخص کی ضرورت کو نظر انداز کرکے دوسرے شخص کو ترجیح دے۔ اگر میں ایک شخص کو نظر انداز کرکے دوسرے شخص کی ضرورت کو پورا کرتا ہوں تو پھر میں صورتحال میں تبدیلی کا باعث تو نہیں ہو سکتا۔ پولس رسول کرنتھس کے لوگوں کو بتاتا ہے کہ دینے کا مقصد مساوات قائم کرنا ہو۔ ایسا نہیں کہ ایک محتاج ہی رہ جائے اور دوسرا اسیر ہو جائے۔ مقصد یہ ہونا چاہئے کہ جن کے پاس ضرورت سے زیادہ ہے وہ اُن کو دیں جن کے پاس ضرورت کے مطابق نہیں ہے یوں ہر کسی کی ضرورت کے لئے کچھ نہ کچھ دستیاب ہو جائے گا۔ اپنے نکتہ کی وضاحت اور اس پر زور دینے کے لئے پولس رسول خروج 16 باب 18 آیت کا حوالہ دیتا ہے جب بنی اسرائیل بیابان میں من جمع کر رہے تھے۔ جنہوں نے زیادہ جمع کیا اُن کا زیادہ جمع شدہ خراب ہو گیا۔ خدا اپنے لوگوں کو یہ سکھا رہا تھا کہ جس قدر اُن کی ضرورت ہے اُس سے زیادہ کی فکر اور لالچ میں نہ پڑیں۔ بلکہ جو کچھ موجود ہے یا جس قدر ضرورت ہے اُسی پر قناعت کریں۔ اسی لئے تو زیادہ جمع کرنے کی صورت میں اُس میں کیڑے پڑ گئے۔ پولس رسول ہمیں یہاں پر یہ سمجھا رہا ہے کہ اگر ہمارے پاس زیادہ ہے تو دوسروں کی ضرورت کے لئے دے دیں بیشتر اس سے کہ وہ خراب یا ضائع ہو جائے۔

ہمیں دینے کے لئے ہی دیا گیا ہے

14 آیت میں پولس رسول بیان کرتا ہے کہ ہمارے پاس اضافی روپیہ پیسہ یا کوئی چیز کسی

کی انتہائی اہم ضرورت کو پورا کر سکتی ہے۔ ہمیں دینے کے لئے ہی دیا گیا ہے۔ یہ کس قدر آسان سی آزمائش ہے کہ ہم اپنی موجودہ اور حتیٰ کہ آنے والے کل یا آنے والے دَور کی ضروریات کو مدِ نظر رکھ کر نہ دیں جب کہ ہمارے اِرد گرد بہت سے لوگ آج کے دَور میں بھوکے پیاسے اور ضرورت مند ہیں۔ آنے والے کل کسی مشکل صورتحال سے نبرد آزما ہونے کے لئے کچھ بچا رکھنا حکمت کی بات ہے اور اِس میں کچھ بُرائی بھی نہیں ہے۔ لیکن یہ کبھی بھی نہ بھولیں کہ ہمارے اِرد گرد جو ضرورت مند اور محتاج ہیں، مشکل گھڑی میں اُن تک رسائی حاصل کر کے اُن کی ضروریات پوری کرنا بھی ہماری ذمہ داری ہے۔ پولس رسول نے خروج 16 باب 18 آیت کا حوالہ دیا جب بنی اسرائیل نے بیابان میں من جمع کیا۔ ہر کسی کے پاس ضرورت کے مطابق کھانے کے لئے من تھا، کوئی بھی محتاج نہیں تھا۔ خدا ہمیں اِس لئے عطا کرتا ہے تاکہ ہمارے وسیلہ سے دُوسرے ضرورت مندوں کی ضروریات بھی پوری ہو جائیں۔ یہاں پر ایک بار پھر مساوات کا اصول دیکھنے کو ملتا ہے۔ اگر آپ کے پاس بہت زیادہ ہے اور آپ کا بھائی یا کوئی بہن محتاج اور تنگ دست ہے تو اپنے آپ سے یہ سوال کریں" مجھے زیادہ کیوں دیا گیا ہے؟" غور کریں کہ خدا نے آپ کو اسی لئے دیا ہے تاکہ آپ کے وسیلہ سے دُوسرے محتاج اور ضرورت مند سیر و آسودہ ہوں جو انتہائی غربت کا شکار ہیں۔

خدا کی بادشاہی میں جب روپے پیسے کے استعمال کا معاملہ ہوتا ہے تو پھر بہت سے مسائل اُٹھتے ہیں۔ پولس رسول اِس سلسلہ میں کرنتھس کے لوگوں کو یاد کراتا ہے کہ روپے پیسے کے استعمال میں وہ خدا اور لوگوں کے سامنے جواب دہ ہیں۔

ضروری ہے کہ ہم اس باب کے متن کو تھوڑا اور تفصیل سے جانیں۔ 9 باب میں ہم دیکھیں گے کہ کرنتھس کی کلیسیا نے کچھ ہدیہ دینے کا وعدہ کیا تھا۔ (1 کرنتھیوں 9 باب 6

اور 1 کرنتھیوں 16 باب 1-3آیت) معلوم ہوتا ہے کہ اُنہوں نے وعدہ تو کیا لیکن وہ ہدیہ اپنے اصل مقام تک پہنچ نہ پایا۔ کرنتھس کی کلیسیا نے یہ روپیہ پیسہ محفوظ تو کر لیا لیکن ضرورتمندوں تک نہ پہنچایا۔ اسی لئے پولس رسول نے ضروری سمجھا کہ کچھ بھائیوں کو بھیج کر کرنتھس کی کلیسیا کو اپنے وعدے کی پاسداری کرنے کی یاددہانی کرائیں۔

16 آیت میں پولس رسول کرنتھس کے ایمانداروں کو یاد کراتا ہے کہ خدا نے ططس کے دل پر بوجھ رکھا ہے کہ وہ کلیسیا کو دینے کے معاملہ میں بھی دوسروں سے سبقت لے جاتے ہوئے دیکھے۔ کلیسیا میں کچھ حقیقی قسم کی ضروریات تھیں۔ مسیح کے بدن کو وسیع پیمانے پر اُن وسائل کی ضرورت تھی جنہیں کرنتھس کی کلیسیا نے اپنے پاس محفوظ رکھا ہوا تھا۔ وقت آپہنچا تھا کہ اب اُس جمع شدہ روپے پیسے کو ضرورتمند لوگوں تک پہنچانے کے لئے کچھ کیا جائے۔ ططس نے یہی بوجھ کلیسیا کے لوگوں کے ساتھ شئیر کیا۔ ططس نے کرنتھس کی کلیسیا کے ہاں جانے کا فیصلہ کیا۔ تاکہ وہ جا کر اُنہیں وعدے کی پاسداری کے لئے اُبھارے۔

ططس کے ہمراہ پولس رسول نے مناسب جانا کہ وہ ایک ایسے بھائی کو بھیجے جو انجیل کی خدمت میں دیانتدار تھا۔ ہمیں یہ تو نہیں بتایا گیا کہ وہ بھائی کون تھا۔ لیکن ہم اندازہ لگا سکتے ہیں کہ کلیسیائیوں کے درمیان وہ معزز اور قابلِ اعتبار شخص تھا۔ 19 آیت میں پولس رسول نے کرنتھس کے ایمانداروں کو یاددہانی کرائی کہ اگر وہ اپنے اُس وعدے کی پاسداری کریں گے تو خدا کے نام کو جلال اور اُس کے نام کی تمجید ہو گی جو اُنہوں نے دینے کے تعلق سے کیا ہے۔

پولس رسول نے کرنتھس کی کلیسیا کو دینے کے اُس وعدہ کے بارے میں ذمہ دار اور جوابدہ ٹھہرایا۔ پولس رسول نے بااعتبار بھائیوں کو بھیجا تاکہ وہ اُس ہدیہ کو لے کر اُسے اُس

مقام تک پہنچا دیں جہاں پر اُس کی ضرورت ہے۔ تا کہ وہ اُس ہدیہ کو استعمال کرنے کے تعلق سے کسی طور پر تنقید کا نشانہ نہ بنیں۔ پولس رسول نے اُنہیں یاد کرایا کہ جو دُرست اور راست ہے اُس کی انجام دہی کے لئے اُس نے سنجیدگی اور جانفشانی سے کام لیا۔ جو کہ نہ صرف آدمیوں کے سامنے بلکہ خدا کے سامنے بھی دُرست اور راست ہے۔ وہ چاہتا تھا کہ بغیر کسی شک وشبہ کے وہ ہدیہ نذرانہ دیانتداری سے استعمال ہو تا کہ کسی کو تنقید کرنے کا موقع ہی نہ ملے۔ دیانتدار بھائیوں کو بھیجنے کا مقصد ہی یہی تھا کہ اگر کسی طرح شک وشبہ کی فضا پیدا ہو تو پھر وہ اس بات کے گواہ ہوں کہ ہدیہ بالکل دُرست جگہ پر اور دیانتداری سے استعمال کیا گیا۔ دینے کے معاملہ میں پولس رسول نہیں چاہتا تھا کہ کوئی شخص کلیسیا یا کسی بھائی کی دیانتداری پر کوئی شک کرے یا کسی قسم کی تنقید کرے جو ہدیہ کو ضرورتمندوں تک لے کر آئے تھے۔ اس معاملہ میں پولس رسول نے طِطُس کی تصدیق کی کہ وہ واقعی خدا کا خادم ہے جو خداوند کے نام کی تمجید اور بزرگی کا باعث ہوا ہے۔ پولس رسول نے کرنتھس کی کلیسیا کو اُبھارا کہ وہ آنے والے بھائیوں کو بڑی محبت سے ملیں۔

یہاں پر قابلِ غور بات یہ ہے کہ کس طرح پولس رسول نے اس بات کو سنجیدگی سے لیا کہ کلیسیا اپنے وعدہ کے مطابق دینے کی ذمہ دار ہے۔ اُس کے نزدیک یہ بات بھی بڑی اہمیت کی حامل تھی کہ ہدیہ لے جانے والے لوگ بھی قابلِ اعتبار ہوں تا کہ کسی قسم کا کوئی سوال اُن کے کردار اور دیانتداری پر نہ اُٹھنے پائے۔

کلیسیاؤں میں کتنے ہی مسائل روپے پیسے کے معاملہ میں پیدا ہو جاتے ہیں؟ کتنی ہی بار ایماندار روپے پیسے کے استعمال یا اُس کے لالچ کی آزمائش میں پڑ جاتے ہیں؟ پولس رسول نے کلیسیا کی ساکھ کو بچانے کے لئے اس نازک اور اہم معاملہ کے لئے دیانتدار آدمیوں کا چناؤ کیا۔ کیونکہ پولس رسول کو کلیسیا کی ساکھ کے تحفظ کی اہمیت کا اندازہ تھا۔ اس سے پہلے

کی ہماری ساکھ پر کوئی دھبہ لگے ہمیں بھی ایسی ہی کاوِش اور جدوجہد سے کام لینا چاہئے۔ بہت سی منسٹریز روپے پیسے کے معاملہ میں ناکامی سے دوچار ہوئی ہیں۔ اس حوالہ میں روپے پیسے کے تعلق سے جو اصول پولس رسول نے بیان کئے ہیں ہمیں خدا کی بادشاہی کے لئے خدا کے روپے پیسے کو استعمال کرتے وقت وہ اصول یاد رکھنے چاہئے۔

چند غور طلب باتیں

☆۔ دینے میں ہمارا روّیہ کیا کردار ادا کرتا ہے؟

☆۔ کیا آپ ہدیہ جات دینے میں ناکام ہوئے ہیں؟ وضاحت کریں۔

☆۔ پولس رسول یہاں پر جس مساوات (برابری) کی بات کر رہا ہے، اُس کا اصول کیا ہے؟ یہ اصول اُن وسائل کو استعمال کرنے پر کس طرح اثرانداز ہوتا ہے جو خدا نے ہمیں عطا کئے ہیں؟

☆۔ کلیسیا میں روپے پیسے کے تعلق سے جوابدہی کی اہمیت کے بارے میں ہم یہاں پر کیا سیکھتے ہیں؟ خدا کی بادشاہی کے روپے پیسے کے معاملہ میں احتساب / جوابدہی کیوں کر اہم ہے؟

چند اہم دُعائیہ نکات

☆۔ خداوند سے دُعا کریں کہ وہ مسیح کے بدن میں موجود لوگوں کی ضروریات کو سمجھنے، محسوس کرنے اور اُنہیں پورا کرنے کے لئے آپ کا دل اور آنکھیں کھول دے۔

☆۔ خداوند سے دُعا کریں کہ وہ روپے پیسے کے تعلق سے پیدا ہونے والی مشکلات اور مسائل سے آپ کی کلیسیا کو محفوظ رکھے۔

☆۔ خداوند سے دُعا کریں کہ وہ آپ کی کلیسیا کو اپنے درمیان مساوات اور برابری قائم کرنے کے لئے متحرک کرے۔

باب16

دینے کی برکات

(2 کرنتھیوں 9باب 1-15 آیت)

گزشتہ چند ایک ابواب میں ہم نے دیکھا کہ کس طرح پولس رسول کرنتھس کی کلیسیا کو اُبھارتا رہا کہ وہ دینے کے فضل اور توفیق میں دُوسروں سے سبقت لے جائیں۔ پولس رسول نے دینے کے تعلق سے چند ایک رہنما اصول بھی بیان کئے۔ اُس نے اُنہیں یہ بھی بتایا کہ وہ چند دیانتدار اور قابلِ اعتبار لوگوں کو اُن کے پاس بھیج رہا ہے تاکہ دینے کے تعلق سے کیا گیا وعدہ پورا کرنے کے لئے اُنہیں اُبھاریں۔ اور جمع شدہ چندہ یروشلیم کی اُن کلیسیاؤں کے پاس لے جائیں جو انتہائی غریب اور کسمپُرسی کا شکار ہیں۔

خدا کی بادشاہی کے لئے دینے کی اہمیت کے تعلق سے پولس رسول کو کرنتھس کی کلیسیا پر اعتماد تھا کہ وہ دینے کی اہمیت کے بارے میں خوب جانتے ہیں۔ کرنتھس کی کلیسیا مسیح کے بدن میں دینے کی ضرورت کے تعلق سے فہم و ادراک رکھتی تھی۔ پولس رسول کو یہ علم تھا کہ وہ محتاجوں اور ضرورت مندوں کی مدد کے لئے بالکل تیار ہیں۔ ہدیہ کے تعلق سے اُس نے کسی کے سامنے کرنتھس کی کلیسیا کے بارے میں فخر بھی کیا تھا کہ وہ بہت زیادہ دینے والی کلیسیا ہے۔ اُس نے مکدونیہ کی کلیسیا کو بھی اس تعلق سے بتایا اور اس سے اُن کی بڑی حوصلہ افزائی ہوئی تھی (2 آیت)

پولس رسول کرنتھس کے لوگوں کا جوش و جذبہ دیکھ کر بہت خوش ہوا، اس روّیے سے اُس کی بڑی ہمت افزائی ہوئی۔ تاہم اُس کے لئے یہ ضروری تھا کہ وہ اُن کے پاس ایسے

بھائیوں کو بھیجے جو اُن کے وعدہ کے مطابق دینے کے معاملہ میں اُن کی حوصلہ افزائی کریں۔ وہ نہیں چاہتا تھا کہ اُس کا اُن پر فخر کرنا بے کار جائے۔ (3 آیت) وہ چاہتا تھا کہ جیسا اُنہوں نے ارادہ اور خواہش کی ہے اُس کے مطابق وہ ضرور دیں۔ پچھلے باب میں ہم نے دیکھا تھا کہ بعض اوقات خواہش اور ارادہ تو ہوتا ہے کہ ہم دیں لیکن کئی بار ہم اُس پر عمل پیرا ہو نہیں پاتے۔ پولس رسول نہیں چاہتا تھا کہ کرنتھس کی کلیسیا میں بھی کچھ ایسا ہی ہو۔

پولس رسول کے بھیجے ہوئے بھائیوں نے اُن کے وعدہ کے مطابق ہدیہ جات وصول کرنے کا عمل پایہ تکمیل تک پہنچانا تھا۔ کرنتھس آنے والے بھائیوں کہ منسٹری سہہ رُخی تھی۔ اوّل، اُن کے ذمہ یہ کام تھا کہ وہ وعدہ شدہ ہدیہ کو لے کر اُس کو دُرست جگہ پر پہنچائیں۔ بالفاظ دیگر اُن کی ذمہ داری تھی کہ اُس ہدیہ کو لے کر پوری دیانتداری سے اُس کی تقسیم کو پایہ تکمیل تک پہنچائیں۔

دوئم، اُن کے ذمہ یہ کام تھا کہ اس وعدہ کی تکمیل کے لئے کلیسیا کو اُبھاریں۔ کرنتھس کی کلیسیا نے ہدیہ دینے کا وعدہ کر رکھا تھا۔ اب اُن کی یہ ذمہ داری تھی کہ اُس وعدہ کی تکمیل بھی کریں۔ کرنتھس پہنچ کر اُن بھائیوں نے کلیسیا کو اُبھارنا تھا کہ وہ اپنے وعدہ کی پاسداری کرتے ہوئے اپنا ہدیہ ضرورت مند کلیسیاؤں کے لئے دیں۔

کرنتھس میں اُن کے کام کی تیسری نوعیت یہ تھی کہ اُنہوں نے اس بات کا خیال رکھنا اور اس بات کو ممکن بنانا تھا کہ ہدیہ دُرست روّیہ کے ساتھ دیا جائے۔ 5 آیت کے مطابق اُن بھائیوں کے وزٹ کے نتیجہ کے طور پر وہ ہدیہ خوشی سے دیا جانا چاہئے تھا نہ کہ کسی مجبوری یا بڑبڑاہٹ یا کسی دباؤ کے تحت۔ پولس رسول اس بات کو محسوس کرتا تھا کہ ہدیہ دینے میں دُرست روّیہ بڑی اہمیت کا حامل ہے۔ پولس رسول نے اُن بھائیوں کو اِسی لئے بھیجا تھا۔

ہمیں اس بات کو سمجھنے کی ضرورت ہے کہ خدا کی بادشاہی کے لئے دینے کی خدمت ایک اہم حصہ ہے۔ پولس رسول نے اپنی خدمت کو اُن بھائیوں اور بہنوں کی مالی معاونت سے پایہ تکمیل تک پہنچایا جو خوشی اور دلی رضامندگی سے اُسے اپنے وسائل میں سے خدا کی بادشاہی کے لئے دیتے تھے۔ دینے کی خدمت اس قدر اہم تھی کہ پولس رسول نے کرنتھس کی کلیسیا کو اُبھارا اور نصیحت کی کہ وہ اِس خدمت کے تعلق سے بہت محتاط رہیں۔ اور جو لوگ اپنے ہدیہ جات دے رہے ہیں، درُست روّیہ کے ساتھ دیں اور پوری ذمہ داری اور جوابدہی کے ساتھ دیں۔ کیونکہ دُشمن ابلیس کو علم ہے کہ کس طرح اُس نے خدا کی بادشاہی کے کام کو برباد کرنے کے لئے روپے پیسے کو استعمال کرنا ہے۔ وہ اُن لوگوں کے سامنے روپے پیسے کے بے جا تصرف اور غلط استعمال کی آزمائش کو رکھے گا۔ وہ دینے والوں کو غلط روّیہ کے ساتھ دینے کی آزمائش میں ڈالے گا۔ وہ ہمیں اس امتحان میں ڈال دے گا کہ ہم اپنے وعدہ کی تکمیل کو اگلے ہفتہ، اگلے مہینہ اور پھر کسی وقت تک کے لئے ٹالتے رہیں ، حتیٰ کہ ہمارے ذہن ہی سے نکل جائے کہ ہم نے خدا کے لئے کچھ دینا ہے۔

6اور 7 آیت میں پولس رسول کرنتھس کی کلیسیا کو دینے کی خدمت سے ملنے والی برکت یاد کراتا ہے۔ وہ اُنہیں یاد کراتا ہے کہ خدا خوشی سے دینے والوں کو عزیز رکھتا ہے۔ جب ہم خدا کی بادشاہی کے لئے خوشی سے دیتے ہیں تو اصل میں ہم بیج بوتے ہیں جو اپنے وقت پر ہمیں پھل بھی دیتے ہیں۔ وہ کرنتھس کی کلیسیا کو واضح طور پر بتاتا ہے کہ جس قدر وہ بوئیں گے، اُسی قدر وہ کاٹیں گے بھی۔ یعنی تھوڑا دینے کی صورت میں اُنہیں تھوڑا ہی ملے گا۔ اگر ہم خوشی سے دیں گے تو خدا ہمارے دئے ہوئے کو بابرکت بنا کر خدا کی بادشاہی کی وُسعت کے لئے استعمال کرے گا۔

یہ درُست ہے کہ جو بھی ہدیہ خدا کو دیا جاتا ہے وہ اُسے اپنی بادشاہی اور دُوسروں کی برکت

کے لئے استعمال کرنے کی قدرت رکھتا ہے۔ خوشی سے گزرانے گئے ہدیہ جات خداوند کی خوشنودی کا باعث ہوتے ہیں۔ کیا یہ بات ہمارے تعلق سے بھی کہیں جاسکتی ہے ؟ کچھ ایسی چیزیں بھی ہوتی ہیں جو ہمیں بہت عزیز ہوتی ہیں ؟ ہو سکتا ہے کہ کسی عزیز یا دوست کی طرف سے ہمیں کوئی تحفہ ملا ہو۔ ممکن ہے کہ ہمارے کسی بچے نے بڑی قربانی سے وہ تحفہ ہمیں دیا ہو۔ ایسے تحائف جو بڑی قدر و قیمت کے حامل ہوں اور بالخصوص بڑی قربانی دے کر ہم تک پہنچائے جاتے ہیں وہ بڑی اہمیت کے حامل ہوتے ہیں۔ ہم اُنہیں محفوظ کرتے اور اپنے گھر میں خاص جگہ پر نظروں کے سامنے رکھتے اور آنے جانے والوں کو اُس کے بارے میں بتاتے بھی ہیں۔ کیا خدا بھی ہمارے بیش قیمت تحائف کو ایسی ہی عزت نہیں دیتا؟ کیا وہ ہماری قربانیوں کو قدر کی نگاہ سے نہیں دیکھتا؟ کیا محبت اور خوشی سے دیئے گئے تحائف اُس کی خوشنودی کا باعث نہیں ہوتے ؟ کیا وہ ایسے تحائف کو اپنی بادشاہی میں خاص عزت نہیں دے گا خواہ وہ تحائف چھوٹے ہوں یا بڑے۔ ؟ بنیادی نکتہ دل کی خوشی اور رضامندگی ہے۔

اسی لئے پولس رسول کرنتھس کے ایمانداروں کو اُبھارتا ہے کہ جو کچھ خداوند اُن کے دل میں ڈالے وہ خوشی سے دیں۔ وہ اُنہیں بتاتا ہے کہ خدا خوشی سے دینے والوں کو عزیز رکھتا ہے۔ خوشی اور دلی رضامندگی سے دینے کی صورت میں ہی اُن کے ہدیہ جات خداوند کی تمجید اور اُس کے دل کی خوشنودی کا باعث ہو سکتے تھے۔ بے دلی، مجبوری یا فرض سمجھتے ہوئے دینے سے خداوند کی عزت اور تعظیم نہیں ہوتی۔

ہم اپنی روزمرہ زندگیوں میں بھی دیکھ سکتے ہیں کہ یہ بات اسی طرح سے ہے۔ اگر ہمیں معلوم ہو جائے کہ کوئی شخص ہمیں بڑی مجبوری یا بے دلی سے کوئی تحفہ دے رہا ہے تو ہم کیسا محسوس کریں گے ؟ اگر ہم اپنے کسی عزیز کو بڑی خفگی، شکایت آمیز روّیہ کے ساتھ کچھ

دیں تو وہ کیسا محسوس کریں گے ؟ کیا اس طرح سے دینا یا لینا خوشی کا باعث ہو گا؟ دینے کے تعلق سے ہمارا رویّہ خدا اور دُوسرے لوگوں کے لئے بڑی اہمیت کا حامل ہوتا ہے۔

8 آیت میں پولس رسول کرنتھس کی کلیسیا کو بتاتا ہے کہ خداوند خوشی سے دینے والوں پر اپنا فضل کثرت سے کر سکتا ہے۔ اگر وہ دینے کو راضی ہوتے تو خدا نے اُن کی ہر ایک ضرورت کو کثرت سے پورا کرنا تھا۔ جس قدر آپ دُوسروں کے لئے باعثَ برکت ہوتے ہیں، اُسی قدر خدا آپ کو برکت دیتا ہے۔(لوقا 6باب 38 آیت۔ امثال 19 باب 17 آیت)

9 آیت میں پولس رسول نے جو کچھ بیان کیا ہے، اُس پر غور کریں۔

"چنانچہ لکھا ہے کہ اُسی نے بکھیرا ہے۔ اُس نے کنگالوں کو دیا ہے۔ اُس کی راستبازی ابد تک باقی رہے گی۔"

مذکورہ آیت زبور 112 باب کی 9 آیت سے بیان کی گئی ہے۔ خدا اپنے لوگوں کو راستباز ہونے کے لئے بلا رہا تھا جس نے اُن کی مٹھی کو دُوسروں کے لئے باعثِ برکت ہونے کے لئے کھولا تھا جو بڑی محتاجی اور کسمپُرسی کی حالت میں تھے۔ خدا کا دل ہمیشہ محتاجوں کے لئے فکر مند ہوتا ہے۔ اگر ہم بھی خدا کی محبت اور اُس جیسا دل رکھتے ہیں تو ہم بھی اُسی کے نقشِ قدم پر چلیں گے۔ خدا کے لئے ہماری محبت کا اندازہ اسی بات سے لگایا جا سکتا ہے کہ انسانوں کے ساتھ ہمارا رویّہ اور اُن کی ضروریات اور محتاجی کی حالت کو دیکھ کر ہمارا ردِ عمل اور احساسات و جذبات کیسے ہوتے ہیں۔

پولس رسول 10 آیت میں کرنتھس کی کلیسیا پر واضح کرتا ہے کہ خداوند اُن کے بیج کو بڑھانے کے لئے تیار ہے تاکہ اُنہیں راستبازی کا پھل بکثرت حاصل ہو۔ غور کریں کہ یہاں پر کسی جسمانی برکت کی صورت میں محض فصل کا وعدہ نہیں ہے بلکہ راستبازی کی فصل کا وعدہ موجود ہے۔

خدا ہمیں اس لئے جسمانی اور دُنیوی برکات دیتا ہے تا کہ ہم اُنہیں روحانی فصل کی کٹائی کے لئے بو سکیں۔

کچھ ایسے لوگ بھی ہوتے ہیں جو یہ تعلیم دیتے ہیں کہ خدا ہمارے ذاتی مفادات کے لئے ہی ہمیں جسمانی برکات سے نوازتا ہے۔ کلیسیاؤں میں لوگوں کو اُبھارا جاتا ہے کہ وہ زیادہ سے زیادہ دیں تا کہ اُنہیں زیادہ سے زیادہ ملے۔ جس نکتہ پر پولس رسول بات کر رہا ہے اُسے وہ نظر انداز کر دیتے ہیں۔ فصل سے مُراد یہاں پر راستبازی کی فصل ہے۔ ہم اس لئے نہیں دیتے کہ ہمیں زیادہ سے زیادہ اپنے مفادات اور ضروریات کے لئے ملے بلکہ دینے کا مقصد زیادہ سے زیادہ روحانی فصل کا حصول ہوتا ہے۔ ہم اس لئے دیتے ہیں تا کہ راستبازی کی فصل اُگے اور لوگ جوق در جوق خداوند کے پاس چلے آئیں۔

11 آیت میں مقدس پولس رسول اپنے نکتے کو پھر سے واضح طور پر بیان کرتا ہے۔ وہ اُنہیں بتاتا ہے کہ اُنہیں اس لئے خداوند کی طرف سے مال و دولت ملا ہے تا کہ اُن کی سخاوت کی وجہ سے لوگ زیادہ سے زیادہ اُس کی شکر گزاری کریں۔ بالفاظ دیگر اُنہیں اس لئے وسائل سے نوازا گیا ہے تا کہ وہ دُوسروں تک رسائی کے لئے اُنہیں استعمال کر سکیں۔ اور اِس کے نتیجہ میں زیادہ سے زیادہ لوگ خداوند کی ستائش اور تعریف کر سکیں۔ اُن کو وسائل ملنے کا مقصد یہ نہیں تھا کہ وہ اپنی عیش و عشرت پر ہی خرچ کریں بلکہ خدا کی بادشاہی کی وُسعت اور راستبازی کے کاموں کے لئے اُنہوں نے خدا کی طرف سے عطا کردہ وسائل کو استعمال کرنا تھا۔ خدا ہمیں اِس لئے عطا کرتا ہے تا کہ ہم خدا کی بادشاہی اور لوگوں کی برکت کے لئے استعمال کر سکیں۔ جو وسائل اور مال و دولت ہمیں ملتے ہیں ہم اُن کے مالک نہیں بلکہ مختار ہوتے ہیں۔

غور کریں کہ ہمارے دینے سے کئی ایک چیزیں وقوع پذیر ہوتی ہیں۔ 12 آیت میں پولس

رسول بتاتا ہے کہ ہمارے دینے سے خدا کے لوگوں کی ضروریات پوری ہوتی ہیں۔ خداوند یسوع کے نام سے محتاجوں کی احتیاجات پوری ہوتی ہیں۔ اُن ضروریات کے بوجھ سے رہائی اور ایک اُمید ملتی ہے۔ ہمارے ہدیہ جات اور نذرانوں ہی سے یہ سب کچھ ممکن ہوتا ہے۔

12 آیت پر غور کریں کہ جو ہدیہ جات ہم دیتے ہیں وہ خدا کی بے حد شکر گزاری کا باعث بھی ہوتے ہیں۔ ممکن ہے کہ آپ نے بھی کوئی ایسا تحفہ وصول کیا ہو جس کے لئے آپ خدا کے بے حد شکر گزار ہیں۔ جب آپ نے کوئی ایسا ہدیہ وصول کیا جس سے آپ کی کوئی خاص ضرورت پوری ہوئی تو آپ کا ردِ عمل کیسا تھا؟ کیا آپ نے خداوند کی تعریف و تمجید کرتے ہوئے خداوند کی شکر گزاری کی تھی؟ کتب کی تصنیف اور اشاعت کی اس منسٹری میں جو مجھے خداوند کی طرف سے ملی ہے، مجھے ایسے ہدیہ جات اور مالی معاونت حاصل ہوتی ہے کہ میں خداوند کی شکر گزاری اور اُس کی تمجید کئے بغیر رہ نہیں سکتا۔ دُنیا بھر سے مجھے ایسے خطوط حاصل ہوتے ہیں جن کا آغاز اِن الفاظ سے ہوتا ہے۔" میں خداوند کا شکر گزار ہوں۔" اوّلین بات تو ہے ہی خداوند کی شکر گزاری جو اپنے لوگوں کے دلوں میں اپنی بادشاہی کی وُسعت کے لئے تحریک دیتا ہے کہ وہ اُس کے کاموں کے لئے دل کھول کر اور دلی خوشی اور رضامندگی سے دیں۔ جب ہم دیتے ہیں تو خداوند کی تعریف و تمجید اور اُس کی شکر گزاری کے لئے بہت سی صدائیں بلند ہوتی ہیں۔ جب لوگ دینے کے وسیلہ سے خدا کی محبت کا عملی ظہور دیکھتے ہیں تو پھر لوگوں کے دل خداوند کی تمجید اور اُس کی شکر گزاری کے لئے مائل ہو جاتے ہیں۔

سچ تو یہ ہے کہ جب ہم دل کھول کر خوشی کے ساتھ خداوند کو اپنا روپیہ پیسہ اور مال و متاع خدا کی بادشاہی کی وُسعت کے لئے دیتے ہیں، تو پھر جب بہت سے لوگوں کے وسیلہ سے خداوند کی شکر گزاری ہوتی ہے تو لوگوں کے دل کھلتے ہیں۔ وہ خداوند کی آواز سن کر اپنے

ہاتھ اپنی جیبوں تک لے جاتے ہیں اور پھر جو خداوند اُن کے دلوں میں ڈالتا ہے وہ خداوند کے کاموں کے لئے دیتے ہیں۔ 13 آیت میں مقدس پولس رسول کرنتھس کے لوگوں کو یاد کراتا ہے کہ اقرار واعتراف کے ساتھ جس طور پر اُنہوں نے تابعداری کی ہے اُس کی وجہ سے لوگ خداوند کی تمجید اور شکر گزاری کریں گے۔ بالفاظ دیگر جب یروشیلم کی کلیسیاؤں اور دیگر لوگوں نے سنا کہ کس طرح کرنتھس کے مقدسین نے روح القدس کی رہنمائی اور تحریک کو محسوس کرتے ہوئے دیا تو پھر بہت سی صدائیں شکر گزاری، تمجید اور خداوند کی تعریف کے لئے بلند ہوئیں۔

دینے کی خدمت کا ایک اور نتیجہ بھی سامنے آتا ہے کہ لوگ دینے والے کو خداوند کی حضوری میں یاد کرتے ہوئے اُس کے لئے برکت چاہتے ہیں، اُس کے وسائل پر خداوند کے ہاتھ کو مانگتے ہیں۔ (14 آیت) میں ایک بار پھر یہ ذکر کرنا چاہوں گا کہ لوگ جب بذریعہ ڈاک میری کتب وصول کرتے ہیں تو مجھے اپنی دُعاؤں میں یاد کرتے ہیں۔ اس سے مجھے اس خدمت میں آگے بڑھنے کی مزید تقویت اور حوصلہ افزائی ملتی ہے۔ میرے لئے یہ بیان کرنا بھی ممکن نہیں کہ کس قدر اُن دُعاؤں کا میری زندگی اور خدمت پر مثبت اور با برکت اثر پڑا ہے۔ میرے قارئین کی دعاؤں کے وسیلہ سے مجھے روح القدس کی طرف سے مزید تحریک اور بصیرت ملتی ہے جس کی مجھے اپنی کتب کی تصنیف کے لئے بے حد ضرورت ہوتی ہے۔ مقدسین کی دُعاؤں کے سبب سے میں آج تک اس خدمت میں ثابت قدم اور قائم ہوں۔ اس میں کوئی شک وشبہ کی گنجائش نہیں کہ مقدسین کی دُعاؤں کے وسیلہ سے مالی ضروریات بھی پوری ہوئی ہیں اور میرے لئے بہت سے مواقع بھی فراہم ہوئے ہیں۔ جب آپ دیتے ہیں تو پھر آپ خدا کے لوگوں کی دُعاؤں کے نتائج بھی حاصل کرتے ہیں۔ آپ کی راستبازی کی فصل میں اضافہ ہوتا چلا جاتا ہے۔

پولس رسول نے اس باب کا اختتام 15 آیت میں ان الفاظ کے ساتھ کیا۔ "شکر خدا کا اُس کی اس بخشش پر جو بیان سے باہر ہے۔" ممکن ہے کہ جس نعمت کا یہاں پر ذکر کیا گیا ہے وہ دینے کی نعمت ہی ہو۔ جو دینے والوں اور وصول کرنے والوں کے لئے بے حد برکت کا باعث ہوئی۔ دینے کی یہ نعمت خداوند یسوع مسیح کی زندگی میں بھی دیکھنے کو ملتی ہے۔ جو کہ سب سے بڑا تحفہ ہے جو کبھی بھی کسی نے کسی کو نہیں دیا۔ خداوند یسوع ہی ہمارے دینے کی تحریک کا موجد ہے۔ مقدس پولس رسول خداوند یسوع مسیح جیسی نعمت اور برکت کے لئے بھی خدا باپ کی شکر گزاری کرتا ہے۔

چند غور طلب باتیں

☆۔ اس باب میں ہم خدا کی بادشاہی کی وُسعت کے لئے دینے کی اہمیت کے تعلق سے کیا سیکھتے ہیں؟

☆۔ دینے کے تعلق سے ہمارا روّیہ بہت اہمیت کا حامل ہے؟ وضاحت کریں۔

☆۔ آج کے دَور کی کلیسیا کو پولس رسول روپے پیسے کے انتظام و انصرام کی اہمیت کے تعلق سے کیا پیغام دیتا ہے؟ آپ کی کلیسیا میں روپے پیسے کا انتظام و انصرام کیسا ہے؟

☆۔ جب ہم خدا کی بادشاہی کے لئے بیج بو رہے ہیں تو ہمیں کس طرح کی فصل کی توقع کرنی چاہیئے؟

☆۔ کس طرح یہ کہا جاسکتا ہے کہ دینے والا ورشپ لیڈر ہے؟ دینے کا کیا نتیجہ سامنے آتا ہے؟ کس طرح خدا دینے کی خدمت سے پرستش اور ستائش حاصل کرتا ہے؟

چند اہم دُعائیہ نکات

☆۔ خداوند سے کہیں کہ وہ دینے کے تعلق سے آپ کے روّیہ کو جانچے اور پرکھے اور آپ کو درُست روّیہ سے دینے کی توفیق عطا فرمائے۔

☆۔ خداوند سے دُعا کریں کہ وہ آپ کے اِردگرد ضرورت مند لوگوں کے لئے سخاوت سے دینے کے مواقع دیکھنے کے لئے آپ کی آنکھیں کھول دے۔

☆۔ ایسے وقتوں کے لئے خدا کی شکر گزاری کریں جب کلیسیا میں سے خدا نے کسی کو آپ کی مدد کے لئے کھڑا کیا تھا۔

☆۔ کچھ وقت ایسے لوگوں کے لئے دُعا اور شکر گزاری کرنے میں گزاریں جن کو ضرورت کی گھڑی میں خدا نے آپ کی مدد کے لئے کھڑا کیا تھا۔

باب 17

کیا پولس رسول ڈرپوک تھا؟

(2 کرنتھیوں 10 باب 1-11 آیات)

پولس رسول اور کرنتھس کی کلیسیا کے درمیان کشیدگی کی وجوہات کا ہم جائزہ لے چکے ہیں۔ پولس رسول کی مخالفت کرنے والے کچھ تو جھوٹے اُستاد اور نبی تھے اور بعض ایسے بھی تھے جو اُسے اور اُس کی منسٹری کو بالکل پسند نہیں کرتے تھے۔ وہ ہر قیمت پر پولس رسول کو نیچا دکھانا چاہتے تھے۔ پولس رسول ان مسائل اور مشکلات سے بخوبی واقف تھا اور کھل کر اُن پر بات کرنا چاہتا تھا۔

کرنتھس کی کلیسیا کے بعض لوگوں کا یہ کہنا تھا کہ جب وہ لکھتا ہے تو بڑی دلیری سے لکھتا ہے لیکن جب رُوبرو کلام کرتا ہے تو بڑا ڈرپوک اور کمزور سا دکھائی دیتا ہے۔ ہمیں اس بات کو سمجھنا ہے کہ یہ لوگ پولس رسول کے اختیار اور اُس کی طبعیت اور مزاج پر بھی سوال اُٹھا رہے تھے۔ اُن کا کہنا تھا کہ پولس رسول متلون مزاج ہے اور مستقل مزاج آدمی نہیں ہے۔ وہ یہ کہہ رہے تھے کہ جب پولس رسول دُور تھا تو اُس نے بڑی جُرات اور دلیری سے لکھا لیکن جب ہمارے رُوبرو آیا تو اُن باتوں کی حمایت اور اُن کی تصدیق کے لئے اُس میں جُرات اور دلیری کا فقدان دیکھنے کو ملا۔

یہ لوگ پولس رسول کے کرنتھس کی کلیسیا کے نام بھیجے گئے خط پر اپنی اپنی سمجھ، روّیے اور اُس کے خلاف اپنی اپنی سوچ اور رائے کے مطابق ردِ عمل کا اظہار کر رہے تھے۔ جو کچھ پولس رسول نے خط میں بیان کیا تھا، اُس کو قدر کی نگاہ سے نہیں دیکھ رہے تھے بلکہ منفی

ردِ عمل اور روّیے کا اظہار کر رہے تھے۔ اُن کی سوچ اور طرزِ فکر پولس رسول کو نیچا دکھانا اور اُس کی شہرت کو ساکھ پہنچانا تھا۔

پولس رسول نے مسیح جیسی حلیمی اور شائستگی اختیار کر کے اپنے الزام لگانے والوں سے التماس کی۔ دوسرے لفظوں میں ہم یہ کہہ سکتے ہیں کہ پولس رسول اُن کے ردِ عمل کے طور پر کسی قسم کی خفگی، ناراضگی اور غصے کا اظہار نہیں کر رہا تھا۔ اُس نے نہایت حلم مزاجی اور نرمی سے کام لیا اور اُن سے کلام کیا۔ ہم سب جانتے ہیں کہ یہ کس قدر آسان ہے کہ ہم اپنے الزام لگانے والوں پر برہمی کا اظہار کریں۔ ہم دیکھ سکتے ہیں کہ پولس رسول یہاں پر کسی طور پر جسم میں نہیں بول رہا تھا۔ نہ ہی جسمانی حکمت اور فہم کو اُس نے کام کرنے دیا۔ جس طرح روح القدس نے اُس کی رہنمائی کی اُس نے کلام کیا۔ اُس نے تنقید کے تیروں کو برداشت کرتے ہوئے اپنے ترکش سے حلم مزاجی، فروتنی اور نرم مزاجی کے ہتھیاروں کو نکالا۔ اپنی جنگ لڑنے کے لئے یہی پولس رسول کے ہتھیار اور یہی اُس کا طریقہ کار تھا۔

پولس رسول اعتراف کرتا ہے کہ بعض اوقات اُسے اپنی خدمت میں دلیری اور جُرات سے بھی کلام کرنا پڑا۔ تاہم جہاں کہیں ممکن ہو تا وہ انکساری اور عاجزی سے بھی کام لیتا۔ 2 آیت میں پولس رسول کرنتھس کی کلیسیا سے التماس کرتا ہے کہ وہ اُس کے آنے سے قبل اس معاملہ کو حل کر لیں تا کہ اُسے آکر اُن پر سختی نہ کرنی پڑے۔

بعض لوگ تو اس حد تک بھی گئے کہ پولس اور اُس کے دیگر ہم خدمت ساتھی دُنیاداری کے مطابق زندگی بسر کرتے ہیں۔ پولس رسول نے اِن الزامات کو معمولی نہ سمجھا کیونکہ ایسے الزامات خدا کے خادم کی شہرت اور ساکھ کو نقصان پہنچاتے ہیں۔ ایسے الزامات کا مقصد خدا کے خدام کی شخصیت پر سوالیہ نشان لگا کر خدا کی بادشاہی کے کام میں رکاوٹ ڈالنا تھا۔ ضرورت تھی کہ اُن الزام تراشوں کو خاموش کیا جاتا کیونکہ اُن کے الزامات، پیدا

کردہ شک وشبہات اور تنقید کلیسیا میں تفرقے بازی اور بے اتفاقی پیدا کر رہی تھی۔ پولس آکر رُوبرو بات چیت کرتے ہوئے بھی اُن الزام تراشوں کو آئینہ دکھانے کے لئے تیار تھا۔ وہ تیار تھا کہ اُن کے رُوبرو ہو کر اُنہیں بتائے کہ وہ کس قدر دلیر ہے اور کس قدر دلیری سے کام اور کلام کر سکتا ہے۔ تاہم شائستگی اور فروتنی ہی سے اُس نے اُن کے پاس آنے کا فیصلہ کیا۔ اسی لئے تو اُس نے کلیسیا کو موقع اور وقت دیا کہ اُس کے آنے سے پہلے وہ ایسی باتوں کو اپنے درمیان سے ختم کریں تاکہ جب وہ آئے تو کسی ناخوشگوار صورتحال پر اُسے سختی سے کلام نہ کرنا پڑے۔

بہت اہم ہے کہ ہم خدا کے کسی خادم کے خلاف بولنے کے خطرہ کو سمجھیں۔ کلیسیا کو گمراہ کرنے والے قائد کے خلاف نبرد آزما ہونا ایک الگ معاملہ ہے۔ لیکن خدا کے کسی خادم یا خادمہ کے اندازِ خدمت اور شخصیت کا مذاق اُڑانا ایک بڑی خطرناک بات ہے۔ کیونکہ ہم اُن کی خدمت کرنے کے طریقہ اور بعض اوقات جس طور سے وہ کلام کرتے ہیں، اُس پر اپنی ناپسندیدگی کا اظہار کر رہے ہوتے ہیں۔ پیارے بہنوں، بھائیوں بڑی احتیاط سے کام لیں۔ اپنے مُنہ پر نگہبان بٹھائیں۔ اپنے ہونٹوں کو پاک رکھیں اور خدا کے خدام کے خلاف بولنے کا خطرہ کو مول نہ لیں۔ ہمیں کسی طور پر خدا کے کسی خادم کے اختیار اور رسالت پر نکتہ چینی کرنے اور اُس کی شخصیت کی تضحیک کرنے کے تعلق سے خبر رہنا چاہیئے، کیونکہ خدا نے اُن خدام کو ہماری روحانی ترقی، بہتری، بھلائی اور تعمیر وترقی کے لئے ہم پر مقرر کیا ہے۔ خدا نے اُن لوگوں کو روحانی زندگی کے سفر پر آگے بڑھنے میں ہماری حوصلہ افزائی کے لئے ہم پر مقرر کیا ہے۔ ایسا کرنا خدا کے خلاف کھڑا ہونے کے مترادف ہے۔

اس سلسلہ میں مردِ خدا، داؤد اس بات کی کامل مثال ہے جو اُس شخص کی عزت اور اُن کا احترام کرتا تھا جسے خدا اختیار دے کر اُس پر مقرر کیا تھا۔ اگرچہ ساؤل داؤد کی جان لے

لینا چاہتا تھا لیکن داؤد ہر طرح سے اُس کی عزت اور احترام کرتا رہا، کیونکہ وہ اُسے خدا کا ممسوح سمجھتا تھا۔ غور کریں داؤد اُس مسیح کی کیسی قدر اور عزت کرتا تھا جو خدا کی طرف سے ساؤل کو ملا تھا۔ خدا ہم سب کو داؤد کے نقشِ قدم پر چلنے کی توفیق عطا فرمائے۔

پولس رسول کرنتھس کے ایمانداروں کو یاد دلاتا ہے کہ خدا کے لوگ دُنیا میں تو رہتے ہیں لیکن دُنیاداری کے لوگوں کی طرح لڑائی نہیں کرتے۔ اُن کی لڑائی کے ہتھیار جسمانی نہیں بلکہ روحانی ہیں جو خدا کے نزدیک قلعوں کو ڈھا دینے کے لئے کافی ہیں۔ پہلی آیت میں ہم اِس کی واضح مثال دیکھ چکے ہیں۔ پولس رسول نے حلم مزاجی اور شائستگی اور فروتنی جیسے ہتھیاروں کو استعمال کیا۔ وہ جانتا تھا کہ دُنیا کے طریقے اور طرزِ عمل مختلف ہے۔ دُنیا تو ہر صورت میں انتقامی روّیہ اختیار کرنا چاہتی ہے۔ دُنیا کے لوگ تو معمولی باتوں پر مشتعل اور خفا ہو جاتے ہیں، اُن کے مزاج میں تلخی اور روّیے میں سختی دیکھی جا سکتی ہے۔ دُنیا کے لوگ اپنے آپ کو درُست اور راست ثابت کرنے کے لئے ہر ایک حد تک پہنچتے ہیں۔ یاد رکھیں بُرائی سے بُرائی ہی پیدا ہوتی ہے۔ پولس رسول کرنتھس کی کلیسیا کو یاد دلاتا ہے کہ دُنیاداری کے ہتھیار خدا کی طرف سے نہیں، اُن کا کلیسیا میں کوئی عمل دخل اور کام نہیں ہے۔

رُوح کے ہتھیار دُنیا کے ہتھیاروں سے زیادہ قوت والے اور زبردست ہیں۔ روحانی ہتھیار قلعوں کو ڈھا دیتے ہیں۔ نفرت کی بہ نسبت محبت کئی ایک رکاوٹوں اور مسائل کا خاتمہ کر سکتی ہے۔ حلم مزاجی اور شائستگی دُشمن کی قوت کو مات دے سکتی ہے۔ تکبر سے تو نفرت اور جدائی کی گرفت اور بھی زیادہ مضبوط ہو جاتی ہے۔ صبر و تحمل غالب آتا ہے جبکہ بے صبری سے معاملات اور بھی زیادہ بگڑ جاتے ہیں۔ ہر طرح کے رُوحانی ہتھیار روح کے پھل ہیں جو خدا کے پاک روح کی وجہ سے ہی ہماری زندگی میں پیدا ہوتے ہیں۔ خدا کا روح ہم

میں، اور ہمارے وسیلہ سے رُوح کے ہتھیاروں کو استعمال کرتے ہوئے دُشمن کی قوت اور قدرت کو شکست دیتا ہے۔ تاہم اکثر اوقات ایسا ہوتا ہے کہ ہم دُنیا کے ہتھیاروں کو استعمال کرنے پر ہی ترجیح دیتے ہیں۔ جسمانی ہتھیاروں پر تکیہ کرتے ہوئے ہم بڑا نقصان کر بیٹھتے ہیں۔ ممکن ہے کہ ہم خدا کی بادشاہی اور بھلائی کے لئے ہی جسمانی طریقے اختیار کریں، لیکن یاد رکھیں جسمانی ہتھیار کسی طور پر بھی تعمیر و ترقی کا نہیں بلکہ بربادی اور تباہی کا باعث ہوتے ہیں۔ کلیسیائیں جسمانی طریقوں سے نظم و ضبط پیدا کرنے اور کمزور ایمانداروں کو تنبیہ کرنے کی آزمائش میں پڑ سکتی ہے۔ ممکن ہے کہ مناد بھی جسم میں ہوتے ہوئے کلام کر رہا ہو۔ پولس رسول دُرست ہی تھا جب اُس نے کرنتھس کی کلیسیا میں موجود بُرائی اور شرارت کی مذمت کی۔ اُس نے پاک روح کی قوت اور قدرت کے وسیلہ سے کلام اور کام کیا۔

بعض لوگ یہ بھی سمجھتے ہیں کہ اگر ہم محبت اور رُوح میں ہی چلتے رہیں تو ہم کسی طور پر بھی بُرائی پر سختی کا ردِ عمل اختیار نہیں کر سکتے۔ ایسا بالکل بھی نہیں ہے۔ رُوح میں بھی ہم برہمی اور خفگی کا اظہار کر سکتے ہیں۔ جب خداوند یسوع ہیکل میں داخل ہوا تو اُس نے صرافوں کو دیکھ کر بڑے غصے کا اظہار کیا تھا۔ اُس نے رسیوں کا کوڑا بنا کر صرافوں کو وہاں سے چلتا کر دیا تھا۔ خدا خود بھی تو بُرائی اور گناہ پر قہر و غضب کا اظہار کرنے والا خدا ہے۔ جہنم کی حقیقت اور ابدی سزا اس بات کی گواہی ہے کہ خدا راست اور عدل کرنے والا خدا ہے جو اپنے راست غصے کے مطابق سزا بھی دیتا ہے۔ بعض لوگوں کی تعلیم یہ بھی ہے کہ اگر ہم لوگوں سے محبت کرتے ہیں تو اُن کے گناہوں پر کوئی بات نہ کریں، بس جیسے بھی ہیں اُنہیں اپنے درمیان قبول کر لیں۔ ہر ایک والدین کو علم ہے کہ سچی محبت تو ہے ہی تنبیہ اور نصیحت ہے۔ بعض اوقات دوسروں کے کردار اور اُن کی تعمیر و ترقی کے لئے ہمیں سختی بھی

اپنانا پڑتی ہے۔

5 آیت میں پولس رسول نے کرنتھس کے ایمانداروں کو بتایا کہ رُوح کی رہنمائی اور قدرت سے وہ ہر طرح کی تکرار اور ایسی باتوں کا قلع قمع کر سکتے ہیں جو خدا کی پہچان کے خلاف سر اُٹھاتی ہیں۔ بالفاظ دیگر خدا کا پاک رُوح ایمانداروں کے وسیلہ سے روحانی ہتھیاروں کو استعمال کرتے ہوئے ایسے تمام خیالات، فلاسفی اور دُنیا کے ایسے تمام طریقوں، سوچ اور طرزِ فکر کے خلاف جنگ کرتا ہے جو مسیح کی پہچان، اُس کے کام اور مقصد اور ذات کے خلاف ہوتے ہیں۔

پولس رسول دُنیا میں ایمانداروں کی ذمہ داری کو بیان کرنے کے لئے بڑے سخت الفاظ استعمال کرتا ہے۔ ہم تو دُشمن کے قلعوں کو برباد کر رہے ہیں۔ ہم بُرے فلسفوں کو تباہ کر رہے ہیں۔ ہم شیطان کی کھڑی کردہ دیواروں کو ڈھا رہے ہیں۔ ہم لوگوں کو دُشمن کی گرفت سے چھڑا رہے ہیں جو لوگوں کی رُوحوں کو برباد کرنے پر تلا ہوا ہے۔

روح میں چلنے والے اور روحانی ہتھیاروں کو استعمال کرنے والے لوگ کمزور نہیں ہوتے۔ ایسے لوگ تو خدا کے جلال اور اُس کی قدرت سے معمور ہوتے ہیں۔ وہ اپنی بصارت اور فہم سے اُس تباہی اور بربادی کو دیکھ سکتے ہیں جو دُشمن نے پیدا کی ہوتی ہے۔ اسی لئے تو ایماندار دُشمن کے خلاف نبرد آزما ہو کر اُس کے منصوبوں کو برباد کرتے ہیں۔ اُنہیں معلوم ہوتا ہے کہ دُنیا اور اُس کے معاملات کا حل خدا اور اُس کی فراہم کردہ نجات میں پوشیدہ ہے جو خداوند یسوع مسیح نے بنی نوع انسان کے لئے مہیا کر دی گئی ہے۔ اس مقصد کی تکمیل کے لئے وہ اپنی جانوں کو بھی قربان کر دیتے ہیں۔ وہ جسمانی طریقوں اور ہتھیاروں کو استعمال نہیں کرتے۔ اُن کے اندر روحانی جوش و جذبہ اور خدا کا جلال موجود ہوتا ہے اور وہ دشمن اور اُس کی تدبیروں کو ناکام کر دیتے ہیں۔

جب ہم میدانِ جنگ میں قدم رکھتے ہیں تو آزمائش یقینی ہے، جسمانی ہتھیار استعمال کرنے کی آزمائش یا پھر جسمانی عقل و دانش سے کام لینے اور ہم پر خفگی اور برہمی کی آزمائش بھی آئے گی۔ ہم پر یہ آزمائش بھی آئے گی کہ ہم دُشمن کے ہتھیاروں کو لے کر ہی اُس کے خلاف لڑنا شروع ہو جائیں۔ 5 آیت میں مقدس پولس رسول اپنے قارئین کو یاد کراتا ہے کہ وہ ہر ایک خیال کو لے کر اُسے مسیح کا قید کر دیں۔ ایک مسیحی قائد اور ایماندار کے لئے اس کا مطلب یہ ہے کہ وہ ہر ایک بُرائی، بُرے منصوبوں اور تدبیروں اور روّیوں کو مسیح کا غلام بنا دیں۔ اس کا مطلب جسمانی عقل اور طریقوں سے مر کر خدا کے طریقہ سے خدمت کے کاموں کو سر انجام دینا ہے۔ اس کا مطلب باطنی شفا اور بُرے روّیوں کی اصلاح کے لئے خداوند یسوع مسیح کے پاس آنا ہے۔ اِس کا معنی و مفہوم اپنے قصور واروں کو معاف کرنا بھی ہے۔ اِس کا مطلب غلط محرکات اور مقاصد کے تحت جنگ نہ کرنا ہے۔ ہر ایک جھوٹ اور خیال خدا کے کلام کی سچائی کا قید بن جائے۔ ہمیں خداوند یسوع کی عقل اور مقاصد کے تحت دشمن ابلیس کا سامنا کرنا چاہیئے۔

بہت سے لوگ اپنی باطنی جنگ کو فراموش اور نظر انداز کر کے اپنے ارد گرد، حالات و واقعات اور مسائل کی جنگ میں اُلجھے ہوئے ہیں۔ اپنی طرف سے وہ خدا کی بادشاہی کی تعمیر و ترقی کے لئے کام کر رہے ہیں لیکن وہ تلخ مزاج اور بُڑبڑانا اور ناگوار روّیہ رکھتے ہیں۔ اُنہوں نے حسد اور انتقام کے ہتھیار اُٹھا رکھے ہیں۔ گناہ کے تعلق سے وہ اپنی باطنی جنگ ہار چکے ہیں۔ ہو سکتا ہے کہ وہ روحانی اصولوں اور طریقوں کے مطابق ہی محوِ جنگ ہوں ۔لیکن اُن کی لڑائی کے ہتھیار جسمانی اور دُنیوی ہیں۔ جب ہم اس بات اور فرق کو سمجھ جاتے ہیں تو تب ہی ہم اُس طور پر روحانی جنگ کرنے کے قابل ہوتے ہیں جس طرح کہ ہمیں دُشمن کے خلاف جنگ لڑنی چاہیئے۔

پولس رسول 6 آیت میں کرنتھس کے ایمانداروں کو یاد کراتا ہے کہ وہ نافرمانی کے ہر عمل کو سزا دینے کو تیار تھا، وہ صرف یہ چاہتا تھا کہ ایماندار خود کو ایسے لوگوں سے الگ کر لیں جو گناہ آلودہ زندگی بسر کر رہے تھے۔ پولس رسول چاہتا تھا کہ اُس کے وہاں پہنچنے سے قبل ایمانداروں اور غیر ایمانداروں میں فرق نمایاں ہو جائے۔ اگر باغی لوگ اپنے روّیوں سے توبہ کرنے پر آمادگی ظاہر نہ کرتے تو پولس رسول ضروری تنبیہ اور سختی کرنے کے لئے بھی تیار تھا۔

پولس رسول نے اپنے الزام لگانے والوں کو بتایا کہ وہ ہر ایک چیز کو ظاہری اور سطعی طور پر ہی دیکھ رہے ہیں۔ بالفاظ دیگر وہ حقائق کی گہرائی کو نہیں جان رہے تھے۔ وہ ہر ایک چیز کو اپنی ہی سوچ اور خیال کی نظر سے دیکھ رہے تھے۔ وہ اُنہیں یاد دہانی کراتا ہے کہ جس قدر وہ مسیح کے ہیں وہ بھی اُسی قدر مسیح یسوع میں ہے اور اُس کا خادم ہونے کے لئے بلایا گیا ہے۔ پولس رسول کو اُن کی نجات پر کوئی شک نہیں تھا۔ وہ اُن لوگوں کو مسیح یسوع میں اپنے بھائی اور بہنیں ہی سمجھتا تھا۔ وہ ایک ہی روحانی بندھن میں بندھے ہوئے تھے۔ پولس رسول اُنہیں بتانے کی کوشش کر رہا تھا کہ وہ ایک ہی بدن کا حصہ ہیں اور ایک ہی خدا کی خدمت کر رہے ہیں۔ اُنہیں اس بات کو سمجھنے کی ضرورت تھی کہ وہ کس طرح روحانی جنگ جیت سکتے ہیں۔ شیطان کے خلاف نبرد آزما ہونے کی بجائے وہ اپنے ہی بھائیوں اور بہنوں پر تنقید اور نفرت کے تیر برسا رہے تھے۔

وہ کون سی اور کیسی فوج ہو گی جو جنگ بھی جیتنا چاہے اور اپنے ہی قائد کے خلاف نبرد آزما ہو اور دُشمن کو نظر انداز کر کے اپنی ہی صفوں میں بے اتفاقی اور ناچاکی پیدا کرے گی۔ اگر ہم ایک ہی ٹیم کے لوگ ہیں اور ہمارا ایک ہی دُشمن ہے، ہمارا کام اور مقصد بھی ایک ہے تو پھر کیوں دُشمن کو نظر انداز کر کے ہم بحث و تکرار، نفرت اور ایک دوسرے کو حقیر جانتے

ہوئے جنگ ہار رہے ہیں؟ کتنی ہی بار دُشمن نے ہمارے درمیان بے اتفاقی اور جدائی کی دیواریں کھڑی کر دیں، اور ہم اپنی نا سمجھی کی بنا پر اُس کے حیلے بہانوں کو سمجھنے سے قاصر رہے۔ بہت سی کلیسیائیں اپنی کم سمجھی کی بنا پر دُشمن کو نظر انداز کر کے اپنے ہی درمیان بحث و تکرار اور لڑائی جھگڑوں میں اُلجھی ہوئی ہیں اور خدا کی بادشاہی کو پھیلانے میں بُری طرح ناکامی سے دوچار ہیں۔

پولس رسول نے اپنے تنقید کرنے والے بھائیوں اور بہنوں کو یاد دہانی کرائی کہ اُنہیں اس بات کو سمجھنے کی ضرورت ہے کہ اُسے خدا کی طرف سے رسول ہونے کی برکت اور نعمت ملی ہے، اُس کا بلاوہ خدا کی طرف سے ہے اور رسول ہونے کا اختیار بھی اُسے خدا کی طرف سے ملا ہے۔ اور اُس اختیار کا مقصد کلیسیا کی تعمیر و ترقی ہے نا کہ بربادی اور تباہی۔ کرنتھس کی کلیسیا کے لوگ اُس کام میں رکاوٹ اور تناؤ کھچاؤ پیدا کر رہے تھے جس کے لئے خدا نے پولس رسول کو بلایا تھا۔ خدا نے پولس رسول کو چنا، اُسے خدمت بلکہ رسول ہونے کی خدمت سے نوازا۔ کرنتھس کی کلیسیا اور خدا کے دیگر رسول بھی اُس کی تصدیق کر چکے تھے۔ خدا کی کلیسیا کی تعمیر و ترقی کے لئے خدا کا فضل اور اُس کا ہاتھ پولس رسول پر تھا۔

پولس رسول 8 آیت میں اپنے ناقدین کو یاد کراتا ہے کہ اُسے خدا کے حضور کسی طرح کی کوئی شرمندگی اور ندامت محسوس نہیں ہوتی۔ اُس نے خدا کے دئے ہوئے اختیاراور صاف ضمیر کے ساتھ خدا کی خدمت اُن کے درمیان کی تھی۔ خدا کے خادم پولس رسول کے اختیار اور خدمت کو نیچا دکھانے کے چکر میں وہ در اصل خدا ہی کے خلاف لڑ رہے تھے۔ وہ بڑی خطرناک حالت میں تھے۔

9 آیت میں مقدس پولس رسول کرنتھس کی کلیسیا کو لکھتا ہے کہ اُس کا مقصد اُنہیں خطوط کے ذریعہ سے ڈرانا نہیں تھا۔ کچھ لوگ تو اس طرح کی باتیں بھی کر رہے تھے کہ

پولس رسول کے خط تو بڑے زبردست اور وزن دار ہیں لیکن جب وہ پیغام سناتا ہے تو اُس میں کوئی جان نہیں ہوتی، وہ اتنے متاثر کن نہیں ہوتے جس قدر اُس کے خطوط زبردست ہوتے ہیں۔ خطوں کے ذریعہ یا پھر منادی کے وسیلہ، پولس رسول کا مقصد کسی کو متاثر کرنا نہیں بلکہ خدا کی بادشاہی کی تعمیر و ترقی تھا۔ بعض معاملات پر پولس رسول کو بڑی سختی سے بھی کلام کرنا پڑا۔ اُس کا ارادہ اور مقصد بڑا نیک تھا اور وہ یہ کہ خدا کی بادشاہی پھیلتی چلی جائے۔ پولس رسول اپنے مخالفین کو بتاتا ہے کہ جب وہ اُن کے پاس آئے گا تو اُن کو معلوم ہو جائے گا کہ اُس کے خطوط ہی نہیں بلکہ وہ خود بھی زبردست اور سخت ہے۔ وہ اُن کے گناہ آلودہ روّیوں اور طرزِ زندگی کے خلاف بولنے سے کبھی نہ جھجکا اور ہر طرح کی ناپاکی کو کلیسیا میں ختم کرنے کے لئے ضروری اقدام کئے۔

چند غور طلب باتیں

☆۔ کچھ ایسے لوگ تھے جو پولس رسول کی خدمت کو قبول نہیں کرتے تھے۔ خداوند یسوع کے بھی بہت زیادہ دُشمن تھے۔ کیا ہمیں یہ توقع کرنی چاہیئے کہ ہر کوئی ہم سے اظہارِ محبت ہی کرے گا؟

☆۔ کیا آپ کبھی دُشمن سے جسمانی ہتھیاروں سے لڑنے کی آزمائش میں پڑے ہیں؟ وضاحت سے بیان کریں کہ آیا آپ اُن ہتھیاروں سے فتح پا سکتے ہیں؟

☆۔ آج کے دَور کی کلیسیا میں دُشمن کس طرح ایمانداروں کے درمیان فساد اور تفرقہ ڈالنے میں کامیاب ہوا ہے؟

☆۔ کیا آپ اُن لوگوں پر نکتہ چینی کرنے کی آزمائش میں پڑے ہیں جن کو خدا نے آپ پر اختیار بخشا ہے؟ ایسا کرنے میں کیا خطرہ درپیش ہوتا ہے؟ اس سلسلہ میں ہم کیا سیکھتے ہیں؟

چند اہم دُعائیہ نکات

☆۔خدا سے دُعا کریں تا کہ آپ اپنے اور اپنے ہم ایمان بھائیوں کے درمیان چھوٹے موٹے اختلافات قبول کرنے کے لائق ہو سکیں۔

☆۔خداوند کی شکر گزاری کریں کہ ہم جیسے بھی ہیں وہ ہمیں اپنی خدمت کے لئے استعمال کرتا ہے۔

☆۔کلیسیا میں ایمانداروں کے تعلق سے غلط روّیہ اپنانے کے گناہ کا اقرار کریں۔خداوند سے توفیق مانگیں تا کہ آپ حوصلہ افزائی کرنے والے بن سکیں۔

☆۔جو لوگ آپ پر صاحبِ اختیار ہیں،اُن کے لئے دُعا کریں۔اُن کے لئے برکت چاہیں اور دُعا کریں کہ وہ خدا اور اُس کے کلام کے ساتھ وفادار رہیں۔

باب 18

خداوند پر فخر

(2 کرنتھیوں 10 باب 12-18 آیت)

ہم یہ دیکھ چکے ہیں کہ کس طرح پولس رسول کی خدمت پر کرنتھس کے لوگ سوال اُٹھا رہے تھے۔ یہ لوگ اُس کے کردار اور اختیار پر سوال اُٹھا کر کلیسیا میں تفرقے بازی کو ہوا دے رہے تھے۔ صورتحال اِس قدر بگڑ چکی تھی کہ پولس رسول اِس معاملہ پر بات کرنے پر مجبور ہو گیا۔ پولس رسول کی بعض ایک باتوں کو اُس کے مخالفین نے غلط طور پر بیان کر کے صورتحال کو مزید خراب کر دیا تھا، جیسا کہ پولس رسول نے فخر کرنے کی بات کی ہے۔ پچھلے باب میں پولس رسول نے اپنے بلاوے، اختیار اور خدمت کی بات کی۔ اُس نے کہا کہ خدا نے اُسے رسول ہونے کے لئے بلایا ہے۔ اُس نے ایسا کچھ نہیں کیا جس سے اُس کی خدمت اور رسالت پر کوئی دھبہ لگے۔ پولس رسول کی اس بات کو اُس کے مخالفین نے اس طرح سے لیا کہ پولس رسول کو اپنے آپ پر بڑا ناز اور فخر ہے۔

یہی وجہ ہے کہ پولس رسول نے فخر اور ناز کے موضوع پر بات کی ہے۔ شیخی مارنے کا مطلب کسی چیز پر فخر کرنا ہے یہ کسی چیز یا شخص میں مسرور ہونا ہے۔ بعض اوقات ہمارا شیخی مارنا لاحاصل اور حتیٰ کہ گناہ کا باعث بھی ہوتا ہے۔ تاہم ضروری نہیں کہ ہر ایک فخر و ناز اسی روشنی میں دیکھا جائے۔ آئیں غور کریں کہ یہاں پر پولس رسول نے شیخی یا فخر کے تعلق سے کس طرح بیان کیا ہے۔

غلط معیار پر مبنی فخر

12 آیت سے آغاز کرتے ہوئے پولس رسول بیان کرتا ہے کہ اُس نے کبھی بھی اپنا موازنہ ایسے لوگوں سے کرنے کی جُرات نہیں کی جو اپنی تعریفوں کے پُل خود ہی باندھتے رہتے ہیں۔ اپنا موازنہ دُوسروں سے کرنا کس قدر آسان بات ہے۔ اگر ہم یہ سمجھ لیں کہ ہم دُوسروں کے ہم پلہ یا دوسروں سے کافی بہتر ہیں تو یہی خیال آتا ہے کہ ہمارے پاس فخر کرنے کی کوئی وجہ موجود ہے۔ ہم اپنے اندر ایک اطمینان محسوس کرتے ہیں کہ ہم جس مقام پر ہیں بالکل دُرست مقام ہے۔ کرنتھس کی کلیسیا کو پولس رسول یہی بتا رہا ہے کہ اُس نے کبھی بھی ایسا نہیں کیا۔ درحقیقت وہ معیار جس کے مطابق ہم زندگی بسر کرتے ہیں یا ہمیں کرنی چاہیے۔ وہ معیار کوئی انسان نہیں بلکہ خدا کا کلام طے کرتا ہے۔

بہت دفعہ ہم لوگوں کو ہی اپنا معیار بنا لیتے ہیں اور یوں دُوسروں کے ساتھ اپنا موازنہ کرتے ہوئے اپنے آپ کو تسلی دیتے رہتے ہیں۔ ہمارا دُشمن یہی تو چاہتا ہے اور یہی اُس کے دل کی خوشنودی ہے کہ ہم اپنا موازنہ دُوسروں کے ساتھ کریں نہ کہ خدا کے کلام کے معیار کے مطابق خود کو جانچیں اور پرکھیں۔ پولس رسول نے کرنتھس کی کلیسیا کو بتایا کہ اُس نے کبھی بھی اپنا موازنہ ایسے لوگوں سے نہیں کیا جو اپنے طے شدہ معیار کے مطابق خود کو جانچتے پرکھتے اور دیکھتے اور خود ہی خوش ہوتے رہتے ہیں اور کبھی اپنا موازنہ خدا کے پاک کلام اور معیار سے نہیں کرتے۔

تاریخِ کلیسیا کے اوراق اُٹھا کر دیکھیں تو آپ کو معلوم ہو گا کہ بہت سے لوگ ابلیس کے حیلوں اور بہانوں کا شکار ہوتے رہے ہیں۔ بنی اسرائیل بھی اکثر خدا سے منحرف ہو جاتے اور اپنے لئے اپنا ہی ایک معیار طے کر لیتے تھے۔ عین ممکن ہے کہ ہم اپنا موازنہ دُوسروں کے ساتھ کرتے ہوئے بڑے خوش اور شادمان ہوں اور بڑا فخر بھی محسوس کریں کہ ہم

دوسروں سے بہتر ہیں۔ سچ تو یہ ہے کہ ہم ابھی تک اُس معیار سے بہت پیچھے اور نیچے زندگی بسر کر رہے ہیں جو خدا نے ہمارے لئے مقرر کیا ہے۔

اپنا موازنہ دوسروں سے کرنے والے اور خود کو اپنے طے شدہ معیار کے مطابق دیکھنے والے لوگ عقلمند نہیں ہوتے۔ یاد رہے کہ خدا نے انسانی معیار کے مطابق عدالت نہیں کرنی اور نہ ہی ہمارا موازنہ دوسرے لوگوں کے ساتھ کرنا ہے۔ اس لئے ہمارا معیار اور کسوٹی خدا کا کلام ہونا چاہئے۔ کیونکہ خدا نے ہر ایک شخص کی عدالت اپنے کلام کے مطابق ہی کرنی ہے۔ کیونکہ کوئی شخص دوسروں سے بہتر یا اُن کے معیار کے مطابق ہو کر بھی ہلاک ہو سکتا ہے۔ ہمیں ہوش میں آنے کی ضرورت ہے۔ وقت کی پکار ہے کہ ہم اپنا موازنہ خدا کے کلام کے مطابق کریں اور خود کو کلام الہیٰ کے مطابق جانچیں اور پرکھیں۔

خدا کی عطا کردہ نعمتوں پر فخر

پولس رسول نے کرنتھس کی کلیسیا کو بتایا کہ اُس کا فخر اُسی علاقہ تک محدود تھا جو خدا نے اُسے عطا کیا تھا۔ (آیت 13) پولس رسول کا فخر اُسی کام پر تھا جس کے لئے خدا نے اُسے بلایا تھا۔ پولس رسول کو اپنی بلاہٹ پر بڑی خوشی اور شادمانی تھی۔ وہ خدا کا چنا ہوا رسول تھا اور اُسے اس بات کی خوشی تھی کہ خدا اُسے بہت سی غیر قوموں تک رسائی کے لئے استعمال کر رہا ہے تاکہ وہ بھی نجات پائیں۔ دراصل پولس رسول کو خدا کا خادم ہونے پر بڑا فخر اور ناز تھا۔

اگر آپ کے ملک کا صدر یا وزیر اعظم آپ کو اپنا نمائندہ مقرر کرے تو کیا آپ کو اس عہدے یا رُتبے پر فائز ہونے کی خوشی اور شادمانی نہیں ہوگی؟ اگر کلیسیا آپ کو خدا کا ممسوح جانتے ہوئے انجیل کی خدمت کے لئے مخصوص کر دے تو کیا آپ کو اُس مخصوصیت اور چناؤ پر خوشی اور شادمانی نہیں ہوگی؟

پولس رسول کو خوشی تھی کہ خدا اُسے خدمت کے لئے استعمال کر رہا تھا۔ اُسے بڑی شادمانی حاصل ہوتی جب خدا اُس کے وسیلہ سے بہت سی روحوں کو اپنی بادشاہی میں لاتا۔ وہ اس بات پر بھی خوش ہوتا کہ خدا مسیح کے بدن کی حوصلہ افزائی اور تقویت کے لئے اُسے استعمال کر رہا ہے۔ جو کچھ خدا اُس کی زندگی میں اور اُس کے وسیلہ سے کر رہا تھا پولس رسول کو اُس پر قطعاً کوئی شرمندگی محسوس نہیں ہوتی تھی۔ یہاں پر جس فخر یا ناز کی بات ہو رہی ہے وہ پولس رسول کو اپنی ذات یا اپنی کسی لیاقت اور خوبی پر فخر نہیں تھا۔ وہ جانتا تھا کہ اُس کی خدمت کے وسیلہ سے جو کچھ بھی مثبت اور اچھے نتائج بر آمد ہو رہے ہیں وہ خدا کی قدرت کے وسیلہ سے ہی ممکن ہیں۔ پولس رسول کا فخر خدا اور اُس کام پر تھا جو خدا اُس کے وسیلہ سے کر رہا تھا۔ پولس رسول تو محض ایک خادم تھا۔

خدا نے آپ کو کیا عطا کیا ہے؟ آپ کی زندگی میں کیسی بلاہٹ پائی جاتی ہے؟ بڑی خوشی، شادمانی اور شکر گزاری کے ساتھ اُس بلاہٹ کے مطابق کام کریں۔ سر اُٹھا کر جئیں۔ آپ خدا کے فرزند / بیٹی اور اُس کے چنے ہوئے خادم اور خادمہ ہیں۔ اپنی نااہلیت اور کمزوریوں کو تسلیم کرتے ہوئے اُس پر فخر اور ناز کریں۔ شادمان ہوں کہ خدا آپ کو استعمال کرنا چاہتا ہے۔ خدا کے خادم ہونا ہی آپ کی سب سے بڑی خوشی اور شادمانی ہو۔ خداوند کی تعریف ہو کہ اُس نے آپ کو چنا بھی ہے اور آپ کو استعمال بھی کر رہا ہے۔ اپنے آپ پر نہیں بلکہ خداوند اور اُس کام پر اپنی نگاہ لگائیں جو خداوند آپ کے وسیلہ سے کر رہا ہے۔ پولس رسول کو اُن بڑی نعمتوں اور قابلیت پر فخر تھا جو اُسے خدا کی طرف سے ملی تھی۔ اُسے اپنی کمزوریوں کا بھی بخوبی علم تھا۔ اس لئے وہ خداوند پر فخر کرتا اور اپنے آپ کو محض ایک وسیلہ یا خادم ہی سمجھتا ہے۔

بہت سے لوگ ہیں جو اپنی منسٹریز پر فخر کرتے ہیں اور اُنہیں یہ احساس اور خیال بھولے

سے بھی نہیں آتا کہ خدا نے اُنہیں چنا اور اس لائق کیا ہے کہ اُس کے خادم ہوں۔ پولس رسول کے دل میں یہ احساس اور خیال ہمیشہ قائم رہا کہ یہ سب کچھ اُس کے بلاوے، چناؤ اور فضل ہی سے ممکن ہے کہ وہ اُس کا خادم ہے۔ اگر ہم اِس احساس اور خیال کو بھول کر اپنی ذات پر فخر کرنا شروع کر دیں تو سمجھ لیں کہ ہم نے ایک ایسی حد پار کرلی ہے اور اب ہم یہ سمجھنا شروع ہو گئے ہیں کہ آج ہم جس مقام پر کھڑے ہیں یا جو برکت ہمیں ملی ہے ہم اُس کے مستحق ہیں۔ پھر ہمارا شیخی مارنا کئی ایک رنگ اختیار کر لیتا ہے۔ یہ فخر خدا کی بجائے اپنے آپ پر محسوس ہونا شروع ہو جاتا ہے۔ شکر گزاری اور تعریف ختم ہو جاتی ہے۔ اپنی برکات کی بنا پر ہم اپنے آپ کو دُوسروں سے بہتر محسوس کرنا شروع ہو جاتے ہیں۔ پولس رسول کا فخر اُس کام پر ہی تھا جو خدا اُس کے وسیلہ سے کر رہا تھا نہ کہ اپنی ذات پر۔

دُوسروں کے کام پر فخر

15 آیت میں پولس رسول کرنتھس کی کلیسیا کو بتاتا ہے کہ اُس کا فخر اُن کاموں پر نہیں جو دوسرے لوگوں نے سر انجام دئے ہیں۔ کیا آپ نے کبھی خود کو ایسی سوچ میں پایا ہے کہ آپ کسی کے کام یا محنت کا صلہ یا حوصلہ افزائی خود وصول کر لیں؟ کرنتھس کی کلیسیا میں پولس رسول کی خدمت بڑی زبردست تھی۔ اِس میں کوئی شک نہیں کہ بہت سے لوگ اُس کی خدمت کے وسیلہ ہی سے یسوع مسیح کے پاس آئے تھے۔ پولس رسول کے لئے یہ کہنا کس قدر آسان تھا؟" اگر میں یہ نہ کرتا تو کرنتھس میں کچھ بھی نہ ہو پاتا۔" پولس رسول کے لئے کس قدر آسان تھا کہ کرنتھس کی کلیسیا کی ترقی اور مضبوطی کے لئے وہ خود کو ہی سامنے لاتا اور اُس پر فخر کرتا۔

ہو سکتا ہے کہ جب آپ اس تفسیر کا مطالعہ کر رہے ہیں تو خدا کے کلام نے آپ کو چھوا ہو۔

ہو سکتا ہے کہ جو کچھ آپ نے یہاں پر سیکھا ہے آپ دُوسروں کو بتانا چاہیں۔ ہو سکتا ہے کہ خدا کا کلام اُس کی زندگی کو چھوئے اور جو کچھ میں یہاں پر بیان کر رہا ہوں اِس کی بنیاد پر ایک زندگی بدل جائے۔ کیا میں آپ کی گواہی اور خدمت کی وجہ سے خود کو عزت دے سکتا ہوں؟" اگر میں نے یہ نہ لکھا ہوتا تو وہ شخص کبھی نہ بدل پاتا" ہرگز نہیں، بالکل بھی نہیں

بعض اوقات ہم بے حد مایوسی کا شکار ہو کر اپنے آپ کو مفید ثابت کرنے کی غرض سے اپنے آپ پر فخر کرنا شروع کر دیتے ہیں۔ ہمیں یہاں پر یہی تعلیم دی جارہی ہے کہ ہم اس پھندے میں کبھی نہ پھنسیں۔ ہم دُوسروں کی محنت اور خدمت کا صلہ اپنے نام نہ کریں۔ یہی بہتر ہے کہ خدا کی بادشاہی میں اپنے کردار اور کام پر خوش، شادمان اور شکر گزار ہوں۔ (1 کرنتھیوں 3 باب 4-7 آیت)

پولس رسول کا ہدف یہ نہیں تھا کہ وہ چند ایک رُوحوں کو بچا کر اُنہیں خدمت کا کام سونپ دے اور پھر ٹانگ پر ٹانگ رکھ کر بیٹھ جائے اور خوش ہوتا رہے کہ یہ سب کچھ اُسی کی محنت اور خدمت کا پھل ہے۔ اُس کے دل کی یہی آرزُو تھی کہ وہ اپنی خدمت اور محنت کی فصل کاٹے۔ 15 آیت میں اُس کی یہ تمنا دیکھنے کو ملتی ہے۔ وہ چاہتا تھا کہ کرنتھس کے لوگ ایمان میں مضبوط ہو جائیں تا کہ وہ کسی دوسری جگہ پر جا کر اَنجیل خدمت کے کام کا آغاز کر سکے۔ پولس رسول چاہتا تھا کہ جو خدمت کا کام کرنتھس کے لوگوں کو خدا کی طرف سے ملا ہے وہ اُس میں مضبوط اور شادمان ہوں۔ وہ چاہتا تھا کہ پھل لانے کی خوشی اور جلال میں وہ بھی شریک ہوں۔

پولس رسول اسی بات میں مسرور اور شادمان تھا کہ اُسے خدا کے خادم ہونے کا شرف و استحقاق حاصل ہوا ہے۔ اُسے اپنے کارناموں پر نہیں بلکہ خدا کے کام پر ہی فخر اور ناز رہا۔

خواہ یہ کام اُس کے وسیلہ سے ہوا یا دوسروں کے وسیلہ سے ہو رہا تھا۔

18 آیت میں مقدس پولس رسول کرنتھس کے ایمانداروں کو یاد کراتے ہوئے اختتام کرتا ہے کہ اپنے منہ میاں مٹھو بننا لا حاصل ہے۔ خدا ہی ہر ایک شخص کی زندگی کو جانچنے اور پرکھنے والا ہے۔ ہو سکتا ہے کہ بعض اوقات ہم اپنے آپ کو طفل تسلی دیتے ہوئے اپنے ہی کاموں پر فخر کرنا شروع کر دیں کہ ہم نے خداوند کے لئے بہت کچھ کیا ہے۔ جو کچھ ہم اپنے تعلق سے سوچتے اور کہتے ہیں وہ اہم نہیں ہے، کیونکہ اس سے کچھ فرق نہیں پڑتا۔ جو کچھ خدا کہتا یا ہمارے تعلق سے سوچتا ہے اُس سے ہی اصل فرق پڑتا ہے۔ مسیح ہی ہماری زندگیوں کی عدالت کرے گا۔ (5 باب 10 آیت)

اس باب میں جو کچھ پولس رسول بیان کر رہا ہے میں اُس کا خلاصہ بیان کروں گا۔ وہ ہمیں یاد دلا رہا ہے کہ بعض لوگ غلط معیار کی بنا پر خود کو جانچتے اور پرکھتے ہیں۔ وہ اپنا موازنہ دوسرے لوگوں کے ساتھ کرتے ہیں نہ کہ خدا کے کلام کے مطابق اپنے آپ کو جانچتے اور پرکھتے ہیں۔ وہ ہمیں یاد دہانی کراتا ہے کہ ہمارا فخر اپنی ذات پر نہیں بلکہ اُن کاموں پر ہونا چاہئے جو خدا ہمارے وسیلہ سے کر رہا ہے۔ ساری تعریف خداوند کے لئے ہے، سب کی نظریں اُسی پر لگنی چاہئے۔ تاہم خدا کے خادم ہوتے ہوئے ہمیں فخر محسوس ہونا چاہئے، ہمیں اس بات پر خوشی ہونی چاہئے کہ اُس نے ہمیں چنا ہے اور اب ہم اُس کی خدمت کے لئے استعمال ہو رہے ہیں۔ ہمارا فخر خدا اور اُس کے اُن خوبصورت کاموں پر ہونا چاہئے جو وہ ہماری زندگی، خدمت اور ہمارے وسیلہ سے کر رہا ہے۔

چند غور طلب باتیں

☆۔ خدا کے کلام کی بہ نسبت دوُسروں کے ساتھ موازنہ کیوں کر خطرناک ہے؟

☆۔ جو کام خدا آپ کی زندگی میں کر رہا ہے، کیا آپ اُس سے خوش ہیں؟ وہ کون سا کام ہے؟

☆۔ جو کچھ خدا کر رہا ہے اُس پر فخر کرنے اور اپنے آپ پر فخر کرنے میں کیا فرق ہے؟

چند اہم دُعائیہ نکات

☆۔ خدا نے جو خدمت اور نعمتیں آپ کو دی ہیں اُن کے لئے خدا کی شکر گزاری کریں۔

☆۔ خدا کے خادم ہوتے ہوئے اگر آپ نے کبھی شرم محسوس کی ہے تو خداوند سے معافی مانگیں۔ خداوند سے توفیق مانگیں تاکہ آپ خوشی اور شکر گزار دل سے اُس کی راہوں پر چلتے ہوئے اُس کی خدمت سرانجام دے سکیں۔

☆۔ خدا سے توفیق مانگیں تاکہ آپ صرف اُسی کے کلام کو اپنا معیار بنا سکیں۔ خداوند سے فضل مانگیں تاکہ آپ اپنی کاوّشوں پر نہیں بلکہ خدا کے اُس کام پر فخر کر سکیں جو وہ آپ کی زندگی میں کر رہا ہے۔

☆۔ خداوند سے ایسی زندگی گزارنے کا فضل مانگیں جس پر وہ خود بھی ناز کر سکے۔

باب 19

اَفضل رسولوں کا حملہ

(2 کرنتھیوں 11 باب 1-15 آیت)

کرنتھس کی کلیسیا میں ایک مسئلہ یہ بھی تھا کہ وہاں پر کچھ ایسے لوگ تھے جو خود کو رسول کہتے تھے لیکن اصل میں وہ رسول نہیں تھے۔ یہ نام نہاد قسم کے رسول پولس اور دیگر ہم خدمت رسولوں کے اختیار پر اعتراضات اُٹھا رہے تھے۔ پولس رسول کو اُن لوگوں کے جھوٹ اور بُطلان اور اُس تعلیم کی فکر تھی جو وہ لوگوں کو دے کر اُنہیں گمراہ کر رہے تھے۔ 11 باب میں پولس رسول نے اسی مسئلہ پر بات کی ہے۔

پولس رسول کرنتھس کی کلیسیا کو یہ بتاتے ہوئے آغاز کرتا ہے کہ وہ اُس کی باتوں کو برداشت کریں۔ "کاش کہ تم میری تھوڑی سی بیوقوفی کی برداشت کر سکتے!"(1) جو کچھ پولس رسول یہاں پر کہہ رہا ہے وہ واقعی بیوقوفی نہیں تھی۔ جن موضوعات پر پولس رسول نے بات کی، شاید وہ بعض لوگوں کے لئے بڑے معمولی قسم کے تھے۔ لیکن پولس رسول کے نزدیک وہ بڑے سنجیدہ معاملات تھے۔ پولس رسول نے یہاں پر اس لئے بیوقوفی جیسا لفظ استعمال کیا ہے۔ کیونکہ سبھی اُس کی باتوں کو سنجیدگی سے نہیں لیتے تھے، پولس رسول کی باتیں اُن کی سمجھ سے بالاتر تھیں۔وہ پولس رسول کے دلی جذبات، احساسات اور فہم وادراک تک رسائی نہیں رکھتے تھے۔

یاد رکھیں، اسی طرح بہت سے لوگ آپ کی خدمت اور رویا کو سمجھ نہیں پائیں گے۔ جو بوجھ خدا نے آپ کے دل پر رکھا ہے، وہ اُس بوجھ سے قطعی مختلف ہو گا جو خدا

نے دوسرے لوگوں کے دل پر رکھا ہے۔ اُس وقت کرنتھس کی کلیسیا کے بعض لوگ اُس بوجھ کو سمجھنے سے قاصر تھے جو خدا نے پولس رسول کے دل پر رکھا تھا۔ یہ بوجھ اس قدر شدید تھا کہ پولس رسول سے بولے بغیر رہا نہ گیا۔ یہ معاملات اُسے چین نہیں لینے دے رہے تھے۔ لوگ تو اُسے بیوقوف سمجھتے تھے لیکن وہ روح القدس کی رہنمائی سے بولتا تھا۔

پولس رسول کی ایک بیوقوفی (دُنیا کے لوگوں کے نزدیک) تو یہ تھی کہ اُسے کرنتھس کی کلیسیا کے لئے بڑی غیرت تھی۔ یہ غیرت ایک ایسی خوبی تھی جو خداپرست لوگوں کے دلوں میں ہی پیدا ہوتی ہے۔ اُس کے دل میں یہ تڑپ تھی کہ کرنتھس کی کلیسیا ایمان میں ترقی کرے اور پختگی کے مقام تک پہنچے اور مسیح کی بے داغ اور پاک دُلہن بن جائے۔ پولس رسول نے خدا کے ہاتھوں میں اس کلیسیا کو دیا تھا اور اُس کی یہ بڑی تمنا تھی کہ وہ خدا کے حضور پاک اور بے عیب دُلہن کی طرح پیش آئے۔ یعنی ہر طرح کی ناپاکی اور روحانی آلودگی سے بالکل آزاد اور پاک ہو کر خدا کے حضور پیش کی جائے۔ جی ہاں پولس رسول کی یہ غیرت اِس قدر شدید تھی کہ لوگ اُسے انتہا پسند سمجھتے تھے۔ اِسی لئے تو پولس رسول نے کہا کہ میری بیوقوفی کی برداشت کرو۔

کلیسیا کی پاکیزگی اور پختگی کا یہ جذبہ پولس رسول کو بہت آگے لے گیا۔ چونکہ وہ کلیسیا کو بے عیب، پاک اور بے داغ دُلہن کے طور پر دیکھنا چاہتا تھا، اس لئے اُسے اس غیرت کی وجہ سے لوگوں نے اُسے ستایا، دُکھ دیا اور ہر طرح سے رد کیا۔ پولس رسول نے اپنے جذبہ کی تکمیل اور اپنے خواب کے شرمندہ تعبیر ہونے کے لئے اپنی جان تک قربان کر دی۔

پولس رسول اپنی خدمت اور کلیسیا کے لئے کس قدر پُرجوش اور سرگرم تھا۔ خدا کی بادشاہی میں کام کرتے ہوئے اگر ہمارا جوش و جذبہ ماند پڑ جائے تو ہم کسی کام کے نہیں رہیں گے۔ جوش و جذبہ کے بغیر ہم حالات و ماحول کی تُند و تیز لہروں پر اُچھلے بہتے پھرتے

ہیں۔ جوش و جذبہ ہی ہمارے اندر ایک تحریک پیدا کرتا ہے جس سے ہم کسی خاص سمت کی طرف بڑھتے ہیں۔ جب حالات و واقعات ہمارے خلاف ہوتے ہیں تو یہی جذبہ ہماری مدد کرتا ہے کہ ہم لوگوں کی باتیں سُن کر نظر انداز کر دیں، اپنے ہدف پر نگاہیں لگائے آگے ہی آگے بڑھتے رہیں۔ پولس رسول کا جوش و جذبہ اور رویا بالکل واضح اور صاف دکھائی دیتی تھی۔

3 آیت میں پولس رسول کرنتھس کی کلیسیا کو بتاتا ہے کہ اُسے ڈر تھا کہ کہیں کرنتھس کی کلیسیا بھی گمراہی کا شکار نہ ہو جائے جس طرح حوا ابلیس کے جھانسے میں آگئی تھی۔ پولس رسول کو فکر تھی کہ کرنتھس کے لوگ گمراہی کی راہ پر چلتے ہوئے مسیح کی محبت سے دُور نہ چلے جائیں۔ غور کریں کہ یہاں پر پولس رسول "خلوص اور پاک دامنی" الفاظ استعمال کرتا ہے۔ پولس رسول بغیر شک و شبہ اس بات پر ایمان رکھتا تھا کہ کلیسیا پورے طور پر خداوند کے ساتھ وفادار رہے۔ وہ ہر روز خداوند یسوع کے نام سے جمع ہوتے تھے اور مسیحی کہلانے میں اُنہیں کسی طرح کی کوئی ہچکچاہٹ نہیں ہوتی تھی۔ پولس رسول کو یہ فکر تھی کہ گمراہی کے سبب وہ خلوص اور پاک دامنی سے دُور نہ چلے جائیں۔ کئی طرح کی چیزیں اُن کی توجہ مسیحی ایمان سے ہٹانے کے لئے کام کر رہی تھیں۔ اُسے خطرہ محسوس ہو رہا تھا کہ وہ غلط تعلیمات کا شکار ہو کر مسیح کی محبت سے خالی نہ ہو جائیں۔

پولس رسول کو یہ فکر تھی کہ مسیح کی دُلہن صرف اور صرف مسیح کے ساتھ ہی وفادار رہے اور اُسی کے لئے پاک رہے۔ پولس رسول کی تسلی اسی بات میں تھی کہ کلیسیا مسیح یسوع کے لئے بالکل پاک صاف رہے۔ شاید اسی وجہ سے اُس کا بعض لوگوں سے تعلق کشیدگی اختیار کر گیا تھا۔ پولس رسول نہیں چاہتا تھا کہ کلیسیا کا ایک پاؤں دُنیاداری میں اور ایک پاؤں مسیحی ایمان میں ہو۔ پولس رسول ایک ایسی کلیسیا دیکھنا چاہتا تھا جو پورے طور پر

خداوند یسوع کی ہو چکی ہو۔ وہ خداوند یسوع کے حضور ایک ایسی کلیسیا پیش کرنا چاہتا تھا جو پورے طور پر اُس کی محبت میں گرفتار ہو چکی ہو اور اُس کے لئے جان دینے تک وفادار رہنے کا چناؤ کر چکی ہو۔ ہمارے لئے یہ کس قدر آسان ہوتا ہے کہ ہم خداوند یسوع کے ساتھ بڑی بے دلی یا آدھے دل کے ساتھ اپنا رشتہ ناطہ قائم رکھنے کی کوشش کریں۔ ہم دعویٰ تو کرتے ہیں کہ ہم خداوند سے محبت رکھتے ہیں، لیکن کیا واقعی ہم پورے طور پر اُس سے وفادار ہوتے ہیں؟ یہ آیت ہمارے سامنے کیسا بڑا سوال رکھتی ہے؟

پولس رسول جانتا تھا کہ کلیسیا اس قدر پختہ اور ایمان میں مضبوط نہیں کہ سچائی اور گمراہی میں امتیاز کر سکے۔ پولس رسول نے ایمانداروں کو یاد دلایا کہ وہ ایسے لوگوں کو اپنے درمیان رہنے کا موقع دے رہے ہیں جو حقیقی اور سچی خوشخبری کی منادی نہیں کر رہے ۔ بعض جھوٹے اُستاد اُس خوشخبری کی منادی نہیں کر رہے تھے جس کی پولس رسول نے اُن کے درمیان منادی کی تھی۔ اور کرنتھس کے لوگ اُس جھوٹی تعلیم کو رد نہیں کر رہے تھے۔ وہ جھوٹ کو بے نقاب کرنے کی بجائے اُسے اپنے درمیان کام کرنے کا موقع دے رہے تھے۔ وہ پولس رسول کی غیرت کو اور بھی زیادہ سرگرم کر رہے تھے۔

5 آیت میں پولس رسول اُنہیں افضل رسول کہتا ہے۔ اُن کے کلام اور کام کی وجہ سے نہیں بلکہ جس انداز سے وہ اپنے آپ کو پیش کر رہے تھے۔ اُنھوں نے کرنتھس کی کلیسیا میں آکر یہی تاثر دیا کہ اُن کے پاس سچائی ہے۔ اُنھوں نے آکر اپنے آپ کو خدا کے حقیقی رسولوں سے بھی بڑے رسولوں کے طور پر پیش کیا۔ وہ بڑی شیخی کے ساتھ اور اس دعویٰ کے ساتھ کلیسیا میں داخل ہوئے کہ وہ حقیقی رسول ہیں۔ اُنھوں نے ہر طرح سے پولس رسول اور اُس کے اختیار، کام اور کلام کو رد کرنے کی بھرپور کوشش کی۔

پولس رسول کرنتھس کی کلیسیا کو یاد کراتا ہے کہ وہ اُن افضل رسولوں کی طرح بڑا تربیت

یافتہ کلام سنانے والا نہیں ہے۔ اُس دَور میں تربیت یافتہ کلام سنانے والے کو بڑی عزت کی نگاہ سے دیکھا جاتا تھا۔ یعنی جو اپنی گفتگو اور کلام سے دوسروں کو قائل کرنے کی صلاحیت رکھتا ہو۔ اگرچہ پولس رسول افضل رسولوں کی طرح تربیت یافتہ اور خوش کلام نہیں تھا تاہم خدا نے پولس رسول کو خدمت کے لئے بلایا تھا اور وہ کسی طور پر بھی افضل رسولوں سے کم تر نہیں تھا۔ 6 آیت میں پولس رسول کرنتھس کی کلیسیا کو یاد کراتا ہے کہ اُس نے اُن کے درمیان سچائی کی تعلیم دی ہے۔

لوگ اچھے مقررین کے جھانسے میں آجاتے تھے۔ اُن کی پُر فریب اور دل دلُبھانے والی باتیں لوگوں کو قائل کرلیتی تھیں۔ وہ بڑے زبردست طریقہ سے اپنی باتیں بیان کرتے اور اپنی باتوں کا اثر لوگوں کے دلوں پر چھوڑتے تھے۔ یاد رکھیں چکنی چپڑی باتیں کرنے والے لوگ ہمیشہ سچے نہیں ہوتے۔ کرنتھس کی کلیسیا ایسے ہی نام نہاد رسولوں اور اُستادوں کے جھانسے میں آگئی اور خداوند یسوع مسیح کی سچائی کی بجائے اُن کی دل لبھانے والی باتوں کو سننے لگی تھی۔

پولس رسول کے مخالفین اُس کے خلاف اور ایک مسئلہ بھی رکھتے تھے۔ پولس رسول ایک اچھا اور تربیت یافتہ مقرر نہیں تھا، اُس کے ساتھ ساتھ وہ انجیل کی منادی بھی مفت میں کر رہا تھا۔ جب پولس رسول نے کرنتھس کی علاقہ میں آکر خدمت کا آغاز کیا تو پولس رسول کو یہ توقع نہیں تھی کہ وہ وہاں خدمت کر کے لوگوں سے روپیہ پیسہ بٹورے۔ اُس نے ایسا کوئی مطالبہ نہ کیا کہ منادی یا خدمت کے بدلہ میں اُسے کوئی تنخواہ یا سپورٹ دی جائے۔ اُس نے خود اپنے ہاتھوں سے محنت کر کے اپنی ضروریات کو پورا کیا۔ یہ نام نہاد رسول تو جسمانی محنت اور مشقت کو اپنے معیار اور مقام کے خلاف سمجھتے تھے۔ وہ سوچ بھی نہیں سکتے تھے کہ وہ محنت مشقت کریں۔ وہ سُست اور متکبر تھے اور لوگوں سے عزت چاہتے

تھے۔ وہ توقع کرتے تھے کہ لوگ اُن کی خدمات کے بدلے اُن کو معاوضہ ادا کریں۔

پولس رسول اس قدر عاجز اور فروتن تھا کہ اُس نے اپنے ہاتھوں سے محنت کرنے کو اپنے مقام اور وقار سے کم تر چیز نہ سمجھا۔ جب پولس رسول کو روپے پیسے کی ضرورت ہوتی تھی تو وہ خیمہ دوزی کا کام کرتا تھا(اعمال 18 باب 3 آیت)اُس نے یہی مناسب سمجھا کہ جن کلیسیاؤں کے درمیان وہ خدمت کر رہا ہے اُن سے کسی طرح کا کوئی معاوضہ نہ لے بلکہ اَنجیل کا پیغام بے لوث سب کے سامنے پیش کرے۔ جب لوگ پولس رسول کو کام والے گندے کپڑوں اور میلے ہاتھوں کے ساتھ دیکھتے ہوں گے تو اُن کے لئے بڑا مشکل ہوتا ہوگا کہ وہ اُسے ایک عظیم روحانی قائد کے طور پر تسلیم کر کے اُس کی عزت اور احترام کریں۔ کس طرح ایک مسح شدہ رسول عام لوگوں کی طرح کام کر سکتا ہے ؟لوگ نام نہاد رسولوں کی پُر فریب باتوں ہی کا شکار نہیں تھے بلکہ اُن کے عمدہ لباس، بول چال اور روّیوں سے بھی متاثر ہو کر گمراہی کی راہ پر چل نکلے تھے۔

کوئی شخص عمدہ لباس زیب تن کرنے سے ایک اچھا اور معتبر قائد نہیں بن جاتا۔ اگر کسی کے پاس اچھا گھر، گاڑی اور روپیہ پیسہ ہے تو یہ کسی طور پر بھی اس بات کی علامت نہیں کہ وہ شخص اور اُس کی خدمت خدا کی بادشاہی میں بڑے کامیاب ہیں۔ خداوند یسوع نے اِن چیزوں کے بغیر ہی سادہ زندگی بسر کی۔ پولس رسول بھی خداوند یسوع کے نقشِ قدم پر چل رہا تھا۔ جب کہ نام نہاد رسول ایک عام آدمی کے معیارِ زندگی سے اپنے آپ کو بالاتر کرنے کی کوشش کر رہے تھے۔ وہ دُنیاداری کی عزت اور مقام کا مطالبہ کرتے تھے۔ بہت سے لوگ اُن کے فریب اور جھانسے میں آگئے تھے کیونکہ اُن کے پاس روپیہ پیسہ بھی تھا اور وہ اچھا لباس بھی زیب تن کرتے تھے۔ لوگ اکثر ظاہری چیزوں سے دھوکہ کھا جاتے ہیں۔ یاد رکھیں، ہر چمکنے والی چیز سونا نہیں ہوتی۔ خدا کے ایسے خُدام اور انبیاہ کرام ہو

گزرے ہیں جو عام، سادہ اور معمولی لباس زیب تن کرتے تھے، کسی طور پر بھی وہ دُنیاداری کی کشش اپنی شخصیت اور لباس میں نہیں رکھتے تھے۔ اُن کے دل میں یہ خواہش اور آرزو ہی نہیں ہوتی تھی کہ وہ دُنیا کی توجہ کا مرکز ہوں۔

پولس رسول کا بوجھ یہی تھا کہ اَنجیل کو مفت پیش کیا جائے۔ اس سے آپ پولس رسول کے جذبات اور خالص محرکات کا اندازہ لگا سکتے ہیں۔ جھوٹے اور نام نہاد رسولوں نے پولس رسول کی بے لوث خدمت کے طریقہ کو اُس کے خلاف استعمال کیا اور لوگوں کو یہی بتایا اور سکھایا کہ یہ حقیقی رسول نہیں ہے، کیونکہ یہ تو اپنی محنت کا صلہ اور اَجر نہیں لینا چاہتا۔ 7 آیت میں پولس رسول اپنے ناقدین سے پوچھتا ہے کہ اُس کا روّیہ کیسے گناہ آلودہ ہو گیا جب کہ اُس نے کرنتھس کے لوگوں کو گناہ سے نکالنے کے لئے خود کو انتہائی عاجز کر دیا۔ کرنتھس کی کلیسیا کو کلام سنانے کے لئے دوسری کلیسیاؤں نے مالی قربانیاں دیں۔ (8 آیت) دُوسری کلیسیاؤں کے ایمانداروں کی طرف سے ملنے والے ہدیہ جات کی وجہ سے ہی پولس رسول کرنتھس کی کلیسیاؤں کو مفت کلام سنانے کے قابل ہوا۔ (9) مکدونیہ سے بھائیوں نے آکر پولس رسول کی مالی معاونت کی تاکہ وہ کرنتھس میں خدمت کا کام سرانجام دے سکے۔ پولس رسول کو مالی مشکلات کا سامنا بھی ہوتا تھا۔ وہ دُنیوی طور پر مال و متاع رکھنے والا شخص نہیں تھا، تو بھی اُس نے ہر ایک کے سامنے بغیر کسی لالچ اور معاوضہ اَنجیل کا پیغام مفت پیش کیا۔

پولس رسول اس بات کو ظاہر کرنے بلکہ اُس پر فخر کرنے سے کبھی نہ جھجکا کہ کس طرح خدمت میں اُس کی مالی معاونت کی گئی۔ اُس نے اپنے عاجزانہ طریقوں کا نام نہاد رسولوں کے تکبر سے موازنہ کیا۔ اُس نے اس لئے ایسا کیا کیونکہ اُسے کرنتھس کی کلیسیا سے بڑی محبت تھی اور وہ چاہتا تھا کہ وہ جہاں سے بھٹکے ہیں، اُسی مقام پر دوبارہ واپس آکر خداوند

یسوع مسیح کی محبت اور اَنجیل کے پیغام میں قائم اور مضبوط ہو جائیں۔ پولس رسول نہیں چاہتا تھا کہ کرنتھس کی کلیسیا کسی ایسے پھندے میں پھنس جائے جس کہ وجہ سے وہ مسیح کی بے عیب اور بے داغ دُلہن نہ بن سکے۔ نام نہاد رسول اچھا لباس زیب تن کرتے تھے، اُن کی باتیں بھی بڑی دل لُبھانے والی اور پُر کشش تھیں۔ صرف یہی نہیں وہ لوگوں سے روپیہ پیسہ بھی طلب کرتے تھے۔ یہ لوگ انجیل کے دشمن تھے۔

پولس رسول اُن جھوٹے اُستادوں اور رسولوں کی اصلیت کو بے نقاب کرنا چاہتا تھا۔ پولس رسول نے اُن کے بُرے محرکات اور منصوبوں کو ناکام کرنے کے لئے اُن کے خلاف سخت کلام کیا۔ وہ اُن کے پاؤں اُکھاڑنا چاہتا تھا تا کہ وہ خود کو رسول ثابت کر کے لوگوں کے دلوں میں عزت اور مقام حاصل نہ کر پائیں اور لوگ اُن کے جھانسے اور فریب میں نہ پھنسیں۔

(12) کرنتھس کی کلیسیا سے مالی معاونت نہ لے کر پولس رسول نے جھوٹے اُستادوں اور رسولوں سے اپنے آپ کو منفرد ثابت کیا

13 آیت میں پولس رسول نے کرنتھس کی کلیسیا کو بتایا کہ وہ لوگ جو اُنہیں خداوند یسوع اور انجیل کے پیغام سے گمراہ کر رہے ہیں وہ نقلی خدام ہیں۔ وہ دھوکہ باز اور رسول ہونے کا نقاب اپنے چہروں پر لئے ہوئے تھے۔ پولس رسول نے اُن کے خلاف کھلم کھلا اور سختی سے کلام کیا اور کرنتھس کی کلیسیا کو بتایا کہ وہ شیطان کے کارندے ہیں۔ جو کہ بھیس بدلنے کا بڑا ماہر اُستاد ہے۔ شیطان نورانی فرشتے کا بھی رُوپ دھار لیتا ہے۔ جبکہ وہ تاریکی کا باپ ہے۔ جھوٹے اُستاد اور رسول بھی تو یہی کچھ کر رہے تھے۔ وہ دل لبھانے والی باتوں اور عمدہ اور نفیس لباس کے پیچھے چھپے ہوئے تھے۔ اصل میں شیطان کے کارندے، بھیڑیے اور دھوکہ باز تھے۔ جس کا مقصد اور ارادہ ہی کرنتھس میں خدا کے کام کو بگاڑنا تھا۔ حقیقی رسول نے کرنتھس کی کلیسیا کو بتایا کہ ایک دن آئے گا جب یہ جھوٹے اُستاد بے نقاب

ہوں گے اور اپنے کاموں کا بدلہ بھی پائیں گے (15 آیت)

جو کچھ ہمارے اردگرد آج کی دُنیا میں ہو رہا ہے، مذکورہ حوالہ ہمیں اُس سے خبردار کرتا ہے۔ آج بھی شیطان عمدہ لباس اور دل لبھانے والی باتوں کے ساتھ اپنے کارندوں کو کلیسیاؤں میں بھیج سکتا ہے۔ ہمیں کس قدر ضرورت ہے کہ ہوشیار اور بیدار رہیں تاکہ کسی طرح سے ابلیس کے فریب اور جھانسے میں نہ آئیں۔ جو جھوٹے اُستادوں اور رسولوں کی شکل میں ہماری کلیسیاؤں میں آتا ہے۔

چند غور طلب باتیں

☆۔ اس حوالہ میں پولس جن رسولوں کا ذکر کرتا ہے وہ کون لوگ تھے۔ اور کون سا لبادہ اوڑھے ہوئے تھے۔

☆۔ پولس رسول کا اصل جذبہ یہی تھا کہ وہ کلیسیا کو پاک دُلہن کی طرح خداوند یسوع کے حضور پیش کرے۔ کیا آپ پاکیزگی کے بغیر کی جانے والی پرستش اور عبادت سے مطمئن ہیں؟ وضاحت کریں۔

☆۔ کیا آپ سمجھتے ہیں کہ ابلیس اپنے جھوٹے رسولوں کو آپ کی کلیسیا میں فریب دینے اور گمراہ کرنے کے لئے بھیجے گا؟ ایسے لوگوں کے ساتھ ہم کس طرح نپٹ سکتے ہیں؟

☆۔ خدا نے کون سا مخصوص جذبہ اور تڑپ آپ کو دی ہے؟ آپ اُس جوش و جذبہ میں کس حد تک وفادار رہے؟

چند اہم دُعائیہ نکات

☆۔ وہ جذبہ اپنانے کے لئے خدا سے دُعا مانگیں جو وہ چاہتا ہے کہ آپ کی زندگی میں موجود ہو۔ اُس جذبہ میں خدمت کرنے اور آگے بڑھنے کے لئے خدا سے توفیق اور دلیری مانگیں۔

☆۔ خدا کی عبادت اور پرستش کے تعلق سے اگر آپ کی زندگی میں کوئی ناپاکی ہے تو خداوند سے کہیں کہ وہ آپ پر عیاں کرے۔

☆۔ خداوند سے جھوٹے رسولوں اور خادموں کو بے نقاب کرنے کے لئے کہیں تاکہ وہ کلیسیا کو فریب دے کر گمراہ نہ کرنے پائیں۔

☆۔ خداوند سے امتیاز کرنے کی مزید نعمتوں کو مانگیں تاکہ گمراہی اور جھوٹی تعلیم بے نقاب ہو۔

باب 20

تھوڑا سا دُنیوی فخر

(2 کرنتھیوں 11 باب 16-33 آیت)

ہم دیکھ چکے ہیں کہ پولس رسول اپنے الزام لگانے والوں کہ وجہ سے اپنے رسول اور خادم ہونے کے ثبوت فراہم کرنے پر مجبور ہو گیا۔ کیونکہ کرنتھس میں کچھ ایسے لوگ بھی تھے جو پولس رسول کے اختیار پر بھی سوال اُٹھا رہے تھے۔ یہ لوگ خود کو پولس رسول سے بڑا ٹھہرانے کی تگ و دو میں لگے ہوئے تھے۔ گذشتہ باب میں ہم نے دیکھا کہ یہ جھوٹے اُستاد اور رسول کس طرح اپنے سامعین سے عزت، حوصلہ افزائی اور روپیہ پیسہ طلب کرتے تھے۔ اُن کا طرزِ فکر پولس رسول سے قطعی مختلف تھا، وہ محنت کرنا اپنی شان کے خلاف سمجھتے تھے۔ بہت سے لوگ اُن جھوٹے اُستادوں کی ظاہری شخصیت اور بن ٹھن سے متاثر ہو کر گمراہ ہو چکے تھے۔

آج بھی کرنتھس کے لوگوں کی طرح ایسے کم عقل لوگ پائے جاتے ہیں جو اس بات کو جاننے سے قاصر رہتے ہیں کہ ہر چمکنے والی چیز سونا نہیں ہوتی۔ آج کے دَور میں لوگ پریشان اور حیران کن حد تک دُنیوی تعلیم اور مختلف ٹریننگز پر زور دیتے ہیں۔ جی ہاں اپنے نام کے ساتھ مختلف رُتبوں کا اضافہ بھی انتہا کو پہنچ چکا ہے، مبشرِ انجیل، ریورنڈ، عزت ماب، بشپ اور ڈاکٹر وغیرہ وغیرہ۔ یہ محض دھوکہ ہے جو لوگوں کے ذہنوں پر مسلط ہو چکا ہے کہ اگر کوئی شخص بہت زیادہ تعلیم یافتہ ہو گا تو پھر ہی وہ بہت اچھا اُستاد اور قائد ثابت ہو گا۔ بہت دفعہ اس دُنیا میں ایسے لوگوں کی عزت افزائی حد سے زیادہ کی جاتی ہے، اس

لئے نہیں کہ اُن میں خدمت کا جذبہ اُتم درجہ موجود ہوتا ہے بلکہ اس لئے کہ وہ بڑے پڑھے لکھے اور صاحب حیثیت لوگ ہوتے ہیں۔ کئی دفعہ روح کی نعمتوں سے معمور مسح شدہ اور بلائے گئے خادموں کو اس لئے رد کر دیا جاتا ہے کیونکہ اُن کے پاس بائبل کالج یا کسی اعلیٰ شہرت کی حامل سیمنری کی ڈگری نہیں ہوتی۔ جن باتوں کو میں یہاں پر بیان کر رہا ہوں، براہِ مہربانی اُنہیں غلط تناظر سے نہ دیکھیئے گا۔ میں ہرگز یہ نہیں کہہ رہا کہ لوگوں کو خدمت کے کام کے لئے تربیت نہیں دینی چاہئے، یا تربیت دینے والے ادارے بے قدر ہیں۔ میری اپنی منسٹری کا ہدف لوگوں کی تربیت ہے تاکہ وہ اچھے اور پھل دار طریقہ سے خدا کے لوگوں کے درمیان خدمت کر سکیں۔ میرا نکتہ یہ ہے کہ صرف ظاہری چیزوں پر ہی نہ جائیں۔ خدا کے کچھ ایسے خدام بھی ہیں جن کی دُنیوی تعلیم زیادہ نہیں ہے۔ کچھ لوگ بڑی معمولی قسم کی ملازمت کر رہے ہیں لیکن خدا اُنہیں بڑے زبردست طریقہ سے استعمال کر رہا ہے۔

پولس رسول نے محسوس کیا کہ کرنتھس کی کلیسیا میں لوگ اُس کے تعلق سے جھوٹ اور بہتان باندھ رہے تھے۔ ہم پہلے ہی دیکھ چکے ہیں کہ کچھ لوگ تو اُسے بہت بیوقوف سمجھتے تھے۔ 16 آیت میں پولس رسول نے اِس معاملہ پر کھلے انداز میں بات کی ہے۔ اُس نے اُنہیں بتایا۔"

میں پھر کہتا ہوں کہ مجھے کوئی بیوقوف نہ سمجھے ورنہ بیوقوف ہی سمجھ کر مجھے قبول کرو کہ میں بھی تھوڑا سا فخر کروں۔"

پولس رسول جانتا تھا اور اُسے اس بات کا پورا اعتماد تھا کہ خواہ لوگ اُس کے تعلق سے کچھ بھی کریں وہ اُس خدمت کو کرنے کی اہلیت رکھتا ہے جس کے لئے خدا نے اُسے بلایا ہے۔ پولس رسول نے کرنتھس کی کلیسیا سے التماس کی کہ اگر وہ اُسے بیوقوف سمجھتے ہیں تو، اُس

کی بات کو غور سے سنیں۔ اگر وہ اُسے بیوقوف سمجھتے تھے تو اُس نے اُن کے ساتھ بیوقوف بن کر ہی بات کرنی تھی۔ وہ اس بات کو بیوقوفی سمجھتا تھا کہ وہ اُس کے رسول اور خادم ہونے کے ثبوت دیکھنا چاہتے تھے۔ اُس نے اُنہیں اپنے رسول اور خادم ہونے کے ثبوت دکھائے۔

پولس رسول نے اُنہیں بتایا کہ جہاں تک اپنے خادم اور رسول ہونے پر فخر کی بات ہے تو اُس نے اس طرح سے کلام نہیں کیا جس طرح خداوند نے۔ (آیت 17) کیونکہ کرنتھس کی کلیسیا ظاہری ثبوت چاہتی تھی۔ اپنے آپ کو رسول ثابت کرنے کے لئے وہ اُن کی طرح چھوٹا بن گیا۔ پولس رسول شخصی تعریف و تحسین سے متاثر نہیں تھا۔ اُس نے اُنہیں واضح طور پر بتایا کہ اپنی ذات اور شخصیت کے تعلق سے وہ جو کچھ بیان کرنے جارہا ہے وہ تو کسی کے اختیار کو جانچنے پرکھنے کا ایک دُنیوی طریقہ کار ہے۔ وہ سمجھتا تھا کہ کسی کے اختیار اور اہلیت کو جانچنے پرکھنے کا الٰہی طریقہ دُنیوی طریقے سے مختلف اور منفرد ہے۔

میں اپنی دُنیوی اور روحانی تعلیم و تربیت کے لئے خداوند کی شکرگزاری کرتا ہوں۔ تاہم میں اس فہم و ادراک تک پہنچا ہوں کہ یہ سب کچھ خداوند کی نظر میں بڑی اہلیت اور اہمیت کا حامل نہیں ہے۔ میری تربیت میرے لئے مددگار اور معاون ثابت ہوئی ہے۔ اس سے مجھے اُس خدمت کے لئے تیاری اور مدد ملی ہے جس کے لئے خداوند نے مجھے بلایا ہے۔ تاہم میرا بھروسہ اپنی تعلیم یا کسی بھی تربیت پر نہیں ہے۔ علم الٰہیات کی ڈگریوں اور ڈپلوموں سے خدا کی بادشاہی کو وُسعت نہیں ملے گی۔ ہو سکتا ہے کہ آپ کے گھر کی کسی دیوار پر آپ کی کوئی ڈگری یا ڈپلومہ کسی فریم میں آویزاں نہ ہو، آپ اچھے مقرّر بھی نہ ہوں۔ لیکن اگر آپ کو اس بات کی یقین دہانی ہے کہ خدا نے آپ کو اپنی خدمت کے لئے بلایا ہے اور آپ اُس کے کلام کی تابعداری اور رُوح القدس کی رہنمائی میں زندگی بسر کرتے ہیں تو پھر

بھروسہ رکھیں خدا آپ کی سوچ اور وہم و گمان سے بھی زیادہ آپ کو استعمال کرے گا۔ خداوند یسوع تیار اور کھلے دلوں کی تلاش میں ہے۔ پولس رسول اس حقیقت کو سمجھ گیا تھا۔

پولس رسول کرنتھس کی کلیسیا کو سمجھا رہا ہے کہ وہ پہلے ہی جھوٹے اُستادوں اور رسولوں کی باتوں پر کان لگائے ہوئے ہیں۔(19 آیت) اُنہوں نے جھوٹے اُستادوں کو اپنے درمیان کام کرنے کا موقع دے کر اپنے روپے پیسے اور اُس آزادی کو چھین لینے کی کھلی چھٹی دی تھی جو مسیح یسوع میں اُنہیں حاصل تھی۔ کرنتھس کے لوگوں نے اُن نقلی رسولوں کو اپنے درمیان کام کرنے کا موقع دیا تھا۔ اُنہوں نے ہر طرح کی بدعت اور بُرے طریقوں دوسروں کی تذلیل اور رسوائی بھرے روّیوں کو اپنالیا تھا۔

پولس رسول نے 19 آیت میں کرنتھس کی کلیسیا کو بتایا کہ وہ خوشی سے بیوقوفوں کی باتوں پر کان لگائے ہوئے ہیں۔یعنی اُنہوں اپنے درمیان جھوٹے رسولوں کو آنے کی اجازت دے رکھی تھی۔ اُنہوں نے موقع دے دیا کہ جھوٹے رسول اُنہیں اُس آزادی سے محروم کر دیں جو مسیح یسوع میں اُنہیں حاصل تھی۔ صرف یہی نہیں وہ اُن کا روپیہ پیسہ بھی لوٹ رہے تھے۔ لیکن پولس رسول نے اپنے ذاتی مفادات کے پیش نظر خدا کے لوگوں پر کسی طرح کا بوجھ نہ ڈالا۔ اُس نے اُنہیں مجبور نہ کیا کہ وہ اُس کی بڑی عزت اور تکریم کریں۔ اُن جھوٹے اور نام نہاد رسولوں سے قطعی مختلف پولس رسول کے دل میں کرنتھس کے لوگوں کے لئے بڑی فکر اور توجہ پائی جاتی تھی۔ اسی لئے وہ اُسے بہت کمزور اور معمولی سا عام آدمی سمجھ بیٹھے تھے۔ کیونکہ اُس نے اُس دَور کے یونانی کلچر یا تہذیب و تمدن کے مطابق خود کو اُن سے الگ تھلگ اور منفرد شخصیت ثابت نہیں کیا تھا۔ کرنتھس کے لوگ جھوٹے اور نقلی اُستادوں اور رسولوں کے ظاہری پن کی وجہ سے اُن کی عزت اور

تکریم کے چکر میں پڑ کر حقیقی رسولوں اور خادموں کی عزت اور قدر کرنا بھول گئے تھے۔ کیونکہ نقلی رسول اور خادم روپیہ پیسہ اور عزت کی توقع کرتے تھے جبکہ رسول بے لوث خدمت کرتے تھے، واقعی مفت کی چیز بے قدر سمجھی جاتی ہے۔

پولس رسول نے دُنیوی طریقہ سے بھی اپنا فخر بیان کیا۔ وہ تو پہلے ہی بیان کر چکا ہے کہ ایسے ظاہری ثبوت اُس کے لئے کسی اہمیت کے حامل نہیں ہے۔ لیکن دُنیوی تعلیم کے تعلق سے بیان کرنے سے پولس رسول کرنتھس کی کلیسیا کو سمجھا اور بتا رہا تھا کہ اگر وہ اُس ترزاو میں بھی اُس کی شخصیت اور خدمت کو تولنا چاہتے ہیں تو پھر وہ بھی وہ اُن دھوکہ بازوں سے زیادہ تعلیم یافتہ شخص ہے جو اُن کے درمیان خدمت کر رہے ہیں۔

22 آیت میں پولس اُنہیں بتاتا ہے کہ اگر وہ عبرانی ہیں تو وہ بھی عبرانی ہے۔ اگر وہ اسرائیلی ہیں تو وہ ابھی اسرائیلی ہے۔ وہ بھی ابرہام کی اولاد ہے۔ جس طرح جھوٹے اُستاد خود کو اسرائیلی، عبرانی اور ابرہام کی اولاد سمجھتے تھے، بالکل اُسی طرح پولس رسول بھی حقیقی طور پر اُسی اصل اور نسل سے تھا۔

چونکہ جھوٹے رسول خود کو مسیح کے خادم ہونے کے دعوے دار تھے، اس لئے رسول نے ثابت کیا کہ وہ اُن سے بہتر مسیح کا خادم ہے۔ 23 آیت میں پولس رسول اپنے فخر کو بیان کرنے میں ہچکچاہٹ سے کام لیتا ہے۔ "کیا وہی مسیح کے خادم ہیں؟(میرا یہ کہنا دیوانگی ہے)میں زیادہ تر ہوں۔" لیکن اُسے معلوم ہے کہ اُسے اپنی خدمت کے دفاع کے لئے ایسا کرنا ضرور ہے۔ پولس رسول اپنے کارنامے نہیں بلکہ مسیح کی خاطر سہنے والے دُکھوں کا بیان کرتا ہے۔ پولس رسول کا مقصد اور ہدف جھوٹے اُستادوں کو آئینہ دکھا کر یہ ثابت کرنا تھا کہ وہ (پولس) مسیح کی مانند ہے جس نے خدا کی بادشاہی کے لئے دُکھ سہا، وہ ایسے نہیں ہیں۔ پولس رسول بیان کرتا ہے کہ وہ کئی دفعہ مارا کوٹا اور ستایا، گیا، قید برداشت کی،

بھوکا پیاسا رہا، اکثر موت کو قریب سے دیکھا، اُس نے یہ سب کچھ اَنجیل کی خاطر برداشت کیا۔ جبکہ جھوٹے رسولوں اور اُستادوں نے اَنجیل کی خاطر کبھی بھی یہ سب کچھ برداشت نہ کیا تھا اور نہ ہی ایسی قربانی کا تصور اُن کے ذہنوں میں تھا۔

پانچ بار، پولس رسول کو یہودیوں نے ایک کم چالیس کوڑے مارے۔ مردِ خدا موسیٰ کی معرفت ملنے والی شریعت کسی کو چالیس کوڑے مارنے کی اجازت دیتی ہے۔ یہودیوں نے پولس کو ایک کم چالیس کوڑے مارے تاکہ وہ حد سے آگے بڑھ کر گنہگار نہ ٹھہریں۔ مسیح خداوند کی خاطر پولس رسول نے بس یہی دُکھ نہیں سہا، اُس پر ڈنڈے برسائے گئے، اُسے سنگسار کیا گیا۔ اپنے مشنری سفروں کے دوران سمندری سفر پر جاتے ہوئے وہ جہاز ٹوٹنے کے خطروں سے بھی دوچار ہوا۔ سُمندر کی طوفانی لہروں کے شور میں اُس نے دن رات کھلے سُمندر میں گزارے۔(25) مسلسل خطروں میں اُس کی زندگی کے دن گزرے۔ وہ غیروں اور اپنوں، ڈاکوؤں اور غیر اقوام اور دریاؤں کے خطروں سے بھی دوچار ہوا۔ وہ جہاں کہیں گیا اُسے ایذا رسانی کا سامنا کرنا پڑا۔ جھوٹے اُستادوں کی مخالفت بھی زوروں پر رہی۔(جیسا کہ کرنتھس کی کلیسیا میں)

خدا کا سچا خادم اور رسول ہوتے ہوئے، پولس رسول محنت مشقت کرتا رہا، وہ بھوکا پیاسا بھی رہا اور ستایا بھی گیا۔ اُسے معلوم تھا کہ جب پہننے کو کپڑا نہ ہو تو کیسا محسوس ہوتا ہے۔ اُسے بھوک اور پیاس کا بھی تجربہ تھا۔ اُسے گرمی اور سردی کا بھی شخصی تجربہ ہوا تھا۔ ان سب چیزوں کے علاوہ پولس رسول کے دل و دماغ پر سب کلیسیاؤں کی گہری فکر بھی چھائی رہتی تھی۔ صرف یہی دباؤ اور فکر ہی ناقابل برداشت تھا کہ اُسے سب کلیسیاؤں کی فکر اور توجہ دن رات اُس کے دل و دماغ پر چھائی رہتی تھی۔ 29 آیت میں پولس رسول کرنتھس کی کلیسیا کو بتاتا ہے کہ "کس کی کمزوری سے میں کمزور نہیں ہوتا؟ کس کے ٹھوکر کھانے سے

میرا دل نہیں دُکھتا۔"

کیا آپ دیکھ رہے کہ پولس رسول یہاں پر کیا بیان کر رہا ہے؟ جب کلیسیا میں کوئی شخص کمزور ہوتا یا گر پڑتا تو وہ ایسے محسوس کرتا تھا گویا کہ وہ خود کمزور ہو رہا ہے یا خود گر رہا ہے۔ جب کوئی گناہ کا مرتکب ہوتا تھا تو پولس رسول رنجیدہ ہوتا اور اُس کا دل پاک غصے سے بھر جاتا تھا۔ اُن کلیسیاؤں کا خادم ہوتے ہوئے پولس رسول اُن کلیسیاؤں کی گہری فکر رکھتا تھا، اُن کے دُکھ درد کو گہرے طور پر سمجھتا تھا۔ ایک خدا پرست اور خدا ترس خادم کا دل ایسا ہی ہوتا ہے۔ ہر ایک پاسبان کو اپنی کلیسیا کی صورتحال کو اپنی صورتحال اور اُن کے دُکھ کو اپنا دُکھ سمجھنا چاہئے۔ یہی ایک حقیقی خادم کی نشانی ہے۔

کلیسیا کی حقیقی خدمت کے لئے آپ کو حساس اور ترس بھرا دل رکھنے کی ضرورت ہے تاکہ آپ کلیسیا کے دُکھ درد اور خوشی و مُسرت کو سمجھ، جان اور محسوس کر سکیں۔ جو لوگ اخلاقی گراوٹ کا شکار ہیں اُن کے لئے آپ کو غمزدہ ہونا پڑے گا۔ آپ کو اُن کے لئے آنسو بہانے چاہئے جو مصیبت کے مارے غم سے کراہ رہے ہیں۔ آپ کو ایمان میں کمزور لوگوں کے تعلق سے بھی حساس ہونا چاہئے تاکہ آپ اُنہیں ایمان میں مضبوط کر سکیں۔ محض تعلیم دینا ہی کافی نہیں بلکہ آپ کو کلیسیا کے جذبات اور احساسات کا بھی شخصی تجربہ ہونا چاہئے۔ پاسبان کو معلوم ہونا چاہئے کہ کلیسیا کیسی صورتحال سے گزر رہی ہے۔ اس لئے ہر ایک شخص کو پاسبانی خدمت کی آرزو نہیں کرنی چاہئے۔ یہ رُتبہ نہیں ذمہ داری ہے۔ آپ ایک حقیقی پاسبان ہو نہیں سکتے جب تک آپ اُن لوگوں کے احساسات، جذبات اور دُکھ درد کو نہ سمجھیں جو خدا نے آپ کی نگہبانی میں رکھے ہیں۔ کلیسیا کے لئے مسیح جیسا ترس اور رحم اور فکرمندی ایک پاسبان کے دل میں موجود ہونی چاہئے۔

اپنے دُکھوں اور کمزوریوں پر بڑی عاجزی سے فخر کرتے ہوئے پولس رسول خداوند کو

جلال اور عزت دیتا ہے جس نے ہر طرح کے دُکھ اور مصیبت اور سختی میں اُسے سنبھالے رکھا۔ جھوٹے رسولوں اور اُستادوں کی طرح پولس رسول کی زندگی پھولوں کی سیج پر نہ گزری۔ اُس نے بڑی مشکلات اور دُکھ اٹھائے اور لوگوں کی طرف سے طنز و تضحیک بھی برداشت کی۔ خدا جانتا تھا کہ پولس رسول سچائی بیان کر رہا ہے، یونانی نکتہ ء نظر اور معیار کے مطابق پولس رسول کمزور اور غیر تربیت یافتہ شخص تھا لیکن روحانی لوگ سمجھتے تھے کہ وہ رُوح کی ہدایت سے آگے بڑھ رہا ہے۔

پولس رسول شہر دمشق میں تھا، ارتاس بادشاہ نے اُس کی گرفتاری کے لئے ہر طرف پہرے لگا رکھے تھے۔(آیت 32) اگر خدا کے مقدسین اُسے ٹوکرے میں دیوار سے نہ لٹکاتے تو وہ گرفتار ہو جاتا، اور عین ممکن ہے کہ مارا بھی جاتا۔ پولس رسول کو اَنجیل کی خاطر کئی بار موت کا سامنا ہوا۔ پولس رسول نے بڑی انکساری اور عاجزی سے ٹوکرے میں چھپ کر جان بچائی جب کہ ایمانداروں نے اُس مشکل وقت میں اُس کی مدد اور دستگیری کی۔

جھوٹے اُستاد اور رسول ایسی مخالفت کو برداشت نہیں کر سکتے تھے کیونکہ وہ تو خود شیطان کے کارندے تھے۔ وہ آرام و سکون، خوشحالی کی زندگی بسر کر رہے تھے، اُن کی زندگی ہر طرح کی فکر سے بالاتر تھی۔ اُنہیں ضروریات زندگی اور اپنے آرام و آسائش کی چیزوں کی کمی نہ تھی۔ اُن کے پاس وہ سب کچھ تھا جو وہ چاہتے تھے۔ یہی وجہ ہے کہ کرنتھس کے لوگ اُن کا بڑا احترام کرتے تھے۔ وہ اپنے طرزِ زندگی، معیارِ زندگی اور مقام کی وجہ سے منفرد اور مختلف سمجھے جاتے تھے۔ یہی دھوکہ کئی ایک لوگوں کی گمراہی کا سبب بنا۔

دوسری طرف پولس رسول دشمن کی لڑائی میں مصروفِ عمل اور پہلی صفوں میں تھا۔ دشمن جو کچھ بھی اُس پر پھینک سکتا تھا، اُسے اپنا نشانہ بنا رہا تھا تو بھی خدا کے فضل سے پولس رسول قائم تھا اور فتح پر فتح حاصل کرتا ہوا آگے ہی آگے بڑھ رہا تھا۔ خداوند ہماری مدد

کرے اور ہمیں فضل اور توفیق عطا فرمائے تاکہ دُنیوی معیار اور قدروں کو بالائے طاق رکھتے ہوئے وہ جنگ بڑے صبر و تحمل سے لڑیں جو ہمیں درپیش ہے۔ تاکہ ہر قیمت پر خدا کی بادشاہی کو پھیلاتے چلے جائیں۔

چند غور طلب باتیں

☆۔ کرنتھس کی کلیسیا کے لوگ کس نظر سے اپنے قائدین کو دیکھتے تھے۔ اس تعلق سے کلیسیا کو کیا مسئلہ درپیش تھا؟ کیا ہم بھی آج کے دَور میں اس طرح کے پھندے میں پھنس سکتے ہیں؟

☆۔ آج کے قائدین کی زندگی میں ہم کن چیزوں کو تلاش کرتے ہیں؟ جو کچھ خدا ایک قائد میں دیکھتا ہے اور جس طرح دُنیا کے لوگ قائدین کی خوبیوں کو دیکھتے ہیں، اُن میں کیا فرق پایا جاتا ہے؟

☆۔ اگرچہ خدا کی بادشاہی کی وُسعت اور پھیلاؤ کے لئے تربیت حاصل کرنا ضروری ہے، لیکن تربیت اور تعلیم پر ہی بھروسہ کرنا کیوں کر خطرناک ہے؟ ہمیں کس چیز پر بھروسہ کرنا چاہیئے؟

چند اہم دُعائیہ نکات

☆۔ اس حقیقت کے لئے خدا کی شکر گزاری کریں کہ اُس نے خدمت میں قوت اور قدرت سے مسلح کرنے کے لئے اپنا پاک روح ہم میں رکھا ہے۔

☆۔ اس آزمائش سے رہائی کے لئے دُعا کریں کہ لوگ آپ کی تعلیم اور تربیت کی وجہ سے آپ کو عزت دیں۔ اس حماقت کو دیکھنے کے لئے خدا سے دُعا کریں۔ آخری دم تک قائم رہنے کے لئے پولس رسول جیسی ہمت اور توفیق مانگیں۔

☆۔ آخری دم تک قائم رہنے کے لئے پولس رسول جیسی ہمت اور توفیق مانگیں۔

☆۔ خداوند کی شکر گزاری کریں کہ ہم جیسے بھی ہیں وہ آپ کو استعمال کرنے کی قدرت رکھتا ہے؟ از سرِ نو اپنی زندگی کو خدا کے کام کے لئے مخصوص کرنے کے لئے اُس کے حضور جھک جائیں۔

باب 21

جسم میں کانٹا

(2 کرنتھیوں 12 باب 1-10 آیت)

کرنتھس کی کلیسیا میں کچھ ایسے لوگ تھے جنہیں پولس رسول پسند تھا اور نہ ہی اُس کے طریقہ کار۔ جھوٹے اُستاد اور رسول کلیسیا میں آگھسے تھے اور لوگوں کو پولس رسول کے خلاف کر کے اُنہیں اپنی طرف مائل کر رہے تھے۔ حالات اِس قدر خراب ہو گئے تھے کہ پولس رسول اپنی خدمت، اختیار اور رسالت کے دفاع کی خاطر بولنے پر مجبور ہو گیا۔ اس کے لئے اُس نے اپنے رسول ہونے کے تمام ثبوت اور خصوصیات اُن کے سامنے رکھیں۔

1-7 آیت میں پولس رسول اپنے تجربات اور رسولی خصوصیات کے بارے میں بات جاری رکھتا ہے۔ پولس رسول اُن خصوصیات کو بہت زیادہ اہمیت نہیں دیتا۔ یہ سب کچھ اُس نے کرنتھس کے لوگوں کے لئے بیان کیا کیونکہ وہ اپنے معیار اور اقدار بنائے ہوئے تھے۔ لیکن پولس رسول اپنے اختیار اور خدمت کی بنیاد اِن خصوصیات پر نہیں رکھتا۔ اُس کا ارادہ جھوٹے اُستادوں اور رسولوں کی طرح خود کو سر بلند کرنا نہیں تھا بلکہ وہ مسیح کو اونچا، نمایاں اور سر بلند کرنا چاہتا تھا۔ اس حقیقت کے باوجود کہ پولس رسول ان معاملات میں الجھا ہوا نہیں تھا تو بھی وہ مسیح کے خادم کی حیثیت سے اپنے خادم اور رسول ہونے کی تمام خصوصیات کا ذکر کرتا ہے۔ پولس رسول نے یہ سب کچھ کرنتھس کے لوگوں کی خاطر اور اُن کے ساتھ اپنے رشتے، فکر اور دلچسپی کی بنا پر کیا۔ پولس رسول ان تمام خصوصیات اور خوبیوں کا ذکر کر کے ثابت کر رہا ہے کہ وہ ہر طرح سے اور ہر ایک معیار پر بطور رسول پورا

اُترتا ہے۔

1 آیت میں پولس رسول اپنی رویا، نصب العین کا ذکر کرتا ہے۔ یہ رویائیں اور مقاصد پولس رسول کی زندگی کے لئے بڑی اہمیت کے حامل تھے۔ کیونکہ اُنہی کے اثر و تاثیر سے وہ آج تک قائم اور متحرک تھا۔ اعمال کی کتاب پولس رسول کی 6 رویاؤں جبکہ افسیوں اور گلتیوں کی کلیسیا کے نام لکھے گئے خطوط اُن مزید مکاشفات کا ذکر کرتے ہیں جو اُسے خداوند کی طرف سے حاصل ہوئے۔

2 آیت میں پولس رسول ایک ایسے شخص کا ذکر کرتا ہے جو چودہ برس پہلے تیسرے آسمان پر اُٹھایا گیا۔ یہاں پر چند ایک باتیں ہمیں سمجھنے کی ضرورت ہے۔

اوّل۔ پولس رسول ایسے شخص کا ذکر کرتا ہے جسے وہ جانتا تھا۔ مفسرین اس بات پر متفق ہیں کہ یہ شخص پولس رسول خود ہی تھا۔ لیکن پولس رسول خود کو وہ شخص ظاہر نہیں کر رہا۔ شاید ہو بڑی عاجزی سے کام لیتے ہوئے خود کو اس قابل نہیں سمجھتا کہ وہ اس اعزاز و استحقاق کو اپنے نام کرے۔

غور کریں کہ پولس رسول تیسرے آسمان پر اُٹھایا گیا۔ یہودی لوگ اس بات پر ایمان رکھتے تھے کہ تین آسمان ہیں۔ پہلا آسمان تو وہ ہے جو ہمیں نظر آتا ہے، جہاں پر پرندے اُڑتے ہوئے دکھائی دیتے ہیں۔ اِس نے پوری زمین کا احاطہ کیا ہوا ہے۔ دوسرا آسمان جس پر رات کو تاروں کا جھرمٹ اور کہکشاں کے ساتھ چاند بھی دیکھنے کو ملتا ہے۔ ہم اسے بیرونی فضا بھی کہہ سکتے ہیں۔ یہودی سوچ کے مطابق تیسرا آسمان وہ مقام ہے جہاں پر خدا کی ذات سکونت پذیر ہے۔

2 آیت میں پولس کرنتھس کے لوگوں کو بتاتا ہے کہ اس کے لئے یہ رویا کس قدر حقیقی تھی۔ وہ اُنہیں بتاتا ہے کہ اُسے نہیں معلوم کہ وہ اُس دن جسم میں یا روح میں آسمان پر

اُٹھایا گیا۔ رویا اس قدر حقیقی اور واضح تھی کہ اُسے یوں لگتا ہے کہ جیسے وہ جسمانی طور پر خدا کی حضوری میں موجود تھا۔ رویا اس قدر زبردست تھی کہ پولس رسول کے لئے بھی یہ تصور کرنا مشکل تھا کہ وہ آسمان پر اُٹھایا گیا۔ یہی وجہ ہے کہ وہ ایک شخص کے طور پر ذکر کرتا ہے اور اپنے آپ کو اُس رویا کے ساتھ نہیں جوڑتا اگرچہ وہ خود ہی وہ شخص تھا جو آسمان پر اُٹھایا گیا تھا۔

4 آیت میں پولس رسول کرنتھس کے لوگوں کو بتاتا ہے کہ وہ فردوس میں گیا اور ایسی باتیں سنیں جن کو بیان کرنے کی اُسے اجازت نہیں ہے۔ خدا نے بعض چیزیں اُس پر منکشف کیں لیکن اُس نے اُن کو کسی بھی انسان کے سامنے بیان نہ کیا۔ خدا نے کیونکر کچھ باتیں پولس رسول پر ظاہر کیں جس کے بیان کی اجازت بھی اُس نے پولس رسول کو نہ دی؟ اِس کی کئی ایک وجوہات ہو سکتی ہیں، شاید پولس رسول اور اُس کی خدمت کے لئے ہی بعض چیزیں اُس پر منکشف کی گئیں تاکہ پولس رسول ثابت قدم اور قائم رہتے ہوئے خدا کی بادشاہی کے لئے کام کرتا رہے۔ اُس رویا نے پولس رسول کو ایک زبردست پیغام دیا۔ اس رویا سے پولس رسول کو نئے جوش و جذبہ اور ثابت قدمی سے آگے بڑھنے کی توفیق ملی۔ یہ بھی ہو سکتا ہے کہ خدا نے پولس رسول کے ساتھ اپنی گہری رفاقت اور تعلق کو اُس پر منکشف کرنے کے لئے اُس پر یہ چیزیں ظاہر کیں ہو۔ چونکہ پولس رسول پہلے کلیسیا کو ستانے والا تھا، اس لئے ضروری تھا کہ اُسے خداوند کے ساتھ اپنی قُربت اور رفاقت کا اندازہ ہوتا۔ بہت ضروری تھا کہ وہ جانتا کہ اُس کی بلاہٹ، خدمت اور خدا کے ساتھ رفاقت اور تعلق کس قدر گہرا ہے۔

بعض باتیں ایسی بھی ہوتی ہیں جو ہم ہر کسی کے ساتھ نہیں بلکہ بعض خاص لوگوں کے سامنے ہی بیان کرتے ہیں۔ مثال کے طور پر اگر آپ شادی شدہ ہیں تو کچھ ایسی باتیں بھی

ہوسکتی ہیں جو آپ صرف اور صرف اپنے جیون ساتھی کے ساتھ شیئر کریں گے۔ اسی طرح خدا نے بھی کچھ باتیں پولس رسول پر عیاں کیں جو اُس نے کسی اور کے ساتھ شیئر نہ کیں تھیں۔ پولس رسول نے بھی یہ خاص اور پوشیدہ باتیں کسی کو نہ بتائیں۔ اس تجربہ کے بعد پولس رسول اور بھی قائم اور ثابت قدم ہوا، اُس نے مسیح اور اُس کے پیغام کی خاطر دُکھ سہے، اور جان دینے تک وفادار رہا اور اپنی زندگی میں خدا کے مقصد اور مرضی کو پورا کیا۔

پولس رسول کرنتھس کی کلیسیا کو بتاتا ہے کہ وہ ایسے شخص پر تو فخر کر سکتا ہے لیکن اپنے تعلق سے وہ صرف اور صرف اپنی کمزوریوں پر ہی فخر کرتا رہے گا تاکہ مسیح کی قدرت اُس پر چھائی رہے۔ پولس رسول ہی وہ شخص تھا جسے اس طور سے خدا کی حضوری میں جانے کا شرف و استحقاق حاصل ہوا۔ پولس رسول کی خدا کے ساتھ ایسی گہری رفاقت اور شناسائی تھی کہ وہ ایسی پوشیدہ باتیں بھی جانتا تھا جن سے دوسرے لوگ بالکل بھی واقف اور آگاہ نہیں تھے۔ کسی دُوسرے شخص کو ایسی گہری قُربت اور خدا کے ساتھ رفاقت کا اتنا گہرا تجربہ نہیں ہوا تھا۔ پولس رسول ایسے شخص پر فخر کر سکتا تھا۔ لیکن یہ اس کا موجودہ تجربہ نہیں تھا بلکہ یہ تو چودہ برس پہلے کا واقعہ تھا۔ پولس رسول جانتا تھا کہ جسم میں زندگی گزارتے ہوئے وہ کبھی ایسے تجربے کا سوچ بھی نہیں سکتا۔

جو کچھ پولس رسول نے دیکھا اس سے وہ مزید عاجز اور فروتن ہو گیا۔ وہ اپنے اس تجربہ کو کبھی نہ بھولا۔ اپنے موجودہ وقت میں وہ جانتا تھا کہ وہ اس تجربہ سے کس قدر دُور ہے۔ وہ عظیم رسول تھا۔ پولس رسول کو خدا بڑے عجیب طریقہ سے استعمال کرتا رہا۔ پولس کی رویا نے اُس پر ظاہر کر دیا کہ خواہ وہ کتنا بھی سرفراز کیا گیا تاہم کوئی چیز بھی اُس رویا کا مقابلہ نہیں کر سکتی جو اُسے خدا کی حضوری میں دیکھنے کا اُس روز تجربہ ہوا۔ اُسے علم ہو گیا کہ نہ وہ

اپنی ذات اور نہ ہی کسی کارنامے پر فخر کر سکتا ہے۔ اُس نے اپنی کمزوریوں پر فخر کرنے کا چناؤ کیا اور خدا اُس کی کمزوریوں کے باوجود اُسے استعمال کرتا رہا۔(5 آیت)

ہماری شیخیاں کس قدر کمزور اور احمقانہ ہوتی ہیں۔ غور کریں کہ عالمی شہرت یافتہ اہمیت کا حامل ایک ریاضی دان اس پر فخر کر رہا ہو کہ اُسے پہاڑے اچھی طرح یاد ہیں۔ تصور کریں کہ ایک ڈاکٹر فخر سے بیان کر رہا ہو کہ اُسے زخم پر پٹی باندھنی آتی ہے۔ تصور کریں کہ ایک میراتھن کھلاڑی اس بات پر فخر کر رہا ہو کہ وہ تھکے بغیر اپنے دوست کے گھر پیدل چل کر گیا۔ پولس رسول کے نزدیک اپنا فخر بالکل ایسے ہی تھا۔ پولس رسول کو یہ سب کچھ بے معنی اور کھوکھلا دکھائی دیتا تھا۔ آسمانی چیزوں کو دیکھنے کے بعد پولس رسول ہر طرح کے جسمانی اور دُنیوی فخر اور تکبر سے خالی ہو گیا۔ شاید ہم سب کو بھی ایسی ہی رویا دیکھنے کی ضرورت ہے۔

آسمانی رویا میں چیزوں کو دیکھنے کے بعد پولس رسول دُنیوی چیزوں کی طرف واپس لوٹتا ہے۔ پولس رسول جانتا تھا کہ دُنیوی لحاظ سے جسم پر فخر کرنے کی اُس کے پاس ایک وجہ ہے۔(6)انسانی لحاظ سے بات کریں تو اُس نے دوسرے رسولوں اور خادموں سے بہت زیادہ کام کیا اور دُکھ بھی اٹھائے تھے۔ پولس رسول ایسی باتوں کا ذکر بھی نہیں کرنا چاہتا تھا کیونکہ وہ نہیں چاہتا تھا کہ وہ لوگوں کا مقبولِ نظر بن جائے۔ اور وہ اُس کو اُس سے زیادہ دیکھیں جس قدر وہ ہے بھی نہیں۔ اُسے علم تھا کہ وہ بھی دوسرے انسانوں کی مانند ہے۔ اُسے اپنے گناہ آلودہ انسانی جسم کی کمزوریوں کا بخوبی علم تھا۔ عام انسانوں کی طرح اُس پر بھی فخر اور تکبر کی آزمائش آئی۔

7 آیت میں وہ کرنتھس کی کلیسیا کو بتاتا ہے کہ خدا نے اُس کے جسم میں ایک کانٹا چبھویا تاکہ وہ تکبر اور فخر کے پھندے میں نہ پھنس جائے۔

ہمیں یہ تو نہیں بتایا گیا کہ جسم میں یہ کانٹا کیا چیز تھی۔ پولس رسول نے اُسے شیطان کے قاصد کے طور پر بیان کیا ہے۔ بعض لوگ اُسے پولس رسول کی کمزور نظر بھی قرار دیتے ہیں۔ تاہم کچھ بھی واضح طور پر بیان نہیں کیا جا سکتا۔

7 آیت میں ہمیں ایک اہم سبق سیکھنے کی ضرورت ہے۔ شیطان کا یہ قاصد ایک خاص مقصد کے تحت پولس رسول کو دیا گیا تھا اور وہ مقصد اُسے متکبر اور مغرور ہونے سے بچانا تھا۔ عہدِ عتیق میں شیطان کو اجازت دی گئی کہ وہ ایوب کو دُکھ دے۔ خدا نے ایوب کے دُکھوں کو اپنے ارادہ اور مقصد کی تکمیل کے لئے استعمال کیا۔ بعض اوقات خدا اس لئے بھی دُکھوں کو آنے دیتا ہے تاکہ ہمیں اور بھی زیادہ پُر اثر اور پھل دار بنائے۔ پولس رسول کے مکاشفات اور رویائیں اُس کی بساط سے بھی زیادہ ہو گئیں تھیں۔ اگر پولس رسول کی زندگی میں تکبر آ جاتا تو اُس نے پولس اور اُس کی زندگی کو ختم کر کے رکھ دینا تھا۔ 8 آیت پر غور کریں کہ پولس رسول نے تین بار خدا سے التماس کی کہ وہ اُس دُکھ کو اُس کی زندگی سے دُور کر دے۔ لیکن خدا نے ایسا نہ کیا۔ بجائے اِس کے خدا نے پولس رسول کو کمزور ہی رہنے دیا تاکہ اُس کی کمزوری میں اُس کی قدرت اُس پر چھائی رہے۔

جب مردِ خدا موسیٰ اپنے عہدِ شباب میں تھا تو خدا نے اُسے بیابان میں بھیجا۔ بیابان میں چالیس برس کے عرصہ کے دوران خدا نے اُس کا تکبر ختم کیا۔ خدا نے اُسے عاجز اور فروتن بنا کر اُس کے ذمہ ایک عاجزانہ سی خدمت لگائی اور وہ خدمت یہ تھی کہ وہ خدا کے لوگوں کی گلہ بانی کرے۔ چالیس برس تک مردِ خدا موسیٰ کو یہ کانٹا برداشت کرنا پڑا۔

پولس رسول کو یہ دُکھ برداشت کرنے کے لئے کہا گیا۔ اُسے کہا گیا کہ وہ شیطان کے اُس قاصد کو برداشت کرے جو اُسے دُکھ دینے کے لئے پہنچا تھا۔ پولس رسول کی بحالی اور شفا کا دار و مدار اُس کانٹے کو دُور کرنے میں نہیں تھا بلکہ خدا کے اُس فضل پر اُس کی بحالی اور شفا کا

دار و مدار تھا جو خدا کی طرف سے اُسے ثابت قدم اور قائم رہتے ہوئے حاصل ہونا تھا۔ خدا ہمارے دُکھوں اور مصائب کو دُور کر کے بھی ہمیں شفا، بحالی اور فتح سے ہمکنار کر سکتا ہے یا پھر اگر چاہے تو ہمیں فضل اور توفیق عطا کر سکتا ہے تا کہ ہم ثابت قدم، قائم اور تحمل مزاج رہتے ہوئے اُس دُکھ اور مصیبت کو برداشت کریں۔ ہم سب اپنے دُکھوں، مصائب اور مسائل سے رہائی چاہتے ہیں۔ لیکن بعض اوقات خدا ہمیں دُشمن کا مقابلہ کرنے اور اُس پر غالب آنے، ثابت قدم، قائم اور فاتح ہونے کے لئے بلاتا ہے۔

جب میرا بیٹا نو عمر تھا تو وہ بیس بال ٹیم میں کھیلا کرتا تھا۔ ایسے وقت بھی ہوتے تھے جب اُس کی ٹیم جیت جاتی تھی، کیونکہ مخالفین ٹیم کے بہت سے کھلاڑی کھیلنے کے لئے نہیں آتے تھے۔ کئی دفعہ تو یہ ٹیم کھیلے بغیر ہی جیت جاتی تھی۔ زندگی کے کھیل میں بھی کچھ ایسے وقت ہوتے ہیں جب خدا بغیر کسی تگ و دو کے ہمیں فتح اور برکت سے نوازتا ہے۔ لیکن کچھ ایسے وقت بھی آتے ہیں جب خدا ہمیں کھیلنے یعنی جنگ کرنے کے لئے بلاتا ہے۔ فتح بہر صورت ہماری ہوتی ہے۔

پولس رسول کو خدا نے کھیلنے یعنی جنگ کرنے اور دُشمن کا مقابلہ کرنے کے لئے بلایا تھا۔ خدا نے پولس رسول کو آخر تک ثابت قدم، قائم اور اُس کانٹے کے ساتھ ہی آگے بڑھنے کے لئے کہا۔ اور پولس رسول نے ایسا ہی کیا۔ پولس رسول اپنی کمزوریوں پر فخر کرتا ہے کیونکہ اُس نے اپنی کمزوریوں میں خدا کی قدرت کو ظاہر ہوتے ہوئے دیکھا تھا۔ وہ جان گیا تھا کہ فتح مند مسیحی زندگی کا راز اپنی طاقت، فہم اور تدبیروں پر نہیں بلکہ خدا کے فضل میں ہی پنہاں ہے۔ ساری عزت اور جلال خداوند کے لئے ہی ہے۔ پولس رسول کے لئے بڑی مشکلات تھیں۔ اکثر اُس کا سامنا دشمن سے ہوتا اور اُسے سخت جنگ کر کے دشمن کو مات دینا پڑتی۔ اُس نے شیطان کے قاصد کے ساتھ بھی ایسا ہی کیا جو اُسے دُکھ دے رہا تھا۔ اُن

دُکھوں کے ذریعہ پولس رسول نے پورے طور پر خدا کے فضل پر اعتماد اور بھروسہ کرنا سیکھا۔ جس قدر ہم اپنی کمزوریوں کو سمجھیں گے، اُسی قدر ہم خدا کی قدرت کا تجربہ کریں گے جو ہماری کمزوریوں اور ناخوشگوار واقعات اور صورتحال کو اپنے جلال، ہماری برکت، نئے تجربات اور اپنی قدرت کو ظاہر کرنے کے لئے استعمال کرتا ہے۔

مجھے معلوم نہیں کہ آپ کے جسم میں کیسا کانٹا موجود ہے۔ میں کئی برس ذہنی دباؤ کے ساتھ جنگ کرتا رہا۔ میری زندگی میں ایسے واقعات بھی آئے جب میں حیرت سے یہ سوچتا کہ کبھی ایسی صورتحال سے نکل بھی پاؤں گا یا نہیں۔ اکثر میں نے خدا کی قدرت کا تجربہ کیا ہے۔ میں نے فتح کو دیکھا ہے۔ میں جانتا ہوں کہ خدا کسی بھی صورتحال کو بدلنے، ہماری مشکلات کو ختم کرنے اور ہمیں بڑی فتح سے ہمکنار کرنے کی قدرت رکھتا ہے۔ لیکن میں یہ بھی جانتا ہوں کہ اگر خدا مجھے شیطان کے قاصد سے جنگ کرنے کے لئے بلائے گا تو اُس کے لئے درکار قوت اور فضل سے بھی نوازے گا تاکہ میں اُس کی فتح کا تجربہ کر سکوں۔ مجھے یہ بھی معلوم ہے کہ خدا مجھے عاجز اور فروتن رکھنے کے لئے بھی اس صورتحال کو استعمال کر سکتا ہے۔ تاکہ میں اور بھی زیادہ دوسروں کی برکت اور بحالی کے لئے موثر طریقہ سے استعمال ہو سکوں۔

چند غور طلب باتیں

☆۔ پولس رسول کی رویا کس طرح خدمت میں اُس کے لئے مددگار ثابت ہوئی۔ کس طرح آسمانی تناظر سے چیزوں کو دیکھنا ہمیں اپنے کارناموں پر فخر کرنے سے باز رکھتا ہے؟

☆۔ پولس رسول کے جسم میں کانٹے کا کیا مقصد تھا؟ کیا آپ کے بدن میں بھی کوئی کانٹا ہے؟ کس طرح خدا اُس کانٹے کو آپ کی زندگی میں استعمال کر رہا ہے؟

☆۔ ہمارے دُکھوں کے درمیان حاصل ہونے والی فتح کس طرح خدا کے فضل اور اُس کی

قدرت کی گواہی دیتی ہے؟

چند اہم دُعائیہ نکات

☆۔ خداوند کی شکر گزاری کہ وہ ہمیں دُکھ اٹھانے کی توفیق دینے کے وسیلہ سے فتح سے ہمکنار کر سکتا ہے؟ خداوند کی شکر گزاری کہ وہ ہمارے دُکھ، آزمائشیں اور مسائل ختم کر کے بھی ہمیں فتح کی خوشی سے معمور کر سکتا ہے؟

☆۔ اگر خدا نے آپ کی زندگی میں کوئی کانٹا رکھا ہے تو پھر آپ آخر تک قائم رہ کر اُس کو شکست دیں۔

☆۔ خداوند سے دُعا کریں کہ وہ آپ کو دُکھ سہنے کی توفیق عطا فرمائے تا کہ آپ خدا کی بادشاہی کی وُسعت کے لئے اور بھی زیادہ موثر طریقہ سے اُس کی خدمت کر سکیں۔

☆۔ خداوند سے دُعا کریں تا کہ آپ انسانی خوبیوں پر فخر کی حماقت کو دیکھ سکیں۔ اس کی بجائے اپنی زندگی میں اُس کے فضل اور بڑے رحم کے لئے اُس کی شکر گزاری کریں۔

باب 22

تم پر کوئی بوجھ نہ ہو

(2 کرنتھیوں 12 باب 11-21 آیت)

اس باب کے پہلے حصہ میں پولس رسول نے اپنے بدن میں کانٹے کی بات کی ہے۔ پولس رسول نے اُنہیں بتایا کہ اُس کا مقصد کسی طور پر بھی اُن پر بوجھ بننا نہیں ہے۔ پولس رسول اُن پر واضح کرنا چاہتا تھا کہ اُس نے سب کچھ اُن کے فائدے اور برکت کے لئے ہی کیا تھا کیونکہ وہ اُنہیں بہت پیار کرتا تھا۔

پولس رسول کرنتھس کے لوگوں کو بتاتا ہے کہ وہ اُن کے لئے بیوقوف بن گیا کیونکہ وہ اُسے اس مقام پر لے آئے تھے۔ اُس نے دُنیوی تعلیم پر فخر کرتے ہوئے ایسا کیا۔ پولس رسول کو اس لئے بھی بیوقوف سمجھا جاتا تھا کیونکہ وہ مسیح اور اُس کی انجیل سے والہانہ محبت کرتا تھا اور اُس کے پھیلاؤ کے لئے دیوانہ وار کاوشیں کر رہا اور دُکھ بھی سہہ رہا تھا تو بھی پیچھے نہیں ہٹ رہا تھا۔ وہ خداوند، اُس کے پیغام اور جن لوگوں کے درمیان وہ خدمت کر رہا تھا اُن کے لئے جان بھی قربان کر دینے کے لئے تیار تھا۔ مسیح کے مقصد، ایمانداروں کی نجات اور ترقی اور اَنجیل کے پھیلاؤ کے لئے اُس نے بہت دُکھ سہا۔ لیکن کبھی پیچھے نہ ہٹا، دُنیا کے لوگوں کے لئے یہ بہت بڑی بیوقوفی تھی۔

کرنتھس میں کچھ لوگ اپنے آپ کو رسول ٹھہرا رہے تھے۔ یہ لوگ بڑے شیخی باز اور رسول ہونے کے دعوے دار تھے، لوگوں سے روپیہ پیسہ اور عزت و تکریم کا مطالبہ کرتے تھے۔ وہ اُن کے درمیان منادی اور تعلیم کا معاوضہ طلب کرتے تھے۔ یہ وہ لوگ تھے جو

دُنیوی محنت کر کے خود کو گندا بھی نہیں کرنا چاہتے تھے۔ اُنہوں نے اُس علاقہ میں آکر لوگوں سے مطالبہ کیا کہ اُس کی ہر ایک ضرورت پوری کی جائے۔ وہ نفیس لباس پہنتے اور لوگوں کی توجہ کا مرکز بنے ہوئے تھے۔ پولس رسول کا طرزِ زندگی ایسا نہیں تھا۔ وہ لوگوں کی توجہ کا مرکز نہیں بننا چاہتا تھا۔ وہ سادہ لباس زیب تن کرتا اور محنتی شخص تھا، جہاں تک ہو تا وہ محنت مشقت سے کام لیتا تھا اور اپنی ضروریات کے لئے دوسروں پر بوجھ نہیں ڈالتا تھا۔ اُس نے اَنجیل کے پھیلاؤ کے لئے بھی محنت کر کے اپنے سفری اخراجات پورے کئے تا کہ جہاں کہیں خدا کا پاک روح اُسے لے جائے اُس کے پاس ادا کرنے کے لئے کرایہ بھی موجود ہو۔ وہ اَنجیل کا پیغام مفت دیتا تھا اور لوگوں سے کسی روپے پیسے کا مطالبہ نہیں کرتا تھا۔ جس پیغام کی اُس نے منادی کی، اُس کے لئے اُس نے دُکھ بھی سہا، مارا پیٹا گیا، رد کیا گیا، حتیٰ کہ اسے بیوقوف بھی سمجھا گیا۔

غور کریں کہ پولس رسول اُنہیں بتا رہا ہے کہ اُن ہی کی وجہ سے وہ اِس مقام پر پہنچا ہے کہ اپنے اختیار کو ثابت کرنے کے لئے اپنے دُکھوں کی وضاحت کرنی پڑی۔ اس کا بہترین ثبوت یہی تھا کہ کرنتھس کے لوگوں کی زندگیاں تبدیل ہو چکی تھیں۔ کیونکہ اُس نے اُن کے درمیان منادی کی تھی۔ بہت سے لوگوں نے نجات پائی اور اس کے نتیجہ میں کلیسیا قائم ہو گئی تھی۔ اب کرنتھس کے لوگوں کو چاہئے تھا کہ وہ پولس رسول کے لئے آواز اُٹھاتے لیکن وہ خاموش تماشائی بنے ہوئے تھے۔ (11 آیت) اُسے فضل سے یہ خدمت ملی تھی، اس لئے نہیں کہ وہ کوئی بڑی خاص شخصیت کا مالک تھا۔ وہ کرنتھس میں موجود جھوٹے اُستادوں سے کسی طور پر بھی کم تر نہ تھا۔ اگرچہ اُس کی خدمت کا طریقہ کار اور انداز اُن سے مختلف تھا تو بھی رسول اور خادم ہونے کے تمام شواہد اُس کے طرزِ زندگی اور خدمت سے نمایاں تھے۔ (12 آیت)

پولس رسول کرنتھس کے ایمانداروں کو بتاتا ہے کہ سچا اور حقیقی رسول ہونے کی علامات، نشانات، معجزات اور کرشمات ہیں جو خدا نے اُس کے وسیلہ سے لوگوں کے درمیان کئے۔ کہنے کا یہ مطلب ہرگز نہیں کہ صرف رسول ہی ایسے کام اور معجزات کرسکتے ہیں۔ خدا کے دیگر خدام نے بھی معجزات کئے اور اُن کے وسیلہ سے بھی نشانات اور کرشمات ظہور پزیر ہوئے جو کہ رسول نہیں تھے۔(اعمال 6 باب 8 آیت، اعمال 8 باب 13 آیت)

یوحنا 10 باب 38 آیت میں خداوند یسوع نے بتایا کہ اُس کے معجزات کے پیچھے رحم اور ترس کے علاوہ یہ مقصد بھی ہے تا کہ دُنیا جانے کہ وہ خدا کی طرف سے آیا ہے۔

"لیکن اگر میں کرتا ہوں تو گو میرا یقین نہ کرو مگر اُن کاموں کا تو یقین کرو تا کہ تم جانو اور سمجھو کہ باپ مجھ میں اور میں باپ میں ہوں۔ "

یہ بات رسولوں کے تعلق سے بھی بالکل ایسے ہی ہے۔ خدا کے یہ خُدام اس طرح سے مسح کئے گئے تھے کہ اُن میں روح کی نعمتیں اور قدرت کام کرتی تھی اور وہ یہ معجزات اور کرشمات دکھانے کے قابل تھے۔ یہ سب کچھ اس لئے تھا تا کہ لوگ اُن کے کلام کا بھی یقین کرسکیں۔ پولس رسول کرنتھس میں موجود جھوٹے اُستادوں کی طرح لباس زیب تن نہیں کرتا تھا تو بھی حقیقی رسول ہونے کے تمام شواہد اُس میں پائے جاتے تھے۔ جو معجزات اور کرشمات پولس رسول کے وسیلہ سے خدا کر رہا تھا وہ اُس کے روحانی اختیار اور رسول ہونے کا زبردست ثبوت تھے۔ اگرچہ پولس رسول نے فیصلہ کیا تھا کہ وہ کرنتھس میں اُن پر بوجھ نہیں بنے گا جس طرح کے افضل رسول اور اُستاد اُن پر بوجھ بنے ہوئے تھے۔ (13)اُس نے طنزیہ اُن سے کہا کہ اُن پر بوجھ نہ بننے کا قصور اُسے معاف کر دیا جائے۔ افسوس کی بات ہے کہ کرنتھس میں کچھ ایسے لوگ بھی تھے جو ہٹ دھرم اور روپیہ پیسہ طلب کرنے والوں کی بڑی عزت کرتے تھے۔ وہ اُنہی لوگوں کو پسند کرتے تھے

جو اُن پر دھونس جماتے تھے۔ جس قدر جھوٹے اُستاد مطالبہ کرنے والے تھے، اُسی قدر وہ زیادہ لوگوں سے روپیہ پیسہ بٹور رہے تھے۔ چونکہ پولس اپنی خدمت کے عوض اُن سے کسی چیز کا مطالبہ نہیں کرتا تھا، اس لئے اُن کی نظر میں بے قدر تھا اور اُس کی منادی اور تعلیم کی بھی بے قدری ہو رہی تھی۔ جب کہ وہ اُن جھوٹے اُستادوں کی بڑی عزت کر رہے تھے جو اُن پر دھونس جماتے اور اپنی خدمت کا معاوضہ طلب کرتے تھے۔ پولس رسول نے کچھ بھی تو غلط نہیں کیا تھا، اُس کی سخاوت اور نرمی ہی اُس کے لئے اُس تنقید کا باعث بن گئی۔ مفت کی چیزوں کی اکثر کوئی قدر نہیں ہوتی۔

14 آیت میں پولس رسول اُنہیں بتاتا ہے کہ اب تیسری بار وہ اُن کے پاس آنے کے لئے تیار ہے۔ اب کی بار وہ پہلے سے کچھ مختلف نہیں کرے گا۔ وہ اُن سے روپیہ پیسے کا مطالبہ نہیں کرے گا، کیونکہ اُسے اُن کے روپے پیسے میں نہیں بلکہ اُن کی زندگیوں میں دلچسپی تھی۔ اُس کی یہی خواہش اور آرزو تھی کہ وہ اُنہیں دے نہ کہ اُن سے کچھ طلب کرے۔ وہ اپنے آپ کو اُن کے روحانی باپ کے طور پر دیکھتا تھا۔ باپ ہوتے ہوئے اُس کی ذمہ داری تھی کہ وہ اپنے بچوں کی ضروریات پوری کرے۔ اپنی پدرانہ شفقت اور محبت کی بنا پر اُس کی یہ بڑی آرزو اور دلی خواہش تھی کہ جو کچھ وہ اُن کے لئے کر سکے، جو کچھ اُن کو دے سکے وہ ضرور اُن کے لیے مہیا کرے۔ اُسے کرنتھس کے ایمانداروں کی ایسی فکر تھی، اُن سے ایسے محبت تھی جس طرح ایک باپ کو اپنے بچوں کی فکر اور اُن سے محبت ہوتی ہے۔ یہی وجہ ہے کہ اُس نے اُن کے لئے اپنا سب کچھ خرچ کر ڈالا۔

پولس رسول کے دلی محرکات پر کسی طور پر بھی شک وشبہ نہیں کیا جا سکتا تھا۔ میری ملاقات ایسے خُدام سے ہو چکی ہے جو اس بنا پر کسی چرچ میں خدمت کرنے کا فیصلہ کرتے ہیں کہ اُنہیں اُس کلیسیا سے کیا مالی فائدہ اور دیگر مراعات حاصل ہوں گی۔ پولس تو اپنی محبت سے

مجبور اُن کے درمیان خدمت کر رہا تھا۔ پولس رسول کی زندگی کو دُنیا کے لوگ سمجھ نہ پائے۔(آیت 15)

16 آیت میں مقدس پولس رسول نے منظرِ عام پر آنے والے درپیش مسئلہ کے حل کی کوشش کی۔ کچھ ایسے لوگ بھی تھے جو اُس پر اعتماد اور بھروسہ نہیں رکھتے تھے۔ وہ یہ سمجھتے تھے کہ وہ ہمیں جھانسہ دے کر ہم سے روپیہ پیسہ بٹورنا چاہتا ہے۔ پولس رسول نے بے لوث اُن کے درمیان خدمت کی اور کسی کے مال و دولت پر نظریں نہ لگائیں۔

لوگوں کے لئے پولس رسول کے دل کے محرکات کو سمجھنا اور اُس کی زندگی اور اُس کے اندازِ خدمت کو پہچاننا مشکل تھا۔ وہ یہی سمجھتے تھے کہ وہ کسی نہ کسی طرح سے اُن کو فریب دے کر اُن سے روپیہ پیسہ اور مال و متاع اکٹھا کرنا چاہتا ہے۔ کوئی شخص کیونکر اِس قدر فیاض دل اور سخی ہو سکتا ہے؟ کیونکر کوئی شخص اس طرح ثابت قدمی اور وفاداری سے بغیر معاوضہ خدمت کر سکتا ہے؟ بعض لوگ یہ بھی سمجھتے تھے کہ طِطُس کے وسیلہ سے جو ہدیہ اور چندہ یروشلیم کی کلیسیاؤں کے لئے اکٹھا کیا گیا ہے وہ پولس رسول نے اپنے مفاد کے لئے کلیسیاؤں کو جھانسہ دے کر اکٹھا کیا ہے۔

پولس رسول کو جب اُن کے خیالات کا علم ہوا تو اُس نے اُنہیں دعوتِ عام دی کہ وہ اُس کی زندگی اور اُس کے ہم خدمت ساتھیوں کی زندگی اور خدمت کا بغور جائزہ لیں۔ 17 آیت میں وہ اُنہیں غور کرنے کے لئے کہتا ہے کہ وہ جائزہ لیں کہ آیا اُس نے کبھی اپنے ہم خدمت ساتھی کے وسیلہ سے کوئی فائدہ اُٹھانے کی کوشش کی۔ اُس نے طِطُس کو اُن کے پاس بھیجا اور اُس کے ساتھ ایک بھائی تھا، (جس کا نام معلوم نہیں ہے۔ آیت 18) ہمیں یہ تو معلوم نہیں کہ وہ شخص کون تھا لیکن اتنا ضرور کہا جا سکتا ہے کہ وہ شخص نہ صرف پولس رسول کے نزدیک بلکہ دیگر کلیسیاؤں میں بھی ایک معزز شخصیت اور قابلِ اعتبار بھائی تھا۔

پولس رسول کرنتھس کے ایمانداروں کو یاد کراتا ہے کہ وہ اُن وقتوں کو یاد کر کے اُس کی خدمت، طریقوں اور زندگی کا جائزہ لیں جب ططس اُس کے ہمراہ اُن کے پاس آیا تھا۔ پولس رسول کو معلوم تھا کہ ططس اور وہ یکدل ہیں۔ اُسے معلوم تھا کہ ططس اور اُس کی یعنی دونوں کی یہ حسرت رہی ہے کہ کرنتھس کے ایماندار روحانی پختگی اور ایمان کے اگلے درجہ تک پہنچیں۔ ططس کو بھی پولس رسول کی طرح کرنتھس کے لوگوں کی کسی چیز کا لالچ نہیں تھا۔ نہ تو پولس اور نہ ہی اُس کے ساتھیوں نے کبھی کرنتھس کے ایمانداروں کو دھوکہ دینے یا اُن سے کچھ ہتھیانے کی کوشش کی تھی۔ جب کہ جھوٹے اُستادوں کا طرزِ زندگی اور روّیہ خدا کے اُن خدام اور رسولوں سے قطعی مختلف اور متضاد تھا۔

19 آیت میں پولس رسول کرنتھس کے ایمانداروں کو بتاتا ہے کہ جو کچھ اُس نے اُنہیں بتایا وہ بالکل سچائی پر مبنی تھا۔ بالآخر وہ اُن الزام لگانے والوں کے سامنے ہیں بلکہ خدا کے سامنے جواب دہ تھا۔ اُس نے اپنی رسالت کے اختیار کے تعلق سے جو کچھ اُنہیں بتایا تھا اُس پر اُسے کوئی شرمندگی محسوس نہیں ہوتی تھی۔ (10:1 اور 12 باب 8 آیت) اُسے پورا یقین تھا کہ کوئی بھی شخص جو دیانتداری اور شفافیت سے اُس کی زندگی اور خدمت کا جائزہ لے تو یہ بات بالکل عیاں ہو جائے گی کہ اُس نے بے لوث اور بغیر ریاکاری کرنتھس کے لوگوں کے درمیان خدمت کی۔

یہاں پر پولس رسول کیسی زبردست مثال پیش کرتا ہے۔ کتنی ہی بار ہمیں اپنی باتوں پر شرمندگی اُٹھانا پڑتی ہے؟ کیا ہم قدوس خدا کے سامنے کھڑے ہو سکتے ہیں کہ وہ ہماری باتوں کا جائزہ لے کہ آیا وہ سچائی پر مبنی تھیں، اُن میں کوئی ریاکاری اور مفاد پرستی نہیں تھی؟ کیا ہم خدا کے سامنے کھڑے ہو کر اپنی خدمت کے محرکات اور خدمت میں اپنے روّیوں کا جائزہ لینے کے لئے کہہ سکتے ہیں؟ کیا ہم نے خدا کے حضور دیانتداری سے خدمت کی

ہے ؟ کیا ہم نے سب کچھ مسیح کے بدن کی تعمیر و ترقی کے لئے ہی کیا؟

20 آیت میں پولس رسول اُنہیں بتاتا ہے کہ جب وہ اُن کے ہاں آیا تو اُسے ڈر لگ رہا تھا کہ کہیں اب بھی کرنتھس کے لوگ کسی گناہ ہی میں مبتلا نہ ہوں۔ اُسے ڈر اور خدشہ تھا کہ کہیں اب بھی اُن کا طرزِ زندگی اور کردار اُس کی سکھائی گئی تعلیم اور نصیحت کے متضاد ہی نہ ہو۔ وہ نہیں چاہتا تھا کہ اُنہیں کسی افراتفری، اُلجھن اور گراوٹ کا شکار دیکھے۔ اُسے فکر تھی کہ کہیں اب بھی اُن کے درمیان تفرقے، جدائیاں، بے اتفاقیاں، جھگڑے اور لڑائیاں اور حرامکاری اور بے ترتیبی اور گناہ موجود نہ ہو۔ اُسے یہ بھی ڈر تھا کہ کہیں حرامکاری جیسا گناہ جس کا اُنہوں نے اقرار کر لیا تھا، ابھی تک کلیسیا کے درمیان موجود نہ ہو۔ کرنتھس کی کلیسیا میں اُس نے چند ایک گناہوں کا ذکر کیا تھا۔ (1 کرنتھیوں 5 باب 1-13 آیات، 16 باب 13-17 آیت) اِسے یہی فکر تھی کہ وہ ابھی تک ایمان میں اس قدر پختہ نہیں ہوئے ہوں گے جس قدر اُنہیں اب تک ہو جانا چاہئے۔

اگر کرنتھس کی کلیسیا نے پولس رسول کی بات پر کان نہیں دھرا تھا تو اس کا مطلب یہ نہیں تھا کہ پولس نے اپنی طرف سے کوشش میں سُستی کی تھی۔ بعض اوقات ہماری بڑی اچھی اور جانفشانی سے کی گئی کاوشیں بھی رنگ نہیں لاتیں۔ ہر کوئی ہماری خدمت کو قبول نہیں کرے گا، خواہ ہمارے دلی محرکات کتنے بھی پاک اور بے لوث کیوں نہ ہوں۔ پولس رسول نے اپنے آپ کو خدمت کے لئے پورے طور پر وقف کر دیا تو بھی وہ گارنٹی اور پورے وثوق کے ساتھ یہ نہیں کہہ سکتا تھا کہ اُس کی خدمت کا کتنے فیصد پھل پیدا ہو گا۔ ہر کسی نے ہمارا پیغام سُن کر شخصی طور پر اپنے لئے فیصلہ کرنا ہوتا ہے۔

چند غور طلب باتیں

☆۔ پولس رسول کی خدمت اور جھوٹے رسولوں کی کرنتھس میں خدمت میں کیا فرق ہے؟

☆۔ کیا آپ خدمت میں خود غرضی اور ذاتی مفادات جیسے معاملات میں اُلجھے ہوئے ہیں؟ وہ کون سے معاملات ہیں؟ وضاحت کریں۔

☆۔ کیا خدمت میں ہم درُست نتائج کی ضمانت دے سکتے ہیں؟ کیا ممکن ہے کہ ہمارے محرکات اور روّیے درُست ہوں تو بھی واضح اور درُست نتائج سامنے نہ آئیں؟

چند اہم دُعائیہ نکات

☆۔ خداوند سے دُعا کریں کہ وہ خدمت میں آپ کے محرکات کو جانچے اور پرکھے۔

☆۔ خداوند سے اپنے لبوں کی محافظت مانگیں تاکہ آپ کے مُنہ سے ایسی باتیں نہ نکلیں جو اُس کے نام کے لئے جلال اور بزرگی کا باعث نہیں ہیں۔

☆۔ خدمت میں پولس رسول جیسا روّیہ اور محرکات اپنانے کے لئے خداوند سے دُعا کریں۔

باب 23

کاملیت تک پہنچنے کا ہدف
(2 کرنتھیوں 13 باب)

اس آخری باب کو تحریر کرنے میں پولس رسول کے دو مقاصد نظر آتے ہیں۔ اوّل۔ وہ اُنہیں یاد دلاتا ہے کہ وہ اُن کے پاس آرہا ہے اس لئے وہ اُس کے آنے سے پہلے کلیسیا میں موجود گناہ کا اقرار و اعتراف کر کے اُس کو ختم کر دیں۔ دوئم۔ پولس رسول نے کرنتھس کے ایمانداروں کی ہمت افزائی کی تاکہ وہ خداوند یسوع مسیح کے ساتھ چلتے ہوئے کاملیت کی طرف قدم بڑھائیں۔

1 آیت سے شروع کر کے پولس رسول اُنہیں یاد کراتا ہے کہ اب تیسری بار وہ اُن کے پاس آنے کا ارادہ کر رہا ہے۔ غور کریں کہ اس آیت میں کہا گیا کہ اُس کے آنے پر ہر ایک معاملہ دو یا تین گواہوں کی صورت میں حل کیا جائے گا۔ پولس رسول استثنا 19 باب 15 آیت کی روشنی میں موسوی شریعت کی روشنی میں یہ بات کر رہا تھا۔ یہ سب کچھ یاد کرانے سے پولس اُنہیں یہ پیغام بھی دے رہا تھا کہ اب وہ تمام معاملات کے فیصلہ جات کرنے کے لئے بھی آ رہا ہے۔ کرنتھس کی کلیسیا میں کئی ایک معاملات اُلجھے ہوئے تھے اور اُنہیں حل نہیں کیا گیا تھا لیکن اب پولس رسول اُن معاملات کو حل کرنے کے لئے آ رہا تھا۔ اُس نے اصل حقیقت تک پہنچنا تھا۔ اُس نے کلیسیا میں پیدا شدہ بُرائی کے لئے گواہوں کی تلاش کر کے ذمہ داروں کو خدا کے کلام کے مطابق سزا دینی تھی۔

کلیسیا میں بہت سی کہانیاں گردش کر رہی تھیں۔ بعض کہانیاں اور قصے جھوٹ اور بدنیتی پر

مبنی تھی۔ کچھ لوگ اُس گناہ کے تعلق سے باتیں کر رہے تھے جو کلیسیا میں موجود تھا اور ضرورت تھی کہ اُس کا خاتمہ کر کے کلیسیا کی اصلاح کی جائے۔ کون سی ایسی کلیسیا ہے جہاں پر ایسے مسائل اور مشکلات پیدا نہیں ہوتیں؟ پولس رسول نے آکر تمام معاملات کو دو یا تین گواہوں کی روشنی میں دیکھ کر اُن کو سلجھانا تھا۔

اپنے دوسرے وزٹ کے دوران کرنتھس کی کلیسیا کو یہ آگاہی دی گئی تھی کہ وہ حقیقت تک پہنچ کر اپنے درمیان سے گناہ کا خاتمہ کریں اور بدی کرنے والوں کے ساتھ سخت روّیہ اختیار کریں۔ کلیسیا نے ایسا نہیں کیا تھا جس سے پولس رسول بہت رنجیدہ ہوا تھا۔

آج کے دَور میں بھی ہم کتنی ہی بار گناہ کو اپنی کلیسیاؤں میں نظر انداز کر دیتے ہیں۔ اکثر لوگوں کا ڈر ہمیں خدا کے جلال کے طالب ہونے سے روکے رکھتا ہے۔ کرنتھس کی کلیسیا میں بھی کچھ ایسا ہی ہو رہا تھا۔ پولس رسول نے اُنہیں آگاہ کیا کہ ایسے معاملات کو اپنے طور پر حل کر لیں، بصورت دیگر اُس نے اُنہیں آکر تمام معاملات حل کرنے کے بارے میں آگاہ کر دیا۔ کلیسیا کو ایسی افرا تفری اور گناہ آلودہ حالت میں دیکھ کر پولس کا دل بہت رنجیدہ ہوا۔ پولس رسول کو محسوس ہو رہا تھا کہ خدا کا جلال کلیسیا سے اُٹھ چکا ہے۔ کلیسیا خود ہی اپنے گناہ اور نافرمانی کی وجہ سے اپنی تعمیر و ترقی میں رکاوٹ بن گئی تھی۔ اُنہوں نے گناہ اور ناپاکی کو اپنے درمیان کھلی چھٹی دے دے رکھی تھی جو کہ خدا کے حضور ناقابلِ قبول ہے۔

بعض لوگ پولس رسول کے اختیار پر بھی سوال اُٹھا رہے تھے۔ وہ اس بات کا ثبوت مانگ رہے تھے کہ آیا واقعی مسیح پولس رسول کے وسیلہ سے کلام کرتا ہے۔ اُنہوں نے پولس رسول پر کمزور ہونے کا الزام بھی لگایا تھا، کیونکہ پولس رسول اُن کے درمیان بڑا شُعلہ بیان خادم نہیں تھا۔ اُس کا طرزِ خدمت اور طرز بیان اُس دَور کے جھوٹے اُستادوں اور رسولوں

سے قطعی مختلف تھا۔ وہ نہ تو اُن کے درمیان اعلیٰ اور مہنگا لباس زیب تن کر کے آتا تھا اور نہ ہی بڑی اچھی اچھی تقریریں تیار کر کے اُن کے درمیان منادی کرتا تھا۔ اپنے کسی لیکچر کا معاوضہ بھی وہ کلیسیا سے طلب نہیں کرتا تھا۔ وہ اپنی خدمت بلا معاوضہ پیش کرنے کے لئے دلی طور پر راضی تھی۔ اُس نے اپنی اور اپنی منسٹری کی ضروریات پوری کرنے کے لئے اپنے ہاتھوں سے محنت کی۔ کرنتھس کی کلیسیا سے کچھ طلب نہ کیا۔ لیکن پولس رسول کی اِس محبت اور حکمت عملی کو کرنتھس کی کلیسیا سمجھنے سے قاصر رہی تھی۔

3 اور 4 آیت میں پولس رسول نے کرنتھس کی کلیسیا کو مسیح کی قدرت اور اُس کے نجات بخش کام کی یاد دلائی۔ وہ اُنہیں یاد کراتا ہے کہ خداوند یسوع مسیح کو رد کیا گیا، اُس پر طنز و تنقید کے تیر برسائے گئے۔ اُسے ہر طرح سے ذلیل و رسوا کیا گیا۔ اُس نے بڑی سادہ زندگی بسر کی اور بعض اوقات اُس کے لئے سونے کی جگہ بھی نہیں ہوتی تھی۔ وہ عام لوگوں کی طرح لباس پہنتا تھا۔ نہ کہ شاہی لباس۔ وہ عام لوگوں کے درمیان رہا۔ اُن کے ساتھ کھایا پیا، بیماروں اور کمزوروں کو چھوا۔ غمزدوں کے لئے تسلی اور مُردوں کے لئے زندگی کا باعث ہوا۔ جب اُسے صلیب پر لٹکایا گیا تو لوگوں نے اُسے کمزور اور بے بس سمجھا لیکن وہ بڑی قُدرت کے ساتھ جان دینے تک بھی خدا باپ کی مرضی کا وفادار رہا۔ اسی طرح پولس رسول بھی دُنیا کے معیار اور اقدار کے مطابق بالکل بے وجود، بے حیثیت اور بے وقار سا دکھائی دیتا تھا۔ لیکن کرنتھس میں آنے پر سب نے اُس میں خدا کی قدرت کو دیکھا بالخصوص جب اُس نے گناہ کی مذمت اور گنہگاروں کو سختی سے تنبیہ کی۔

اپنے قائدین کو دُنیا کے تقاضوں اور معیار کے مطابق جانچنا پرکھنا کس قدر آسان کام ہے۔ اس بات پر یقین کر لینا کس قدر آسان ہے کہ کسی شخص کی حیثیت، اختیار اور وقار اُس کے لباس، روپے پیسے اور اُس کے اندازِ گفتگو کے سبب سے ہوتا ہے۔ خداوند یسوع

کے پاس مال و دولت تھا، نہ ہی قیمتی لباس، نہ ہی لوگوں میں اُس کی بڑی عزت اور وقار، تو بھی وہ خدا کا بیٹا تھا۔ وہ فروتنی اور حلیمی کا لباس زیب تن کئے ہوئے تھا۔

اختیار ایک لحاظ سے بڑی خطرناک چیز بھی ہے، بہت سے لوگ اس وجہ سے تباہی اور بربادی کا شکار بھی ہو چکے ہیں۔ بہت سے لوگوں نے اس کا بے جا اور غلط استعمال کیا، خود بھی تباہ ہوئے اور خدا کی کلیسیا کو بھی تباہی کے دھانے پر پہنچا دیا۔ جب حلیمی اور فروتنی سے اختیار کو کام میں لایا جاتا ہے تو پھر یہ بہت مفید اور کار آمد ہوتا ہے۔ جو لوگ واقعی حلیم اور فروتن ہوتے ہیں اصل میں خدا کا اختیار ایسے ہی لوگوں کے لئے ہوتا ہے۔ یہ خود سر اور متکبر لوگوں کے لئے نہیں ہوتا۔ خداوند یسوع اور پولس رسول حلیم شخصیات تھیں اور اُنہوں نے خدا کے دئے ہوئے اختیار کو بڑی عاجزی کے ساتھ لیا۔ کبھی بے جا غرور سے اُس کو استعمال نہ کیا۔ اگر آپ اپنی منسٹری میں اختیار چاہتے ہیں تو پہلے عاجز اور فروتن ہونے کی دُعا کریں تاکہ جب یہ آپ کو مل جائے تو یہ آپ کے لئے اور آپ کی کلیسیا اور گھرانے کے لئے باعثِ برکت ہو نہ کہ باعثِ تباہی اور بربادی۔ کرنتھس کی کلیسیا اس راز کو سمجھنے میں ناکام رہی۔

5 آیت میں پولس رسول نے کرنتھس کے ایمانداروں کو چیلنج دیا کہ وہ خود کو جانچیں اور پرکھیں کہ آیا مسیح اُن میں ہے بھی یا نہیں۔ اگر مسیح اُن میں موجود تھا تو اُن کے لئے یہ ماننا کیوں کر مشکل تھا کہ مسیح پولس رسول میں بھی رہتا ہے اور اُس کے وسیلہ سے کلام کرتا ہے؟ دراصل پولس رسول اُنہیں کہہ رہا تھا کہ ظاہری چیزوں کو دیکھنے سے کسی نتیجہ پر نہ پہنچیں۔ وہ غلط تناظر اور غلط نکتہ نظر سے ہر ایک چیز کو دیکھ رہے تھے۔ اُنہوں نے جھوٹے اُستادوں کے قیمتی لباس اور روپے پیسے کو دیکھ کر کہا کہ یہی وہ لوگ ہیں جو واقعی عزت اور وقار کے قابل ہیں۔ پولس رسول اُنہیں یہ کہہ رہا تھا کہ لباس سے آگے وہ دل پر بھی نظر

ڈالنا سیکھیں۔ اُس نے اُن کے آگے یہ سوال رکھا، " کیا مسیح کی حضوری اُس شخص میں نمایاں طور پر دیکھی جاسکتی ہے ؟ اگر یہ سچ تھا تو پھر پولس رسول اُن کی طرف سے عزت اور احترام کے قابل تھا۔

کسی کے سُوٹ اور بوٹ اور ٹائی کو دیکھ کر دھوکہ نہ کھائیں۔ کسی کے عالیشان بنگلے اور پراڈو کو دیکھ کر فریب کے جال میں نہ پھنسیں۔ یہ سب کچھ اختیار نہیں دیتا۔ مسیح کی حضوری ہی اختیار دیتی ہے۔ مسیح کا اختیار رکھنے والے عاجزی اور فروتنی سے اُس کو کام میں لاتے ہیں۔

پولس رسول کی یہ توقع تھی کہ کرنتھس کے لوگ ظاہری چیزوں سے نظریں اُٹھا کر مسیح کو اُس میں دیکھیں گے۔ وہ نہیں چاہتا تھا کہ وہ لباس اور روپے پیسے سے متاثر ہو کر کسی کی بات سنیں بلکہ سچائی کی پہچان تک رسائی حاصل کریں۔ وہ چاہتا تھا کہ وہ مسیح کی حضوری میں کھینچے چلے آئیں۔ جو کہ اُس کے کلام اور کام میں نمایاں طور پر دیکھی جاسکتی تھی۔

پولس رسول کی دلی تمنا اور دُعا یہی تھی کہ کرنتھس کی کلیسیا وہی کچھ کرے جو واجب اور مناسب ہے۔ (7 آیت) یوں معلوم ہوتا ہے کہ کرنتھس کی کلیسیا نے پولس رسول کے پہلے دو وزٹس کے دوران اُن گناہوں سے توبہ نہیں کی تھی جن کی پولس رسول نے نشاندہی کی تھی۔ وہ پُر اُمید تھا کہ اس معاملہ میں جہاں پر وہ ناکام ہوا ہے، وہ کامیاب ہوں گے۔

پولس رسول کی عاجزی کو اس بات میں دیکھا جاسکتا ہے کہ وہ اس بات پر زور نہیں دیتا کہ اُسی کے وسیلہ سے تبدیلی آئے، اُسی کا نام جانا پہچانا جائے اور لوگوں کی نگاہ میں اُس کا مقام اور نام بلند ہوا۔ وہ تبدیلی چاہتا تھا، خواہ اُس کے وسیلہ سے خواہ کسی اور کے وسیلہ سے کلیسیا پختگی میں ترقی کرے۔ کتنی ہی بار ہم لوگوں کے مسیح کے پاس آنے اور ہر طرح کی فتح کے لئے اپنے نام کو اونچا کرنا چاہتے ہیں۔ ہم ساری عزت اپنے نام کرنا چاہتے ہیں اور لوگوں کو بتاتے ہیں کہ ہمارے وسیلہ سے یہ سب کچھ ہوا۔ اگرچہ پولس رسول نے اپنے حصہ کا کام

کیا تھا لیکن ضروری نہیں تھا کہ پولس رسول اپنی محنت کے پھل کو بھی دیکھے اور اُس پر فخر اور ناز کرے۔ وہ اس بات سے خوش تھا کہ خدا کی بادشاہی پھیلتی رہی اور ہر کوئی اس میں اپنا کردار ادا کر رہا ہے۔ وہ پیچھے ہٹ کر دوسروں کو موقع دینے کے لئے تیار تھا۔

8 آیت پر غور کریں کہ وہ سچائی کے خلاف نہیں بلکہ سچائی کا بول بالا کرنے کے لئے لڑنا چاہتا تھا۔ اگر وہ فضل کو حاصل کرنے کے لئے لڑتا تو وہ بالکل غلط شخص ہوتا۔ جب ہم اپنے نام کو عزت اور جلال دینا چاہتے ہیں تو اصل میں ہم سچائی کے خلاف ہی لڑ رہے ہوتے ہیں۔ ہم فتح کے لئے اپنے نام کو اونچا کرنے کے چکر میں ہوتے ہیں۔ ہم یہ چاہتے ہیں کہ کسی فتح اور کارنامے کے ساتھ ہمارا نام بھی جُڑ جائے۔ حق سچ کے لئے لڑتے ہوئے ہم اپنے بھائیوں اور بہنوں کے خلاف نبرد آزما ہونے کی حمایت نہیں کرتے تاکہ دوسرے پیچھے رہیں اور ہم لوگوں کی نگاہ کا مرکز بن جائیں۔ ایسے طرزِ فکر اور روّیے سے خدا کی بادشاہی کے کام میں رکاوٹ آتی ہے۔

9 آیت میں پولس رسول نے کرنتھس کے لوگوں کو بتایا کہ اس سے کچھ فرق نہیں پڑتا کہ اگر وہ اور اُس کے ہم خدمت ساتھی کمزور اور کرنتھس کے لوگ زور آور دکھائی دیتے ہیں۔ اگر وہ کرنتھس کے ایمانداروں کو سچائی پر چلتے ہوئے اور زور آور حالت میں دیکھتا تو اُس نے بخوشی اور رضا خود کو کمزور ہی رہنے دینا تھا تاکہ وہ اُن کو سختی سے تنبیہ نہ کرے۔ وہ تو صرف یہی چاہتا تھا کہ کرنتھس کے ایماندار سچائی میں مضبوط بنیں۔ پولس رسول سچائی کے پھیلاؤ اور مضبوطی سے خوش تھا، اُسے کسی طرح سے بھی اپنے مفاد اور نام کی ضرورت نہیں تھی۔ وہ اپنی نہیں بلکہ ہر طرح سے اُن کی بہتری چاہتا تھا۔

اگر آپ کے شہر میں کسی اور پاسبان کے کلیسیائی اراکین کی تعداد آپ کی کلیسیا سے زیادہ ہو تو پھر کیا ہوگا؟ اگر ایک پاسبان کے وسیلہ سے زیادہ لوگ مسیح کے پاس آ رہے ہوں تو اس

سے آپ کیسا محسوس کریں گے؟ اگر لوگ کسی کی منادی کو سُن کر زیادہ مسیح کو قبول کر رہے ہو تو پھر کیا ہو گا؟ ان باتوں سے آپ کی سوچ اور روّیے میں کچھ فرق نہیں آنا چاہئے۔ اصل بات تو یہ ہے کہ خدا کی بادشاہی کو وُسعت ملے اور وہ پھیلتی چلی جائے۔ ہماری فکر اور روّیہ اپنے نام اور مقام کو اُونچا کرنا نہیں ہونا چاہئے۔ بلکہ ہر طرح سے یہی کوشش کریں کہ خدا کا نام عزت اور جلال پائے اور اُس کی بادشاہی پھیلتی چلی جائے۔

پولس رسول نے کرنتھس کی کلیسیا کو لکھا کہ وہ اپنے درمیان گناہ اور ہر طرح کی افراتفری کا جائزہ لیں، اِن معاملات کو سلجھائیں تاکہ جب وہ آئیں تو اُسے اُن معاملات میں اُلجھنا نہ پڑے۔ (آیت 10) وہ اُن کے پاس اُنہیں تنبیہ کرنے نہیں بلکہ اُن کی برکت اور اُن کی ہمت افزائی کے لئے آنا چاہتا تھا۔ وہ نہیں چاہتا تھا کہ وہ آکر اُن پر سختی کرے۔

11 آیت میں پولس رسول نے اُنہیں روحانی زندگی میں چلتے ہوئے کاملیت کی طرف قدم بڑھانے کے لئے کہا۔ اس کے لئے اُنہیں پولس رسول کی باتوں پر دھیان لگانا تھا۔ اُنہیں گناہ کے ساتھ اپنا تعلق ختم کر کے پاکیزگی میں زندگی بسر کرنا تھی اور یہ بھی سیکھنا تھا کہ کس طرح اُنہوں نے پولس رسول اور ایک دوسرے کے ساتھ پیار محبت اور صلح کے ساتھ زندگی بسر کرنی ہے۔ ایسے تمام معاملات جو ایمانداروں میں بے اتفاقی اور ناچاکی اور علیحدگی کا سبب بن رہے تھے اُنہیں حل کیا جانا چاہئے۔ ایسا کرنے کی صورت میں ہی خدا جو صلح اور سلامتی کا بانی ہے اُن کے ساتھ رہ سکتا تھا۔ اکثر ہم اس بات کے تو طالب ہوتے ہیں کہ خدا کی سلامتی اور قدرت ہمارے ساتھ رہے لیکن ہم اُن چیزوں کو اپنے درمیان سے ختم نہیں کرتے جو اس تجربہ کو حاصل کرنے میں رکاوٹ بنتی ہیں۔ ہم یہ تو چاہتے ہیں کہ خدا بڑی قدرت کے ساتھ ہمیں استعمال کرے لیکن ہم شکستہ رشتہ اور کشیدہ تعلقات میں صلح اور محبت کے لئے تیار نہیں ہوتے۔ پولس رسول نے اُنہیں اُبھارا کہ گناہ سے قطع تعلق ہو

کر ایک دوسرے کے ساتھ اپنے تعلقات دُرست کریں اور پھر خدا کو اپنے درمیان کام کرنے کا موقع دیں۔ اور یوں کاملیت کی طرف قدم بڑھاتے چلے جائیں۔ ایسا کرنے کی صورت میں ہی وہ خدا کی سلامتی میں زندگی بسر کرسکتے تھے۔

آخر میں، پولس رسول نے کرنتھس کے ایمانداروں کو ایک دوسرے کا پاک بوسہ لینے کے لئے کہا، اس طرح سلام دُعا لینا صرف اُن ہی لوگوں کے لئے تھا جو پولس رسول کے بہت قریبی ساتھی تھی۔ پولس رسول کے دل کی یہ لالسا تھی کہ ایمانداروں کے درمیان گہرے اور مضبوط تعلقات ہوں۔ وہ اُنہیں یاد دہانی کراتا ہے کہ اور بہت بھی سے لوگ خداوند کی خدمت کرنے اور اُس کے نام کو عزت اور جلال دینے کے لئے مصروف خدمت ہیں۔ وہ اُنہیں سلام کہہ رہے تھے، دیگر کلیسیائیں مسیح کے بدن کا حصہ تھیں اور وہ سب مسیح میں ایک تھے۔

آخر میں اُس کی یہی دُعا تھی کہ خداوند یسوع مسیح کا فضل (خدا کی ایسی مہربانی جو غیر مشروط ہوتی ہے)، خدا باپ کی محبت اور روح القدس کی خوبصورت حضوری اور معموری اُن سب کے ساتھ رہے۔ یہ خدا کی محبت اور اُس کا فضل ہی تھا جو اُن کے ساتھ صبر و تحمل سے پیش آرہا تھا بالخصوص جب وہ گناہ پر غالب آنے کے لئے ایک کشمکش اور روحانی جنگ سے گُزر رہے تھے۔ روح القدس کی حضوری ہی اُنہیں خداوند کے لئے پاک اور فرمانبردار زندگی بسر کرنے کی توفیق دے رہی تھی۔ کیونکہ خدا اُنہیں پاک اور تابعدار زندگیاں بسر کرنے کے لئے بلا رہا تھا۔ پولس رسول نے اُنہیں الٰہی فضل، محبت اور خدا کے پاک روح کی معموری اور رفاقت کے سُپرد کیا۔

چند غور طلب باتیں

☆۔روحانی اختیار کے تعلق سے پولس رسول کے فہم و ادراک اور کرنتھس کے لوگوں اور جھوٹے اُستادوں کے فہم وادراک میں کیا فرق پایا جاتا ہے؟

☆۔اختیار میں حلم مزاجی کا کیا کردار ہے؟

☆۔کرنتھس کی کلیسیا میں گناہ کے تعلق سے پولس رسول کے روّیہ کا موازنہ جھوٹے اُستادوں کے گناہ کے تعلق سے روّیہ کے ساتھ کریں؟ دونوں روّیوں میں کیا فرق پایا جاتا ہے؟

☆۔آج آپ کی کلیسیا کو کیسے روحانی مسائل کو حل کرنے کی ضرورت ہے؟ آپ کو شخصی طور پر کیسے روحانی معاملات اور مسائل سے نپٹنے کی ضرورت ہے؟

☆۔اگر ہم اپنی شخصی زندگیوں اور کلیسیاؤں میں خدا کی حضوری کو زیادہ سے زیادہ دیکھنا چاہتے ہیں تو پھر ہمیں کیا کرنے کی ضرورت ہے؟

چند اہم دُعائیہ نکات

☆۔خداوند سے دُعا کریں تاکہ آپ معلوم کر سکیں کہ زندگی کے کون سے حصوں میں آپ کو مزید پاک اور دیانتدار ہونے کی ضرورت ہے تاکہ آپ اُس کی قربت میں اور زیادہ آسکیں۔

☆۔خداوند سے دُعا کریں تاکہ آپ پولس جیسی حلم مزاجی کو اپنا سکیں جو اس باب میں نظر آتی ہے۔

☆۔گناہ کے تعلق سے پولس جیسا روّیہ اور نکتہ نظر اپنانے کے لئے دُعا کریں۔ایسے وقتوں کے لئے خدا سے معافی مانگیں جب آپ نے گناہ کو ترک کرنے کی بجائے گناہ میں زندگی بسر کرنے کا چناؤ کیا۔

www.ingramcontent.com/pod-product-compliance
Lightning Source LLC
Chambersburg PA
CBHW070443090526
44586CB00046B/1703
* 9 7 8 1 9 2 7 9 9 8 7 4 8 *